Ekkehard Kaier

MS-DOS-Wegweiser
Grundkurs

Mikrocomputer sind Vielzweck-Computer (General Purpose Computer) mit vielfältigen Anwendungsmöglichkeiten wie Textverarbeitung, Datei/Datenbank, Tabellenverarbeitung, Grafik und Musik. Gerade für den Anfänger ist diese Vielfalt häufig verwirrend. Hier bieten die Wegweiser-Bücher eine klare und leicht verständliche Orientierungshilfe.

Jedes Wegweiser-Buch wendet sich an Benutzer eines bestimmten Mikrocomputers bzw. Programmiersystems mit dem Ziel, Wege zu den grundlegenden Anwendungsmöglichkeiten und damit zum erfolgreichen Einsatz des jeweiligen Computers zu weisen.

Bereits erschienen:

BASIC-Wegweiser
- für den Apple II e/c
- für den IBM Personal Computer und Kompatible
- für den Commodore 64
- für den Commodore 16, 116 und plus/4
- für den Commodore 128
- für Commodore Amiga
- für MSX-Computer
- für Schneider CPC
- GFA-Basic Wegweiser Komplettkurs

MBASIC-Wegweiser
- für Mikrocomputer unter CP/M und MS-DOS

Turbo- Basic-Wegweiser
- Grundkurs

Turbo C-Wegweiser
- Grundkurs

Quick C-Wegweiser
- Grundkurs

Turbo Pascal-Wegweiser
- Grundkurs
- Aufbaukurs
- Übungen zum Grundkurs
- Kompaktkurs

Festplatten-Wegweiser
- für IBM PC und Kompatible unter MS-DOS

MS-DOS-Wegweiser
- Grundkurs
- Festplattenverwaltung
- Kompaktkurs

Multiplan-Wegweiser
- Kompaktkurs

In Vorbereitung:
- SQL-Wegweiser
- dBASE-Wegweiser, Grundkurs
- Word-Wegweiser, Grundkurs

Zu allen Wegweisern sind die entsprechenden Disketten lieferbar.
(Bestellkarten jeweils beigeheftet)

Ekkehard Kaier

MS-DOS-Wegweiser Grundkurs

für IBM PC und Kompatible unter MS-DOS bis Version 4.0

Standort-Nr.

Friedr. Vieweg & Sohn   Braunschweig / Wiesbaden

Das in diesem Buch enthaltene Programm-Material ist mit keiner Verpflichtung oder Garantie irgend-einer Art verbunden. Der Autor und der Verlag übernehmen infolgedessen keine Verantwortung und werden keine daraus folgende oder sonstige Haftung übernehmen, die auf irgendeine Art aus der Benutzung dieses Programm-Materials oder Teilen davon entsteht.

Der Verlag Vieweg ist ein Unternehmen der Verlagsgruppe Bertelsmann.

Umschlaggestaltung: Peter Lenz, Wiesbaden

ISBN-13: 978-3-528-04712-2   e-ISBN-13: 978-3-322-84047-9
DOI: 10.1007/978-3-322-84047-9

Vorwort

Zwei Benutzergruppen: Dieses Wegweiser-Buch informiert über die Möglichkeiten des Betriebssystems MS-DOS 4.0 und wendet sich an zwei Benutzergruppen:

- Zum einen wird der *Einsteiger* angesprochen, der zum ersten Mal mit dem Betriebssystem MS-DOS 4.0 arbeitet. Die neue Menü-Oberfläche (auch als DOS-Shell bezeichnet) stellt dazu eine leicht zu bedienende Umgebung bereit. In Abschnitt 3 dieses Buchs wird ein Einsteiger-Kurs zum Arbeiten mit der Menü-Oberfläche angeboten.

- Zum anderen richtet sich das Buch an den *Umsteiger*, der seine bisherigen Versionen (MS-DOS 3.3 und früher) durch MS-DOS 4.0 ersetzen möchte. Mit der Gegenüberstellung von Befehlszeilen-Oberfläche (Abschnitt 4) und Menü-Oberfläche (Abschnitt 3) gibt das Wegweiser-Buch dem Umsteiger die erforderlichen Hilfen.

Dialogprotokolle: Zu den Menügruppen, Menüpunkten und Befehlen von MS-DOS werden jeweils die Original-Dialogprotokolle wiedergegeben.

`Dialogprotokolle in dieser Schrift`

Der Leser kann sich somit "schwarz auf weiß" über den Dialog zwischen ihm (er gibt über die Tastatur ein) und dem Betriebssystem (es verarbeitet und gibt am Bildschirm aus) informieren.

Aufgaben: "Übung macht den Meister". In den Abschnitten 3 und 4 finden Sie Aufgaben zur Menü- und Befehlszeilen-Oberfläche. Die Lösungen zu allen Aufgaben sind in Abschnitt 5 zusammengefaßt.

Viel Information auf weniger Seiten: In Abschnitt 2 gibt das Wegweiser-Buch eine vollständige Referenzliste zu MS-DOS 4.0 wieder. In den Abschnitten 3 und 4 wird das Grundlegende zur Menü-Oberfläche und zur Befehlszeilen-Oberfläche an Beispielen erklärt. Dabei wird eng gegliedert, dicht gedrängt und anschaulich informiert.

Gliederungsfolge: Die Abschnitte 3 und 4 sollten vom Einsteiger in dieser Abfolge gelesen werden. Der Abschnitt 2 dient zum Nachschlagen.

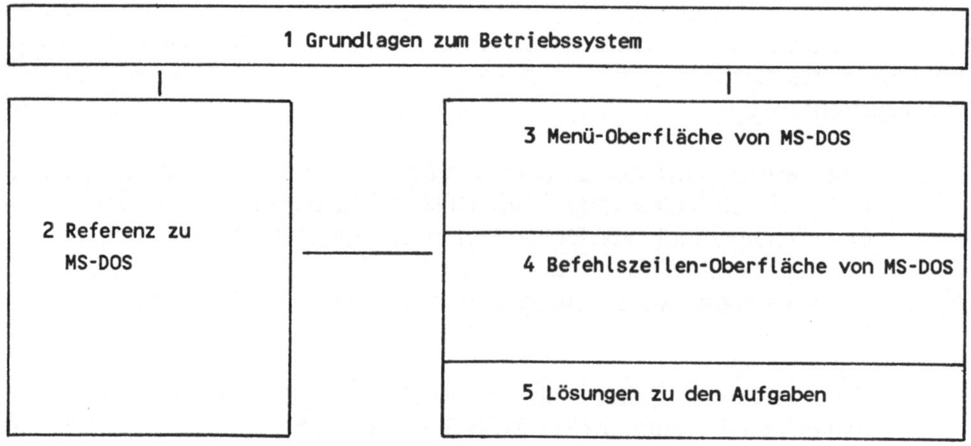

Für eilige Benutzer: Das Wegweiser-Buch läßt sich auch als Nachschlagewerk einsetzen. Aus diesem Grunde wurden das Inhalts-, das Befehls-(Abschnitt 2.2.2) und das Sachwortverzeichnis detailliert aufgegliedert.

Heidelberg, im Januar 1989   Ekkehard Kaier

Inhaltsverzeichnis

1

Grundlagen zum Betriebssystem

1.1.1 PC = Hardware + Software + Firmware

Jeder Computer besteht aus *Hardware* (harter Ware), aus *Software* (weicher Ware) und aus *Firmware* (fester Ware). Dies gilt für Personalcomputer (PC) ebenso wie für Großcomputer (Mainframes).

Hardware: Die *Hardware* umfaßt alles das, was man anfassen kann: Geräte einerseits und Datenträger andererseits. Das wichtigste Gerät ist die Zentraleinheit bzw. CPU (für Central Processing Unit), mit der periphere Einheiten als Randeinheiten verbunden sind. Verbreitet sind die CPUs bzw. Prozessoren Intel 8088, 8086 (intern 8 Bit), 80286 und 80386 (intern 32 Bit).

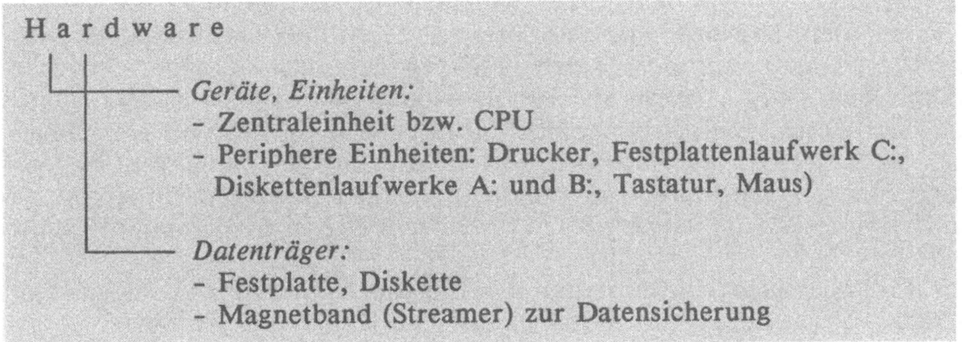

Die Hardware als harte Ware kann man anfassen

Software: Die *Software* als zweite Komponente des Computers kann man im Gegensatz zur Hardware nicht anfassen. Software bedeutet soviel wie *Information*; sie umfaßt die Daten und auch die Programme als Vorschriften zur Verarbeitung dieser Daten. Ist die Hardware als festverdrahtete Elektronik des Computers fest und vom Benutzer nicht (ohne weiteres) änderbar, dann gilt für die Software genau das Gegenteil: Jeder Benutzer kann Programm wie Daten verändern, austauschen, ergänzen und auch zerstören.

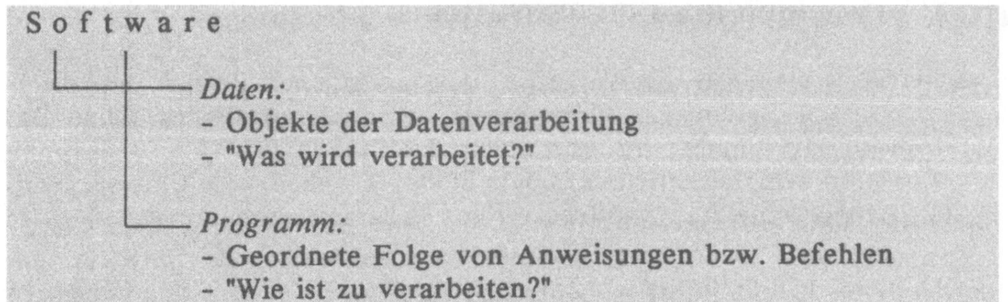

Die Software als weiche Ware kann man nicht anfassen

Firmware: Die *Firmware* als dritte Komponente des Computers ist wie ein "Zwitter" der Hardware oder der Software zugeordnet werden. So ist z.B. das Rechenprogramm jedes Taschenrechners in einem speziellen Speicher ROM (Read Only Memory als Nur-Lese-Speicher) enthalten. Der Benutzer kann dieses Programm zwar laufen lassen und Information entnehmen und lesen (read), nicht jedoch abändern. Für den Benutzer ist das Programm wie Hardware fest; für den Hersteller des ROMs hingegen ist es Software veränderbar, da er den Speicher ROM ja programmieren kann und muß.
Mit Mikrotechnologie, Chip und IC (Integrated Circuit für Integrierter Schaltkreis) hat die Firmware immer mehr an Bedeutung gewonnen.

Drei Komponenten des Computers: *Hardware* (fest verdrahtete Elektronik), *Software* (frei änderbare Daten und Programme) und *Firmware* (hart für den Benutzer und weich für den Hersteller) stellen die drei grundlegenden Komponenten jedes Computers dar. Darüberhinaus gibt es weitere ....ware: *Orgware* (Organisation von Aufbau und Ablauf), *Menware* (Personen), *Brainware* (geistige Leistungen) und *Teachware* (Lehren und Lernen.

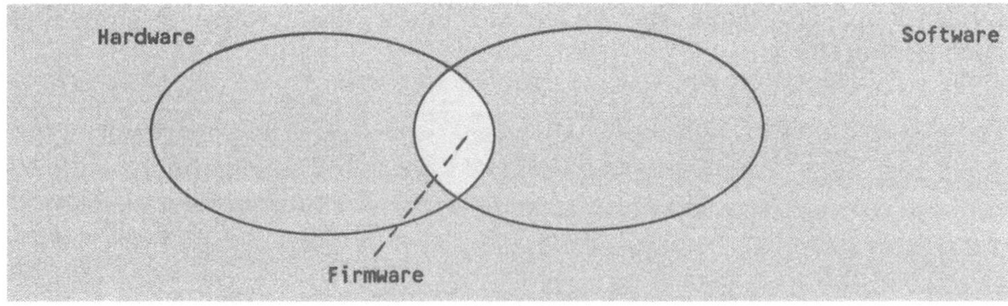

PC = Hardware + Software + Firmware

1.1.2 Aufgaben des Betriebssystems

Das Betriebssystem hat die Aufgaben, den tagtäglichen Betrieb des jeweiligen Computer-Systems zu überwachen und zu kontrollieren. Ohne Betriebssystem läuft nichts. Es überwacht das Starten des PCs, übernimmt das Kopieren von Disketten, ermöglicht das Löschen von Einträgen auf Platte, stellt Befehle zum Ausdrucken von Programmen bereit usw.

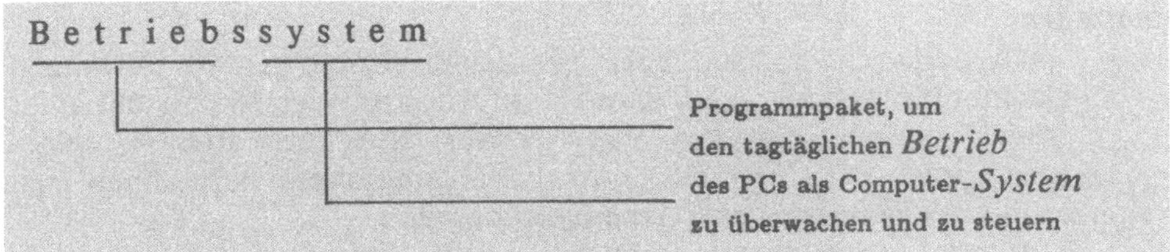

Zwei Aufgaben des Betriebssystems

MS-DOS als Standard-Betriebssystem: Unter den zahlreichen Betriebssystemen hat sich MS-DOS zu einem Standard für Personalcomputer (PC) entwickelt. MS-DOS steht für "Microsoft-Disk Operating System", also für "Plattenorientiertes Betriebssystem der Herstellerfirma Microsoft". Mit Platte bzw. Disk wird sowohl die *Festplatte* (Harddisk) als auch die *Diskette* (Flexy Disk) bezeichnet. Wenn im folgenden von der Platte gesprochen wird, dann sind beide Externspeicher gemeint.

MS	*Microsoft*	*Microsoft*
D	*Disk*	*Plattenorientiertes*
O	*Operating*	*Betriebs-*
S	*System*	*system*

Als plattenorientiertes Betriebssystem verwaltet MS-DOS die Daten und Programme auf Platten (Festplatte, Diskette), sofern sie nicht gerade im PC intern verarbeitet werden.

MS-DOS gehört zur Software: Mag das Wort *Betriebssystem* auch etwas "hardwaremäßig" klingen, das Betriebssystem MS-DOS ist Software und wird als Software auf Disketten geliefert. Auf diesen sog. *Systemdisketten* sind Dateien bzw. Programmdateien gespeichert, die vom Benutzer wie Befehle durch Angabe ihres Namens aufgerufen werden können.

MS-DOS ist Systemsoftware: Software ist Information. Hinsichtlich des Inhalts kann man die Software in Daten (passive Information) und Programme (aktive Information) einteilen (wobei letztendlich auch die Befehle eines Programms als Daten dargestellt sind). Hinsichtlich der Adressaten kann man die Software in Anwendersoftware und Systemsoftware unterteilen.

- *Anwendersoftware* dient zur Lösung der Probleme des jeweiligen Computeranwenders. Sie kann vom Anwender selbst erstellt oder fremd bezogen sein (von Softwarehaus bzw. Softwarehaus, Beratungsfirma, PC-Hersteller). Anwenderprogramme bezeichnet man auch als Benutzer- bzw. Arbeitsprogramme.
- *Systemsoftware* dient zur Lösung von Problemen, die sich aus dem Zusammenarbeiten zwischen den Geräten der Hardware sowie zwischen der Hardware und dem Anwender ergeben. Systemsoftware und Betriebssystem werden zumeist als synonyme Begriffe verwendet.

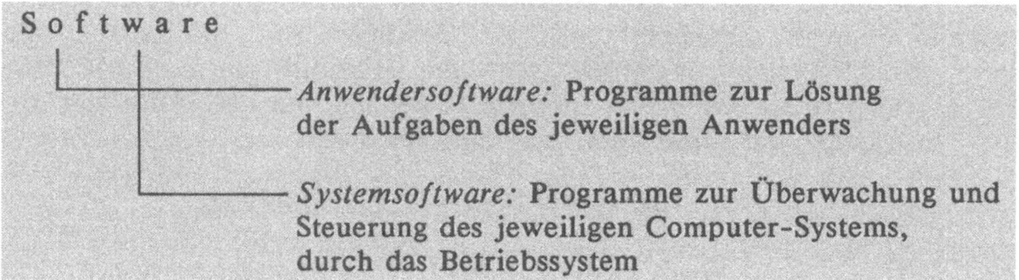

MS-DOS als Systemsoftware

1.1.3 Betriebssystem als Mittler zwischen Anwender und Hardware

Ein Pkw benötigt Benzin, um von von Heidelberg nach Freiburg fahren zu können. Die Hardware eines PCs benötigt ein Betriebssystem, um ein bestimmtes Anwenderprogramm ausführen zu können. Das Betriebssystem dient somit als Mittler zwischen den Geräten der Hardware und den Problemstellungen des Anwenders.

Im folgenden *Schalenmodell* wird die Mittlerrolle des Betriebssystems grafisch dargestellt:

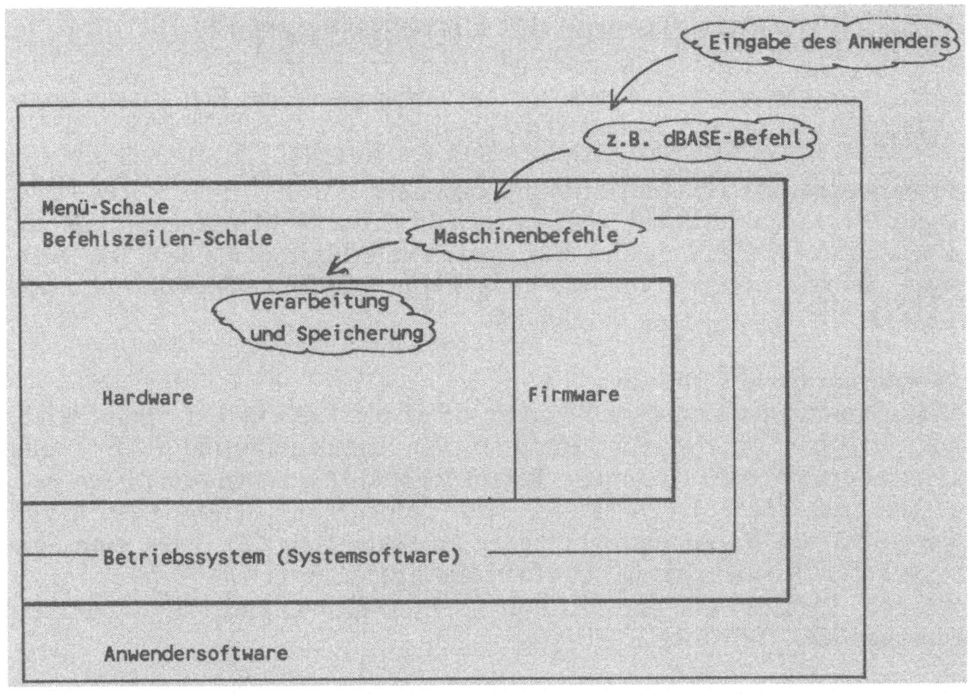

Schalenmodell:
Betriebssystem als Mittler zwischen Anwender und Hardware

Das Betriebssystem MS-DOS ist dem Benutzer über zwei *Schalen (engl. shells)* zugänglich - über die Menü-Schale und die Befehlszeilen-Schale:

- *Zugang über die Menü-Schale (DOS-Shell)* als menügesteuerte Oberfläche, die ein besonders bedienungsfreundliches Arbeiten ermöglicht und sich mehr an den Einsteiger wendet. Auf die Menü-Oberfläche wird in Abschnitt 3 des Buchs eingegangen.

- *Zugang über die Befehlszeilen-Schale* als befehlsorientierte Oberfläche, bei der Befehle eingegeben werden müssen, die der Benutzer demnach kennen muß. Auf die Befehlszeilen-Oberfläche wird in Abschnitt 4 des Buchs eingegangen.

1.1.4 Systemprogramme des Betriebssystems

Man unterscheidet drei Arten von Systemprogrammen: Steuerprogramme, Dienstprogramme und Übersetzerprogramme.

Steuerprogramme (Organisationsprogramme):
Diese Programme arbeiten zumeist im Hintergrund. Man bemerkt sie oftmals erst dann, wenn sie sich mit einem Fehlerhinweis melden. Das wichtigste Steuerprogramm von MS-DOS heißt COMMAND.COM und wird auch als Befehlsprozessor bezeichnet.

Dienstprogramme (Utilities):
Diese Programme sind dem Benutzer unter MS-DOS in Form von Befehlen verfügbar: Befehle zum Kopieren von Dateien (Befehl COPY), zum Umbenennen von Programmen (Befehl RENAME), zum Formatieren neuer Disketten (Befehl FORMAT), zum Ausdrucken (Befehl TYPE), zum Verwalten von Programmbibliotheken (Befehle MD, CD, RD), zum Einrichten des Betriebssystems selbst (Befehl SELECT) usw.
Weitere Dienstprogramme: Editoren, Programme zum Sortieren und Mitschen (SORT/MERGE).

Übersetzerprogramme:
Diese Programme zählt man nicht unbedingt zum Betriebssystem. Übersetzerprogramme lassen sich mit der Arbeit von Dolmetschern vergleichen. Man unterscheidet Interpreter und Compiler:
- *Interpreter:* Simultan-Dolmetscher übersetzen sofort Satz für Satz von der Fremdsprache in die Muttersprache. Interpreter übersetzen sofort Anweisung für Anweisung von der Fremdsprache (z.B. in der Programmiersprache dBASE geschriebene Anweisung) in die Muttersprache des Computers (Maschinensprache, 0 1-Form).
- *Compiler:* Das in einer Programmiersprache in den PC eingegebene (Quell-)Programm wird in einem Übersetzungslauf in ein ausführbares Maschinenprogramm umgewandelt und als Objektprogramm gespeichert. Dieses Objektprogramm kann man nun beliebig oft zur Ausführung bringen, ohne es nochmals übersetzen zu müssen.

Jede Programmiersprache umfaßt ein zugehöriges Übersetzerprogramm.

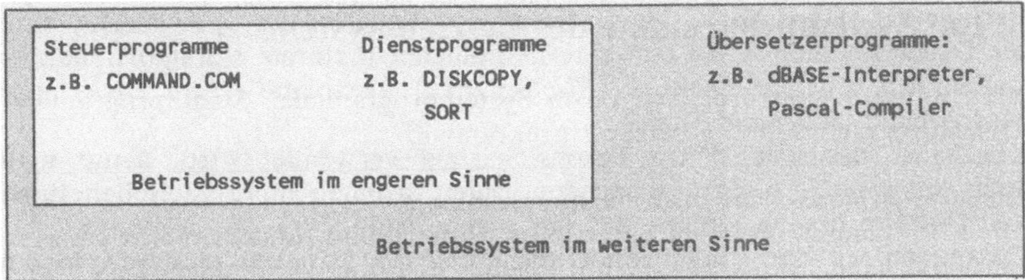

Betriebssystem = Steuer- + Dienst + Übersetzerprogramme

Wir beschäftigen uns in diesem Buch nur mit dem Betriebssystem im engeren Sinne.

1.1.5 Einige Begriffe zur Hardware

Das Betriebssystem MS-DOS ist Software. MS-DOS übernimmt bzw. kontrolliert die Zugriffe auf die Einheiten der Hardware; der Benutzer braucht sich darum nicht zu kümmern. Gleichwohl sollte er einige grundlegende, englischsprachige Hardware-Fachbegriffe kennen - zumal diese Begriffe in den Systemmeldungen angesprochen werden können.

Input, Output, IO, CPU: Daten müssen zunächst eingegeben werden (*Input*), um nach der Speicherung und Verarbeitung (rechnen, vergleichen, verknüpfen) wieder ausgegeben zu werden (*Output*).
- Mit *IO* wird die Ein-/Ausgabe bezeichnet (*Input/Output*), z.B. die *IO*-Steuerung.
- Die Verarbeitung obliegt der CPU (*Central Processing Unit*) als dem Herz des PCs.

Memory, Storage, RAM, ROM: Zum Rechnen, Vergleichen und Verknüpfen müssen die Daten im Hauptspeicher abgelegt sein, den man *Memory* (Speicher), *Working Memory* (Arbeitsspeicher) oder Internspeicher (*Internal Storage*) nennt und als RAM abkürzt.
- *RAM* steht für *Random Access Memory*, d.h. als Speicher, auf den man wahlfrei (Random) zugreifen (Access) kann. Die Bezeichnung *Memory* ist etwas mißverständlich, da der PC beim Abschalten des Stroms seinen Inhalt vergißt - der *RAM* ist also ein flüchtiger Speicher.
- Anders ist es beim *ROM*, der als Nur-Lese-Speicher (*Read Only Memory*) Daten auch nach dem Ausschalten des PCs erhält; allerdings kann der Benutzer selbst nichts im ROM speichern.

Peripherals, Hard Disk, IO-Devices: Zur dauerhaften Speicherung sind die Daten aus dem RAM auf externe Speicher (external storage) sicherzustellen, wie z.B. auf Diskette (*Floppy Disk*), Festplatte (*Hard Disk*) oder Magnetband (*Magnetic Tape,*).

Ein Band, das speziell zur Datensicherung verwendet wird, nennt man auch *Streamer* - die zu sichernden Daten strömen ohne Zwischenräume von Diskette bzw. Festplatte auf das Magnetband.

Zusammen mit den Eingabeeinheiten (*Input Devices*, z.B. Tastatur, Maus) und Ausgabeeinheiten (z.B. Drucker, Bildschirm) bilden die Externspeicher die Randeinheiten (*Peripherals*) - auch als Peripherie bzw. periphere Einheiten bezeichnet.

DOS, Data Transfer: Das Betriebssystem MS-DOS verwaltet die Betriebsmittel (CPU, Peripherie) des PCs in einer benutzerfreundlichen Form. *DOS* für *Disk Operating System* weist darauf, daß die Hauptbeschäftigung in der Datenübertragung (*Data Transfer*) zwischen der CPU und der Diskette bzw. Festplatte besteht.

- MS-DOS steht für *Microsoft*-DOS und kennzeichnet das DOS der Softwarefirma Microsoft.
- PC-DOS steht für *IBM-Personalcomputer*-DOS und kennzeichnet das DOS der Herstellerfirma IBM.

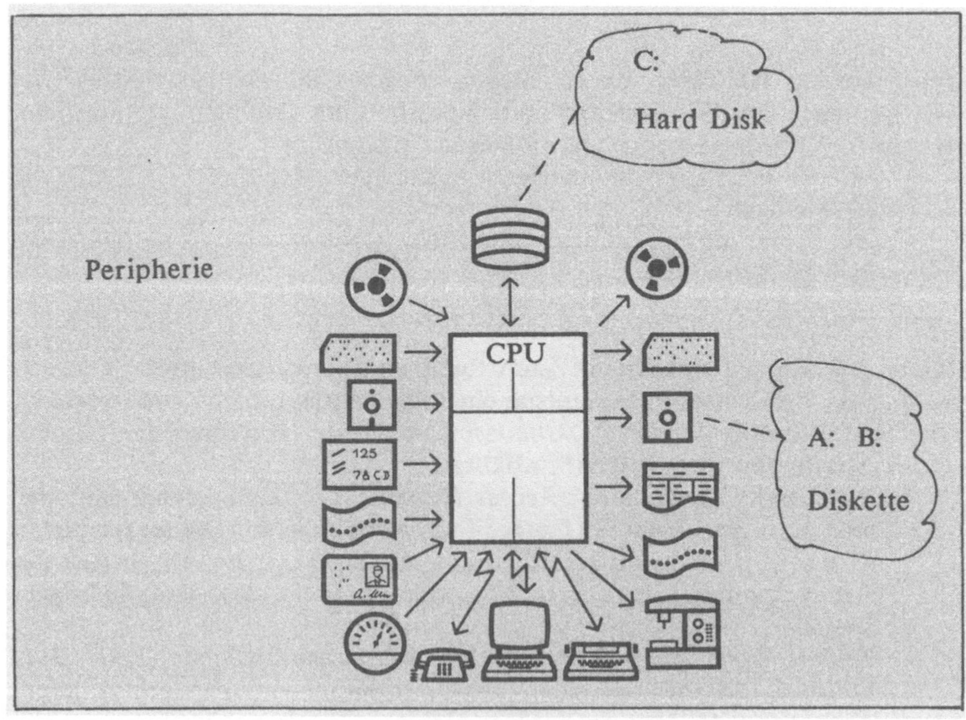

1 Grundlagen zum Betriebssystem

1.2.1 Herstellerabhängige und unabhängige Systeme

Herstellerabhängige Betriebssysteme:

Die Abkürzung DOS steht für "Disk Operating System" und verweist auf ein Systemprogramm, das alle mit der Platte (Diskette bzw. Festplatte) verbundenen Ein- und Ausgaben kontrolliert. Da alle PCs plattenorientiert arbeiten, findet sich die Bezeichnung DOS als Namensbestandteil zahlreicher Betriebssysteme. Bei Betriebssystemen wie Apple-ProDOS, Commodore 64-DOS (beide schon fast legendär), AmigaDOS, Atari-DOS (genauer: Atari-TOS) und "DOS für den Mac" handelt es sich um Systeme, welche vom Hersteller speziell auf das eigene Gerät hin zugeschnitten sind. Solche *herstellerabhängigen Betriebssysteme* findet man vornehmlich bei kleineren Computern mit 8-Bit-Mikroprozessoren oder bei spezialisierten PCs (z.B. auf Grafik, Musik und Animation).

Herstellerunabhängige Betriebssysteme:

Personalcomputer der 16-Bit-Klasse und 32-Bit-Klasse arbeiten mit Betriebssystemen, die von Software-Produzenten herstellerunabhängig entwickelt wurden. Beispiele sind die die Betriebssysteme CP/M-86 und MS-DOS der beiden Software-Giganten *Digital Research* und *Microsoft*, das UCSD-System der Universität von San Diego in Kalifornien, sowie die Systeme UNIX, XENIX, OASIS, ...

Wie kam es zur Trennung von Computerhersteller und Betriebssystementwickler?
Früher baute jeder Hersteller sein eigenes Betriebssystem, um es mit dem Computer als Einheit anzubieten. Um das Betriebssystem herum wurde ein großer Schleier gelegt - ein Übernehmen oder Anpassen an einen anderen Computer war somit unmöglich. So gab es einerseits eine "Apple-Welt" mit den Betriebssystemen Applesoft und ProDos für den Apple II-Computer und andererseits eine "Commodore-Welt" mit dem DOS für CBM-Rechner und den C64. Zwischen beiden "Welten" gab es kaum Verbindungen - so konnte eine Apple II-Diskette nicht auf einem C64 gelesen werden und umgekehrt.
Dies änderte sich erst, als die Software-Firma Digital Research ihr "Control Programm for Microcomputers", genannt CP/M, als herstellerunabhängiges Software-Produkt anbot. Mit dem CP/M wurde eine exakte Beschreibung der Verbindung (Schnittstellen) des Betriebssystems zur Computerhardware mitgeliefert. Nun begannen immer mehr Hersteller, CP/M-fähige Computer zu produzieren. Mit der raschen Verbreitung von CP/M nahmen solche Programme zu, die CP/M-verträglich waren. Ursprünglich wurde CP/M für den Mikroprozessor 8080 und später für den

Z-80-Prozessor eingesetzt, deshalb die Bezeichnung CP/M-80. Die Variante des CP/M-86 wurde für den 8086-Prozessor entwickelt. Über das BIOS (Basic Input-Output System) als dem adaptierbaren Teil des CP/M läßt sich dieses prozessorabhängige System auch an Computer anpassen, die eine CPU haben, welche z.B. den Code des Intel 8088 verarbeiten.

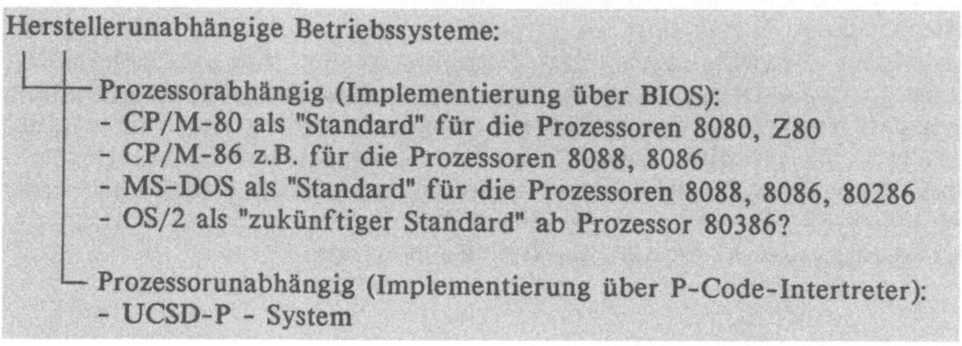

CP/M-80 und MS-DOS als Betriebssystem-Standards

1.2.2 Einige Betriebssysteme kurzgefaßt

Zunächst zu CP/M von Digital Research:

CP/M war das erste Betriebssystem für MIkrocomputer, wurde seit 1974 angeboten und entwickelte sich schon bald zum Quasi-Standard für 8-Bit-Computer mit den CPUs 8080, 8085 und Z-80. Im Hinblick auf die 80er-CPUs bezeichnet man dieses Betriebssystem oft als CP/M-80.

Für 16-Bit-Computer mit der CPU 8086 von Intel entwickelte Digital Research das Betriebssystem CP/M-86. Da CP/M-80 zum Teil in Assembler geschrieben ist, stellt CP/M-86 eine Neuentwicklung dar (die CPU 8086 arbeitet in einem anderen Code als die CPUs der 80er Serie). Deshalb auch die Probleme bei der Kompatibilität zwischen CP/M-80 und CP/M-86.
Für den Multi-User-Betrieb bietet Digital Research die Systeme MP/M-80 sowie MP/M (Multiprogramming Monitor für Microcomputer) an.
Das Betriebssystem CONCURRENT CP/M wurde für den Single-User-Betrieb unter Multi-Tasking entworfen: Mehrere Aufgaben können als Tasks gleichzeitig auf einem PC bearbeitet werden. MP/M sowie CONCURRENT CP/M erweitern den Leistungsumfang des CP/M um die jeweiligen Funktionen des Multi-Using bzw. Multi-Tasking.

Das Betriebssystem PERSONAL CP/M läßt sich in einem ROM unterbringen und eignet sich deswegen auch für PCs ohne Diskettenlaufwerk. PERSONAL CP/M wurde eigens für kleinere PCs entwickelt und unterstützt sowohl 8-Bit-CPUs als auch 16-Bit-CPUs.

Zu MS-DOS von Microsoft:

Als Konkurrenzprodukt zu CP/M-86 von Digital Research brachte die Softwarefirma *Microsoft* das Betriebssystem MS-DOS heraus. IBM wählte für seinen PC als Betriebssystem MS-DOS, und zwar in einer Version, die den Namen PC-DOS erhielt und hardwareabhängiger ist als MS-DOS selbst. Durch die Wahl dieses Betriebssystems wurde MS-DOS sehr populär. Zwischen der Version 1.0 (1981) und 4.0 (1988) liegen acht jeweils weiterentwickelt Versionen von MS-DOS.

Zum Betriebssystem UNIX:

Im Gegensatz zu CP/M sowie MS-DOS ist das Betriebssystem UNIX nicht in Assembler, sondern fast vollständig in der *Programmiersprache C* geschrieben. Damit ist UNIX auf alle PCs übertragbar, die über einen C-Compiler verfügen. UNIX wurde von Wissenschaftlern für Wissenschaftler geschrieben - entsprechend profihaft wie kompliziert ist seine Benutzung. Deshalb wurden viele von UNIX abgeleitete und leichter bedienbare Betriebssysteme entwickelt wie ZEUS von Zilog, GENIUS von National, REGULUS von Motorola und XENIX von Microsoft. Das bekannteste UNIX-Derivat ist XENIX. Es unterstützt Multi-Using wie auch Multi-Tasking.

Zum Betriebssystem UCSD:

UCSD ist die Abkürzung für *University of California San Diego*. Früher stand UCSD für das Programmiersprachsystem UCSD-Pascal, während es heute als umfassendes Betriebssystem mehrere Übersetzer anbietet, wie BASIC-Compiler, FORTRAN 77-Compiler, LISP-Interpreter, Modula-2-Compiler und natürlich Pascal-Compiler. UCSD (auch als UCSD-P oder UOS für Universal Operating System bezeichnet) unterscheidet sich von CP/M und MS-DOS durch drei Merkmale:

a) Konsequente Menüsteuerung anstelle einer Kommandosteuerung und damit enge Benutzerführung (MS-DOS hat hier ab Version 4.0 mit der DOS-Shell aufgeholt).

b) Bereitstellung einer komfortablen und abgeschlossenen Programmentwicklungsumgebung (mit Editor, Filer, Compiler, ...) anstelle einer reinen Laufzeitumgebung.

a) Hervorragende Portabilität durch die Mitnahme der Computerarchitektur.

Das UCSD-Betriebssystem ist prozessorunabhängig und damit für Computer jeglichen Prozessortyps einsetzbar. Wie ist dies möglich?

UCSD benutzt den jeweiligen Computer als Host-Computer im Sinne eines Wirtes bzw. Gastgebers. Er arbeitet also nicht unmittelbar mit dem Computer, sondern mit einem Pseudo-Computer. Gibt der Benutzer z.B. ein Quellenprogramm in Pascal ein, so übersetzt der Compiler dieses Textfile in einen Zwischencode, der P-Code genannt wird, um das resultierende P-Code-File dann ebenfalls abzuspeichern. Soll dieses Programm nun ausgeführt werden, so wird es von einem P-Code-Interpreter vom P-Code in die Maschinensprache des jeweiligen Computers als Host übersetzt. Der Compiler ist fester Bestandteil des Betriebssystems und selbst in Pascal geschrieben. Der P-Code-Interpreter dagegen ist in der Maschinensprache des Hosts geschrieben. Soll UCSD auf einem Computer implementiert werden, so ist u.a. nur ein P-Code-Interpreter für die entsprechende CPU zu schreiben. Da UCSD auf einem P-Computer als abstraktem Computer läuft, der allein softwaremäßig auf dem Computer als Host nachgebildet wird, ist eine rasche Verfügbarkeit dieses Betriebssystems auf neuen Computern möglich.

1 Grundlagen zum Betriebssystem

MS-DOS, PC-DOS, IBM-DOS: Hinsichtlich der Bedienung unterscheiden sich die drei Betriebssysteme MS-DOS, PC-DOS und IBM-DOS nicht. Mit der Bezeichnung *DOS* (ohne weiteren Zusatz) wird auf die Gemeinsamkeiten der Betriebssysteme verwiesen. Mit der am weitesten verbreiteten Bezeichnung *MS-DOS* wird an die Wurzeln des DOS verwiesen - und die liegen bei der Firma Microsoft.

- MS-DOS steht für *Microsoft-DOS*, d.h. für das DOS der Softwarefirma Microsoft.
- PC-DOS steht für *IBM Personalcomputer-DOS*, d.h. für das DOS des Computerherstellers IBM.
- IBM-DOS: Ab der DOS-Version 4.00 wird in den System-Handbüchern der Firma IBM nicht mehr von PC-DOS, sondern von IBM-DOS gesprochen. Grund: Mit PC wird die Familie der Personalcomputer mit 8088/8086-Prozessor bezeichnet, die inzwischen durch ATs (80286) und OS/2-fähige Computer (80386) ergänzt wurden.

MS-DOS-Version: Das Betriebssystem MS-DOS wurde fortlaufend weiterentwickelt (vgl. Abschnitt 1.2.2). Dies drückt sich in den verschiedenen Versionen von MS-DOS mit entsprechenden Versionsnummern aus:

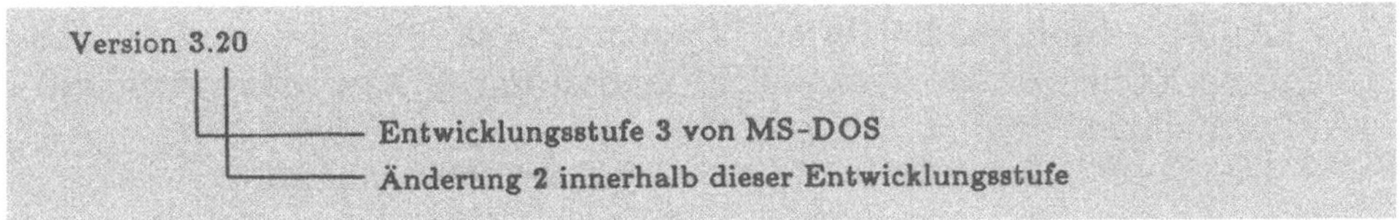

Aufwärtskompatibität der Versionen:

Programme, die unter MS-DOS der Entwicklungsstufe n (z.B. unter MS-DOS 3.30) laufen, können auch unter dem DOS höherer Entwicklungsstufen ausgeführt werden (z.B. unter MS-DOS 4.0). Damit wird gewährleistet, daß der Benutzer seine Programme beim Umrüsten auf eine neue DOS-Version nicht umschreiben braucht. Für maschinennahe geschriebene Programme gilt die Aufwärtskompatibilität nur bedingt.

Mischen von Versionen:

Der Versuch, den Befehl einer anderen DOS-Version auszuführen, wird mit der Mitteilung

```
Falsche DOS-Version
```

abgewiesen. Ein Befehl wie z.B. FORMAT mag z.B. unter MS-DOS 3.3 und 2.11 zwar gleich aufgerufen werden, mit diesem Aufruf werden jedoch unterschiedliche Abläufe in Gang gesetzt. Ein Kombinieren von Befehlen verschiedener DOS-Versionen ist nicht möglich. Aus diesem Grunde ist beim Installieren einer neuen DOS-Version darauf zu achten, daß auf Diskette bzw. Festplatte nicht noch einzelne Befehle bzw. Dateien der "alten" Version stehen bleiben. Ab MS-DOS 4.0 sorgt der SELECT-Befehl dafür, daß beim Installieren nur Befehle ein und derselben Version im Startlaufwerk gespeichert sind.

MS-DOS 1.00 als erste Version:

- 1981 wird der IBM Personalcomputer mit 64 KByte RAM herausgebracht. Die Firma IBM entscheidet sich für das Betriebssystem MS-DOS der Firma Microsoft.
- Auf 5.25"-Disketten werden bei einseitiger Aufzeichnung 163840 Zeichen (Byte) gespeichert

MS-DOS 1.10:

- Auf zweiseitigen Disketten können 327680 Byte gespeichert werden. Nach wie vor wird auf 40 Spuren mit 8 Sektoren je Spur aufgezeichnet.
- Der Druckeranschluß wird vom DOS her kontrolliert.

MS-DOS 2.00:

- Ab 1983 wird die Festplatte (Hard Disk) mit maximal 10 MByte unterstützt.
- Auf Festplatte wie auf Diskette können Verzeichnisse bzw. Unterverzeichnisse angelegt und verwaltet werden.
- Auf zweiseitigen Disketten können nun ca. 360000 Byte untergebracht werden; man ist von 8 auf 9 Sektoren je Spur übergegangen.

MS-DOS 2.10:

- PCs werden standardmäßig mit 128 KByte ausgeliefert.
- Das Tastatur-,Datums- und Zeitformat kann ab 1984 für bestimmte Länder angegeben werden (KEYBxx).

MS-DOS 2.11:

- Während MS-DOS 2.10 für IBM-PCs gilt, wird die Version MS-DOS 2.11 an die immer größere Zahl der "IBM-Kompatiblen" ausgeliefert.
- MS-DOS 2.11 wurde in mehr als fünfzig Sprachen übersetzt.

MS-DOS 3.00:

- Ab Ende 1984 wird das 1.2 MByte-Format (80 Spuren, 15 Sektoren) unterstützt, mit dem die 5.25"-Disketten von ATs (Advanced Technology) formatiert werden können.
- Festplatten erreichen nun 20 MByte und mehr.

MS-DOS 3.10:

- Ab Ende 1984 können mehrere PCs zu einem Netzwerk verbunden werden. Der Zugriff auf gemeinsame Dateien und Einheiten wird vom Betriebssystem überwacht.

MS-DOS 3.20:

- Neben 5.25"-Laufwerken sind die kleineren 3.5"-Laufwerke anschließbar, auf denen 720 KByte (80 Spuren, 9 Sektoren je Spur) abgespeichert werden können.

MS-DOS 3.30:

- Im Frühjahr 1987 werden zahlreiche neue Befehle eingeführt (z.B. zum Dateizugroff über APPEND, FASTOPEN).
- Länderspezifische Zeichensatztabellen können geladen werden (KEYB, KEYBOARD.SYS).
- Auf der 3.5"-Diskette können jetzt 1.44 MByte (80 Spuren, 18 Sektoren je Spur) abgelegt werden.

MS-DOS 4.00:

- Ab Ende 1988 sind MS-DOS bzw. IBM-DOS in der Version 4.00 verfügbar. Die bisherige *Befehlszeilen-Oberfläche* wird durch eine *Menü-Oberfläche* ergänzt.
- Die Installation des Betriebssystems wird menügesteuert vorgenommen (SELECT-Befehl).
- Auf der Festplatte können bis ab dieser Version bis zu 2 GByte (2000 MByte bzw. 2.000.000.000 Byte) gespeichert werden. Die durch die 32 MByte-Partitions der Festplatte gegebene Grenze ist damit gefallen.

2 Referenz zu MS-DOS

2.1.1 MS-DOS auf dem Personalcomputer installieren

Zwei Aufgaben des Installierens: Installieren bedeutet Einrichten. Beim Installieren von Software wie z.B. des Betriebssystems MS-DOS 4.0 fallen stets zwei Aufgaben an:
1. *Kopieren:* Dateien von den gelieferten Systemdisketten auf Diskette bzw. Festplatte des PCs kopieren.
2. *Konfigurieren:* Das Betriebssystem MS-DOS 4.0 muß an den Benutzer bzw. seinen PC angepaßt werden. Das System muß so zusammengestellt (konfiguriert) werden, daß es den Anforderungen des Benutzers genügt.

Installieren über SELECT: Das Installieren von MS-DOS 4.0 wird über den SELECT-Befehl menügesteuert vorgenommen.
- SELECT fragt nach den Komponenten des Personalcomputers, auf dem installiert werden soll.
- Der Benutzer antwortet.
- SELECT kopiert die erforderlichen Dateien und konfiguriert das System. Die Dateien CONFIG.SYS und AUTOEXEC.BAT werden automatisch erstellt.

Im Gegensatz zu früheren Versionen läuft das Installieren von MS-DOS 4.0 weitgehend automatisiert ab.

2.1.1.1. Vier-Schritte-Vorgehen

Disketten bereitlegen (Schritt 1):
- Bei der Installation auf Diskette sind vier Leerdisketten (5.25"-Format), zwei Leerdisketten (3.5"-Format, 720 KB) bzw. eine Leerdiskette (3.5"-Format, 1.44 MB) erforderlich.
- Bei der Installation auf Festplatte ist eine Leerdiskette erforderlich.

Installieren (Schritt 2):
- Die gelieferte Installationsdiskette in das Diskettenlaufwerk einlegen und den Personalcomputer mit Strg-Alt-Entf bzw. Ctrl-Alt-Del anschalten. Der Befehl SELECT wird automatisch gestartet (falls nicht: ggf. SELECT MENU eingeben). Nun ist den Eingabehinweisen von SELECT zu folgen. *In Abschnitt 2.1.1.2 sind die Bildschirme exakt wiedergegeben.*
- Zur Frage nach minimalem, mittlerem bzw. maximalem DOS-Speicherbereich: Nur bei maximaler Ausrüstung werden DOS-Routinen fortwährend (resident) im Hauptspeicher (RAM) gehalten. SELECT schlägt den mittleren Speicherbereich vor.

- Zum Landescode (Tastaturbelegung, Datumformat, ...): Für Germany gilt die Landesnummer 049 und die Abkürzung GR.
- Laufwerksbezeichnungen: 1. Diskette A, 2. Diskette B, Festplatte C, RAM-Disk D, usw.

Dateien umbenennen (Schritt 3):
Wird MS-DOS 4.0 erstmalig auf der Diskette bzw. Festplatte installiert, dann befinden sich auf diesen Externspeichern nun die Dateien CONFIG.SYS und AUTOEXEC.BAT. Diese werden bei jedem PC-Start automatisch aufgerufen, um die entsprechenden Anpassungen vorzunehmen.

Hat SELECT auf Diskette bzw. Festplatte bereits Dateien namens CONFIG.SYS und AUTOEXEC.BAT gefunden, dann wurden die "neuen" Dateien unter den Namen CONFIG.400 und AUTOEXEC.400 gespeichert. Um diese "neuen" Dateien ab jetzt aufzurufen, muß der Dateityp von 400 in SYS bzw. BAT geändert werden. Geben Sie dazu ein:

```
C:\>copy config.400 config.sys
C:\>copy autoexec.400 autoexec.bat
```

System neu starten (Schritt 4):
PC aus- und einschalten (Kaltstart) oder Strg-Alt-Entf bzw. Ctrl-Alt-Del drücken (Warmstart). Nun wird MS-DOS 4.0 geladen; die Dateien CONFIG.SYS und AUTOEXEC.BAT werden ausgeführt und das Betriebssystem meldet sich mit der Menü-Oberfläche oder der Befehlszeilen-Oberfläche - je nachdem, ob DOSSHELL als letzter Befehl in der Datei AUTOEXEC.BAT aufgerufen wird oder nicht.

2.1.1.2 Exakte Folge der Bildschirme zu SELECT

Im Installationsschritt 2 (Abschnitt 2.1.1.1) wird der Befehl SELECT aufgerufen, um menügesteuert das Formatieren, Kopieren bzw. Konfigurieren vorzunehmen. Im folgenden werden die dazu durchlaufenen Dialogschritte bzw. Bildschirme exakt wiedergegeben. Bei den Bildschirmen werden - sofern nicht anderes vermerkt ist - die von DOS angebotenen Voreinstellungen (Defaults) übernommen.

Die Disketten haben (bei IBM Personalcomputer bzw. IBM DOS) folgende
Bezeichnungen:

Vom Hersteller gelieferte Disketten, als Quelldisketten gelesen:	Für Sie erstellte Disketten, als Zieldisketten formatiert und beschrieben:
1. Installationsdiskette 2. Programmdiskette	a) SHELL-Diskette b) Startdiskette

Bildschirm 1: " Begrüßung"

```
DOS-Installationsprogramm SELECT
Mit dem Installationsprogramm SELECT wird DOS 4.00
auf der Festplatte oder einer Diskette installiert.
Bei der Installation auf einer Diskette sind ent-
sprechend dem Laufwerkstyp und der Kapazität der
verwendeten Disketten folgende Leerdisketten erfor-
derlich:
Laufwerkstyp (Kapazität):        Anzahl Leerdisketten:
5,25 Zoll  (360  KByte)          vier 5,25 Zoll (360 KByte)
5,25 Zoll  (1,2  MByte)          vier 5,25 Zoll (360 KByte)
3,5  Zoll  (720  KByte)          zwei 3,5  Zoll (1 Mbyte)
3,5  Zoll  (1,44 MByte)          eine 3,5  Zoll (2 MByte)


Bei der Installation von DOS 4.00 auf einer Fest-
platte wird eine Leerdiskette benötigt:
5,25-Zoll-Laufwerk               eine 5,25 Zoll  (360 KByte)
3,5-Zoll-Laufwerk                eine 3,5  Zoll  (1   MByte)
------------------------------------------------------------
Eingabetaste    Esc=Abbruch
```

Bildschirm 2: "Einführung"

```
 Einführung
 In den einzelnen SELECT-Bildschirmen wird der Benutzer aufgefordert,
 Werte einzugeben oder auszuwählen. Zu jedem Eingabe- oder Auswahl-
 feld können mit der Taste F1 Hilfeinformationen aufgerufen werden.
 Viele Eingabefelder enthalten bereits Standardwerte, die entweder
 übernommen oder geändert werden können.

 Tastenbelegung bei der Ausführung des Programms SELECT:
        Eingabetaste       Weiter zum nächsten Schritt.
        Esc                Angezeigten Bildschirm verlassen.
        Tab                Weiter zum nächsten Eingabefeld.
                           Eine Seite vorwärts bzw. rückwärts blättern
                           Auswahlcursor auf anderen Menüpunkt setzen.
 Die Tasten Eingabe, Esc und F1 haben nur dann die oben angegebene
 Funktion, wenn der Bildschirm einen entsprechenden Hinweis enthält.
 -------------------------------------------------------------------

 Eingabetaste      Esc=Abbruch
```

Bildschirm 3: "Angaben zur Konfiguration"

```
 Angaben zur Konfiguration
 SELECT konfiguriert das System unter Verwendung der Benutzer-
 angaben so, daß DOS und die Anwendungsprogramme optimal aus-
 geführt werden können.
 Hinweis: Später können die vom Benutzer definierten Konfigu-
 rationsparameter nochmal überprüft werden.
 Bitte auswählen:
        1. Kleinster Speicherbereich für DOS
        2. Standardspeicherbereich für DOS _ _ _ . _ _
        3. Größter Speicherbereich für DOS
```



```
 --------------------------------------------------------------------

 Eingabetaste      Esc=Abbruch      F1=Hilfe
```

Bildschirm 4: "Land und Tastatur auswählen"

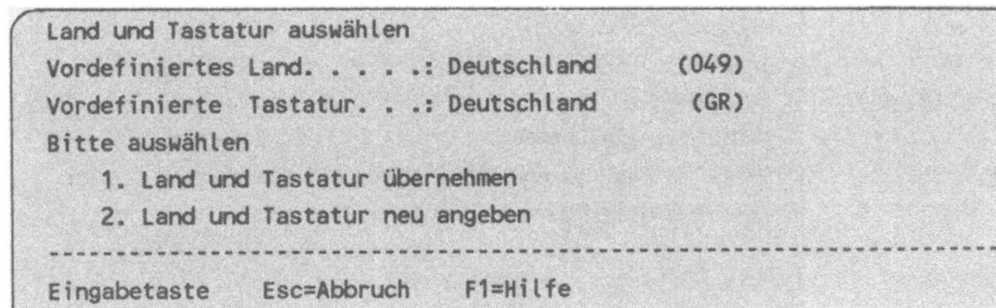

Bildschirm 5: "Installationslaufwerk auswählen"

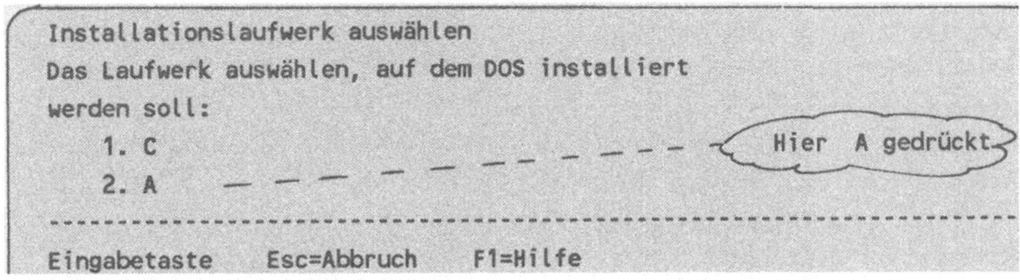

Bildschirm 6: "Anzahl der Drucker"

Bildschirm 7: "Installationsangaben"

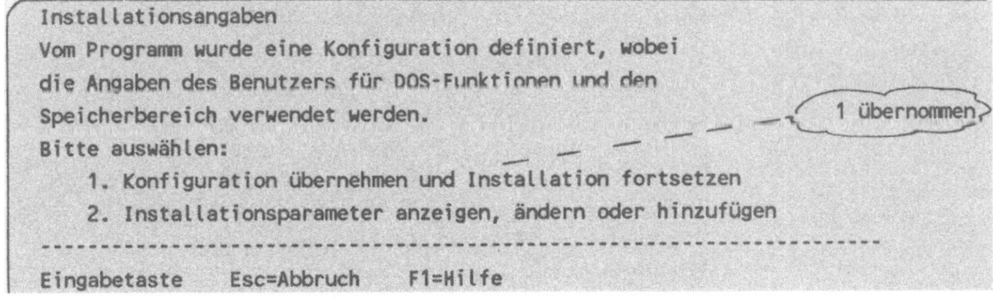

Bildschirm 8: "Die Installation wird fortgesetzt"

```
SELECT erstellt folgende Disketten:
(Es werden 2 Leerdisketten mit 1 MByte benötigt.)
   Startdiskette        DOS Starten
                        DOS Dienstprogramme
   SHELL-Diskette       Benutzeroberfläche SHELL laden,
                        Weitere DOS-Dienstprogramme
------------------------------------------------------------

Eingabetaste
```

Bildschirm 9: "SHELL-Diskette formatieren und kopieren"

```
Die Installation wird fortgesetzt.
SHELL-Diskette in Laufwerk A einlegen.
------------------------------------------------------------

Eingabetaste

SHELL-Diskette wird formatiert . . .
1-100 Prozent der Diskette/Platte formatiert

Die Installation wird fortgesetzt
Installationsdiskette in Laufwerk A einlegen.
------------------------------------------------------------

Eingabetaste


SHELL-Diskette in Laufwerk A einlegen
------------------------------------------------------------

Eingabetaste
Dateien werden kopiert . . .
```

Bildschirm 10: "Startdiskette formatieren und kopieren"

```
Die Installation wird fortgesetzt.
Startdiskette in Laufwerk A einlegen.
----------------------------------------------------------------

Eingabetaste


Startdiskette wird formatiert . . .
1-100 Prozent der Diskette/Platte formatiert

Die Installation wird fortgesetzt
Installationsdiskette in Laufwerk A einlegen.
----------------------------------------------------------------

Eingabetaste


Startdiskette in Laufwerk A einlegen
----------------------------------------------------------------

Eingabetaste
Dateien werden kopiert . . .


Programmdiskette in Laufwerk A einlegen.
----------------------------------------------------------------

Eingabetaste


Startdiskette in Laufwerk A einlegen
----------------------------------------------------------------

Eingabetaste
Dateien werden kopiert . . .
```


Bildschirm 11: "Installation abschließen"

```
Die Installation ist abgeschlossen.
Um DOS zu starten, die Startdiskette in Laufwerk A einlegen
und die Tastenkombination Strg-Alt-Entf betätigen.
oder:
Um die DOS-Benutzeroberfläche SHELL zu laden, die SHELL-
Diskette in Laufwerk A einlegen und Strg-Elt-Entf betätigen.
```

2.1.1.3 Dateien CONFIG.SYS und AUTOEXEC.BAT

Dateien bei Festplatteninstallation:
Der SELECT-Befehl hat die Konfigurationsdateien CONFIG.SYS und
AUTOEXEC.BAT erzeugt. Diese sehen - je nach der Benutzereingabe
über den SELECT-Dialog - verschieden aus. Die folgenden Dateien beziehen sich auf eine Festplatteninstallation:

Zur Datei CONFIG.SYS: 049 als Landescode für Deutschland; 20 als Anzahl der Pufferspeicher; 12 als Anzahl maximal geöffneter Dateien; KEYB
für die deutsche Tastatur; ANSI.SYS für den erweiterten Zeichensatz;
HILFE\DOSBEF als Verzeichnis, in dem das Betriebssystems auf der
Festplatte gespeichert worden ist.

```
BREAK=ON
COUNTRY=49,,C:\HILFE\DOSBEF\COUNTRY.SYS
BUFFERS=20
FILES=12
SHELL=C:\HILFE\DOSBEF\COMMAND.COM /P /E:512
DEVICE=C:\HILFE\DOSBEF\ANSI.SYS
INSTALL=C:\HILFE\DOSBEF\KEYB.COM GR,,C:\HILFE\DOSBEF\KEYBOARD.SYS
```

Durch SELECT erzeugte Datei CONFIG.SYS (Festplatteninstallation)

Zur Datei AUTOEXEC.BAT:
  - @ unterdrückt das Anzeigen von Systemmeldungen.
  - SET COMSPEC sorgt dafür, daß der Befehlsprozessor COM-
    MAND.COM nach dem zeitweiligen Verlassen der Menü-Oberflä-
    che wieder gefunden werden kann.
  - PROMPT gibt im Prompt-Zeichen der Befehlszeilen-Oberfläche
    vor dem Größerzeichen (G) auch dem kompletten Verzeichnispfad
    (P) an.
  - PATH sucht nach jeder Befehlseingabe zuerst im Stammverzeich-
    nis "\" und dann ggf. auch im Verzeichnis HILFE\DOSBEF.
  - DOSSHELL ruft die Menü-Oberfläche auf und muß als letzter
    Befehl in AUTOEXEC.BAT stehen. Ohne DOSSHELL würde die
    Befehlszeilen-Oberfläche aktiviert.

Die Dateien CONFIG.SYS und AUTOEXEC.BAT können vom Benutzer
natürlich nachträglich geändert werden (vgl. Abschnitt 4).

```
@ECHO OFF
SET COMSPEC=C:\HILFE\DOSBEF\COMMAND.COM
PATH C:\;C:\HILFE\DOSBEF
PROMPT $P$G
VER
DOSSHELL
```

Durch SELECT erzeugte Datei AUTOEXEC.BAT (Beispiel einer Installation von DOS auf Festplatte)

Konfigurationsdateien bei Disketteninstallation:

Sie bestimmen durch Ihre über den SELECT-Befehl vorgenommenen Eingaben das Aussehen der Dateien CONFIG.SYS und AUTOEXEC.BAT. Die in Abschnitt 2.1.1.2 wiedergegebene Bildschirmfolge von SELECT zeigt, wie DOS auf eine Diskette in Laufwerk A: installiert wird. Dabei erhält man folgende Konfigurationsdateien.

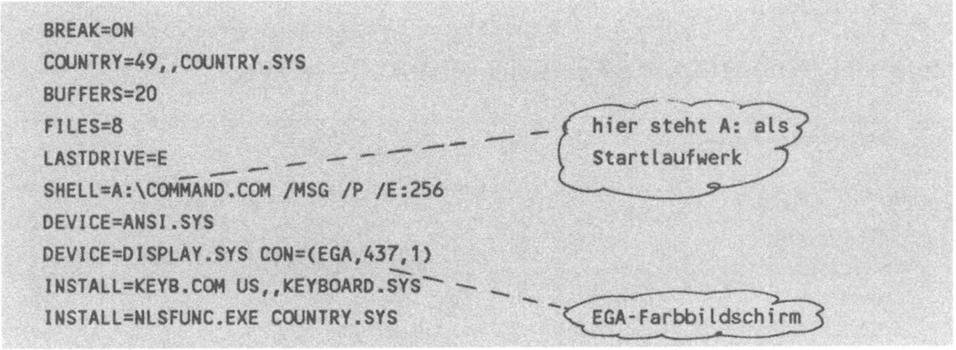

Durch SELECT erzeugte Datei CONFIG.SYS (Installation auf Diskette, wie in Abschnitt 2.1.1.2 wiedergegeben)

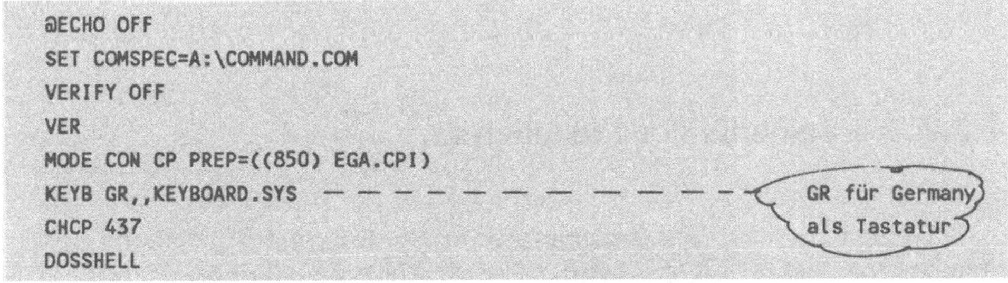

Durch SELECT erzeugte Datei AUTOEXEC.BAT (Installation auf Diskette, wie in Abschnitt 2.1.1.2 wiedergegeben)

2.1.2   Parameter des Befehls SHELLC

2.1.2.1 SHELLC in Datei DOSSHELL aufrufen

DOSSHELL als Befehl: Mit dem Befehl DOSSHELL wird die Menü-
Oberfläche von MS-DOS von der Befehlszeilen-Oberfläche aus gestartet:
  - DOSSHELL wird am Promptzeichen eingetippt.
  - DOSSHELL ist als Befehl in der Datei AUTOEXEC.BAT enthal-
    ten (dabei muß DOSSHELL der *letzte* Befehl im Stapel sein).

Mit DOSSHELL wird eine Stapeldatei namens DOSSHELL.BAT aufgeru-
fen. Diese Datei ist auf einer Systemdiskette von MS-DOS 4.0 enthalten.
Der wichtigste Befehl der Stapeldatei heißt SHELLC und hat die Aufga-
be, die Menü-Oberfläche zu aktivieren. Die folgende Stapeldatei
DOSSHELL.BAT zeigt, mit welchen Parametern der SHELLC-Befehl auf-
gerufen werden kann.
  - Die Stapeldatei wird mit SELECT bei der Installation erzeugt.
  - Die Reihenfolge der Parameter spielt keine Rolle.
  - Jeder Parameter muß mit einem "/" beginnen (Leerstellen können
    entfallen).

Stapeldatei DOSSHELL.BAT mit dem SHELLC-Befehl:

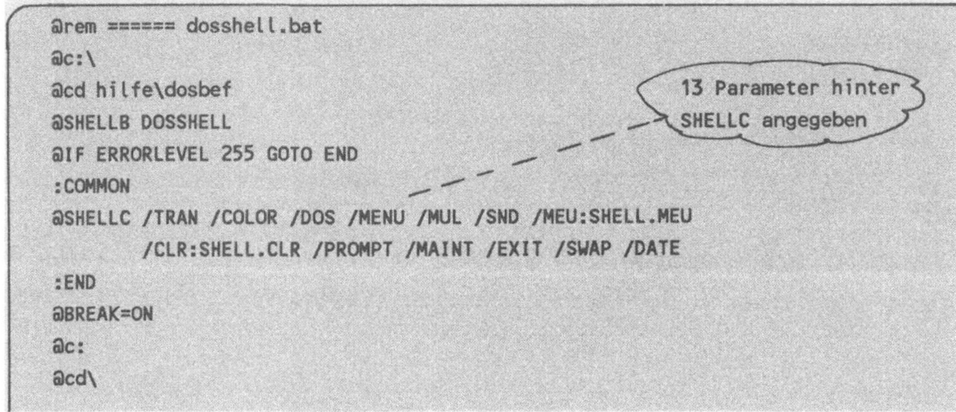

2.1.2.2 Verzeichnis der Parameter

/B:n
Den Pufferspeicher für das *Dateisystem* mit n KByte festlegen. Im resi-
denten Modus (siehe /TRAN) ist der Puffer klein zu wählen.

/C01
Den 16-Farben-Modus (640*350 Pixel) für die Menü-Oberfläche einstellen. Modus 10.

/C02
Den Zwei-Farben-Modus (640*480 Pixel) einstellen. Modus 11.

/C03
Den 16-Farben-Modus (640*480 Pixel) für die Menü-Oberfläche einstellen. Modus 12.

/CLR:Dateiname
Den Namen der Datei angeben, in der die Farbwerte für die Menü-Oberfläche abgelegt sind. Voreinstellung: /CLR:SHELL.CLR.

/COLOR
Nur bei Angabe dieses Parameters kann die Farbeinstellung über den Menüpunkt *Farben ändern* im Programmstartmenü geändert werden.

/COM2
Die Maus ist nicht an COM1, sondern an COM2 als der 2. seriellen Schnittstelle imstalliert.

/DATE
Im Hauptmenü werden oben links das Systemdatum und oben rechts die Zeit angezeigt.

/DOS
Das *Dateisystem* kann als Menüpunkt aktiviert werden.

/EXIT
Die Menü-Oberfläche kann über F3 bzw. den entsprechenden *Ende*-Menüpunkt verlassen werden. Beim Fehlen von /EXIT *und* /PROMPT kann man die Menü-Oberfläche nicht verlassen.

/LF
Die Maustasten des Maustreibers werden für Linkshänder ausgetauscht.

/MAINT
Menüpunkte und Menügruppen können neu angelegt, geändert und gelöscht werden (Maintenance).

/MENU
Nach dem Aufruf wird automatisch das Hauptmenü *Programme starten*
angezeigt. Beim Fehlen von /MENU kann nur das Dateisystem aktiviert
werden. Beim Fehlen von /MENU *und* /DOS "geht nichts".

/MEU:Dateiname
Den Namen der Datei angeben, in der die Information der Menügruppe
bereitgestellt ist, die als Hauptmenü angezeigt werden soll. Voreinstellung:
/MEU:SHELL.MEU, d.h. die *Hauptgruppe* wird gezeigt. Mit der Einstellung /MEU:DOSUTIL.MEU würde die Menügruppe *Dos-Dienstprogramme...* aktiviert.

/MOS:Dateiname
Einen Maustreiber zuordnen. Auf der DOS-Systemdiskette werden die
Treiber PCIBMDRV.MOS (IBM PS/2), PCMSPDRV.MOS (Microsoft pa-
rallel) und PCMSDRV.MOS (Microsoft seriell) bereitgestellt. In CON-
FIG.SYS muß ein DEVICE-Befehl angegeben werden.

/MUL
Dateisystem (Multiple File System) bereitstellen.

/PROMPT
Die Menü-Oberfläche kann mit Umschalt-F9 zum Promptzeichen der Befehlszeilen-Oberfläche verlassen werden.

/SND
Akustische Warnsignale (Sound) können *nicht* abgestellt werden, sind also
in jedem Falle hörbar.

/SWAP
Bei temporärem Verlassen der Menü-Oberfläche (Programmaufruf, Um-
schalt-F9) werden Steuerungsdaten zum Hauptmenü bzw. Dateisystem
kurzfristig auf eine Disketten- bzw. Festplattendatei geschrieben.

/TEXT
Menü-Oberfläche arbeitet im Text-Modus und nicht im Grafik-Modus.

/TRAN
Die Menü-Oberfläche arbeitet im transienten Modus.
  - *Tansienter Modus (vorteilhaft bei Festplatte):* Speicherplatzinten-
    sive Teile von DOS werden nur jeweils bei Bedarf von der Fest-
    platte in den RAM geladen. Nur die fortwährend benötigten Teile
    werden dauernd (resident) im RAM installiert.
  - *Residenter Modus (vorteilhaft bei Diskette):* Bei Start wird die
    Menü-Oberfläche komplett in den RAM geladen. Ein späterer

Diskettenwechsel zum Nachladen von Menü-Befehlen entfällt.
Gleichwohl verkleinert sich der verfügbare Speicherplatz.

2.1.3 Programmstartbefehle

2.1.3.1 Aufbau eines Menüpunktes

Menügruppe mit mehreren Menüpunkten: Die in der Menü-Oberfläche
bereitgestellten Menügruppen können vom Benutzer erweitert und ergänzt
werden. In eine Menügruppe kann der Benutzer neue Menüpunkte aufnehmen. Das beim Aktivieren eines Menüpunktes gezeigte Fenster ist für
alle Menüpunkte gleich aufgebaut. Dies gilt auch für den Menüpunkt
Formatieren aus der Menügruppe *DOS-Dienstprogramme....*

```
                        DOS-Dienstprogramme...
    Datum und Uhrzeit angeben
    Disketten kopieren
    Disketten vergleichen
    Sicherungskopie der Festplatte erstellen
    Sicherungskopie zurückspeichern
    Formatieren
```

"Formatieren" als letzter Menüpunkt der Standard-Menügruppe
"DOS-Dienstprogramme..."

Beispiel-Menüpunkt: Anhand des Menüpunkts *Formatieren* zeigt sich der
Aufbau des Fensters wie folgt:

1. Titelzeile oben als 1. Zeile
2. Informationszeile als 2. Zeile
3. Promptangabe in der 3. Zeile links
4. Eingabefenster [...> in der 3. Zeile rechts. [und] für "Grenze geschlossen" sowie < und > für "Grenze offen".
5. Kontrollzeile mit Hilfe in der 4. Zeile

Fenster siehe nächste Seite.

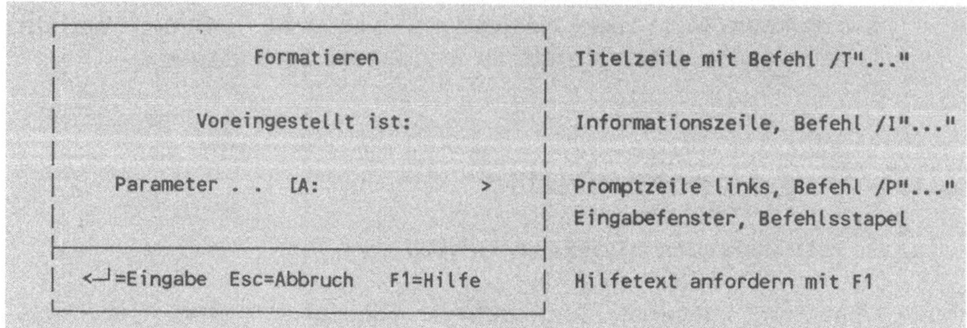

Fenster bei Aufruf von "Formatieren/F10/Starten/"

Menübefehle Gruppe und Programm: Zur Bearbeitung von Menügruppen bzw. Menüpunkten stehen dem Benutzer die Befehle *Gruppe* bzw. *Programm* zur Verfügung:

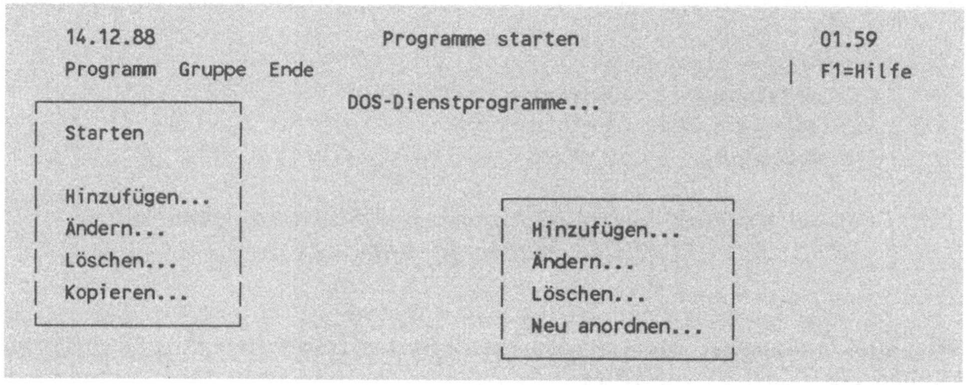

Programmstartmenü mit Pull-Down-Menüs "Programm" und "Gruppe"

Ruft man z.B. den Befehl *Programm/Ändern...* auf, um den Standard-Menüpunkt *Formatieren* zu ändern, zeigt sich folgendes Fenster (vgl. nächste Seite):

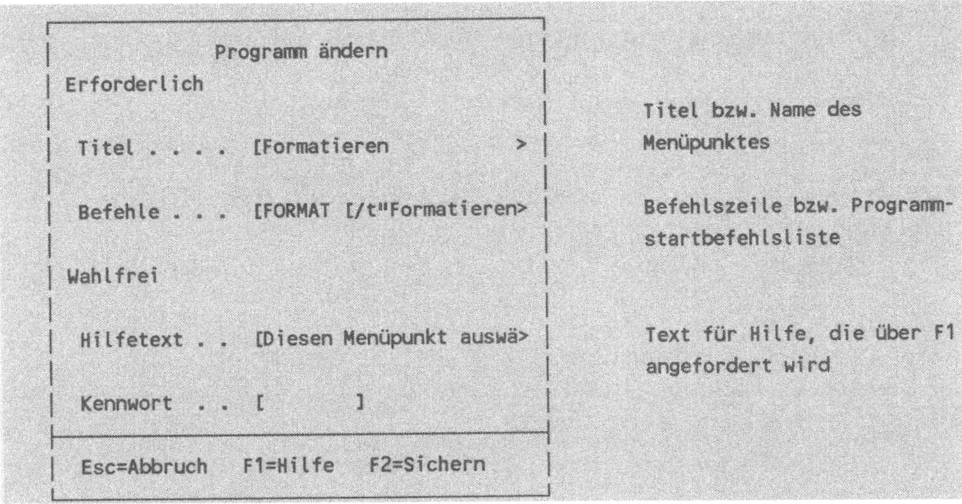

Fenster bei Aufruf von "Formatieren/F10/Programm/Ändern..."

Befehlsstapel: In der Befehlszeile können mehrere Befehle durch das Zeichen " " (Alt-186) getrennt gestapelt werden. Im obigen Fenster ist davon nur der Anfang sichtbar. Die komplette Befehlszeile zeigt die beiden gestapelten Befehle FORMAT und PAUSE:

In der Befehlszeile gespeicherte Programmstartbefehlsliste

Programmstartbefehle: Die in der Befehlszeile angegebenen Befehle /T, /I, /P, /D und /R bezeichnet man als Programmstartbefehle (engl. PSC für "Program Startup Commands"). Siehe Abschnitt 3.3.

2.1.3.2 Verzeichnis der Programmstartbefehle

[Befehlsliste]
Ein Fenster am Bildschirm öffnen, um die Benutzereingabe(n) als Parameter an die zwischen [] angegebenen Befehle zu übergeben.

[/T"..."]
Die Titelzeile des Eingabefensters mit maximal 40 Zeichen angeben, die als erste Zeile im Fenster zentriert angezeigt wird. Voreinstellung: leer.

[/I"..."]
Die Informationszeile mit maximal 40 Zeichen angeben, die als zweite
Zeile zentriert angezeigt wird. Voreinstellung:

```
Parameter eingeben, dann Eingabetaste betätigen.
```

[/P"..."]
Eine Prompt-Meldung mit maximal 20 Zeichen angeben, die links neben
dem Eingabefeld angezeigt wird. Voreinstellung:

```
Parameter . . [                >
```

[/D"..."]
Defaultwerte für das Eingabefeld angeben, die der Benutzer dann für seine Eingabe übernehmen (Return-Taste) oder durch eigene Parameterwerte
ersetzen kann (eigene Werte tippen).

[/L"n"]
Die Länge der Benutzereingabe im Eingabefeld auf n Zeichen begrenzen.
Voreinstellung: 127 Zeichen als Maximallänge.

[/M"e"]
Existenzprüfung: Es werden wiederholt Dateinamen zur Eingabe angefordert, bis der Name einer existierenden Datei gelesen wird.

[/R]
Den Inhalt des Eingabefensters (samt /D-Defaults) löschen, wenn eine
Nicht-Editiertaste (Einfg, Entf, Pfeiltaste) gedrückt worden ist.

[/F"..."]
Eine Dateibezeichnung (File) mit Laufwerk, Verzeichnis und Dateiname
angeben. Der Benutzer wird zur Eingabewiederholung aufgefordert, falls
die Datei nicht gefunden wird.

[%n ...]
Parametereingabe in einer Parametervariablen %1, %2, ..., %10 zusätzlich
speichern. *%n* ist als erste Option zwischen [] zu schreiben.

%n
Den Wert einer Parametervariablen %1, %2, ..., %10 außerhalb des Fensters [] aufrufen.

[/C"%n"]
Den Wert einer Parametervariablen %1, %2, ..., %10 in das Eingabefenster
zurückkopieren (Copy).

[/D"%n]
Den Wert einer Parametervariablen %1, %2, ..., %10 als Default in das
Eingabefenster übernehmen.

/#
Die Bezeichnung des aktiven Laufwerks zurückgeben.

/@
Den Namen des aktiven Verzeichnisses zurückgeben.

Befehle in der Befehlszeile bzw. Programmstartbefehlsliste voneinander
trennen. Zu unterscheiden: (Alt-186) und Pipe-Zeichen | (Alt-124).

2.1.3.3 Verzeichnis der Menübefehle

In der Menü-Oberfläche von DOS werden Menüpunkte in geschachtelten
Menüs angeboten. Grundlegend sind die Menüs von *Programme starten,
Hauptgruppe, DOS-Dienstprogramme...* und *Dateisystem:*

**Menüpunkte in der waagrechten Menüleiste des Programmstartmenüs
bzw. in "Programme starten":**

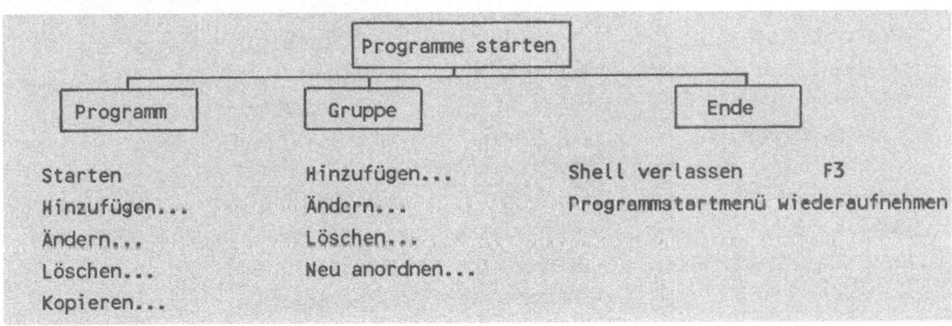

Menüpunkte in der senkrechten Menüleiste des Programmstartmenüs bzw. in der "Hauptgruppe":

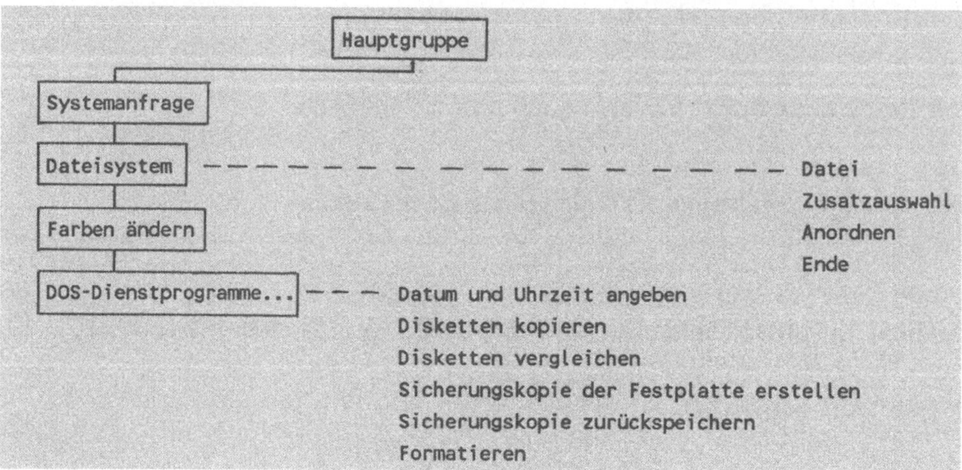

Menüpunkte des Dateisystems:

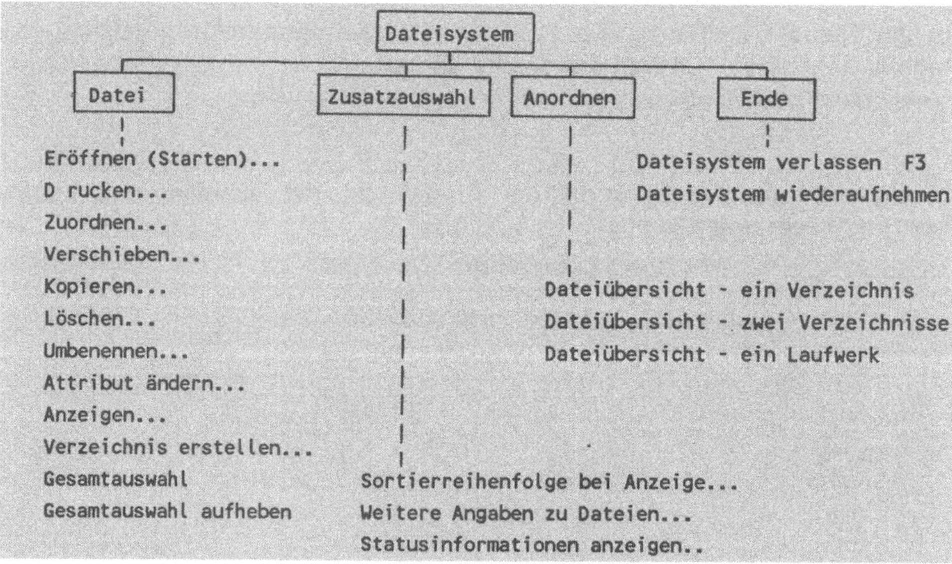

2 Referenz zu MS-DOS

2.2.1 Allgemeine Vereinbarungen

2.2.1.1 Namen von Datei, Gerät und Befehl

Bezeichnung von Dateien:

- Dateiname maximal 8 Zeichen und Dateityp maximal 3 Zeichen lang (z.B. RECHNUNG.TXT).
- Dateiname mit Buchstaben A-Z, Ziffern 0-9 sowie mit den Sonderzeichen ! # $ % ^ ( ) & - _ ~ { } ' @ . (Abschnitt 4).
- Kleinbuchstaben werden in Großbuchstaben umgesetzt.
- Komplette *Dateibezeichnung* mit Laufwerk, Zugriffspfad, Dateiname und Dateityp. Beispiel:

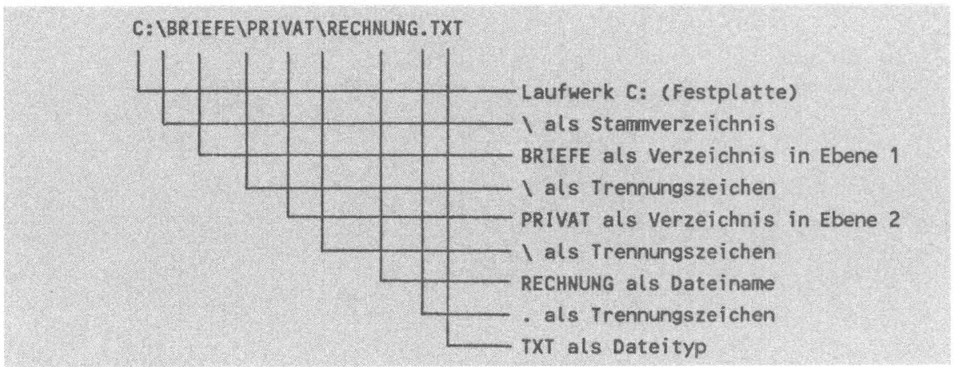

Dateigruppenzeichen (Joker, Wildcards):

Joker * vertritt eine Zeichenfolge (z.B. "Klaus", "6" oder "5a").
Joker ? vertritt ein einzelnes Zeichen (z.B. "a", "@" oder "5").
Beispiele:
- *.TXT:* Dateiname beliebig (max. 8 Zeichen) und Dateityp TXT. Umfaßt zum Beispiel A.TXT, V1.TXT, A985FT.TXT, ZA.TXT.
- *A*.BAK:* Dateiname mit "A" beginnend und sonst beliebig lang, Dateityp BAK.
- *????.*:* Dateien mit vierstelligen Dateinamen.

Namen von Geräten bzw. externen Einheiten:

A:	Erstes Diskettenlaufwerk (Bootlaufwerk)
B:	Zweites Diskettenlaufwerk
C:	Festplattenlaufwerk (Hard Disk)
D:	RAM-Disk als virtuelles Laufwerk
E-Z:	Weitere Laufwerke
AUX:	Erste serielle Schnittstelle (identisch zu COM1:)
CON:	Konsole mit Bildschirm und Tastatur
COM1:	Erste serielle Schnittstelle. Weiter: COM2, COM3, COM4.
LPT1:	Erster Paralleldrucker. Weitere: LPT2, LPT3.
PRN:	Erster Paralleldrucker (identisch zu LPT1:)
NUL:	Ersatzgerät: Null Device, Dummy Device.

Grundlegende Dateitypen:

\$\$\$	Temporäre Datei bzw. Hilfsdatei
C	Quelldatei in Programmiersprache C
ASM	Quelldatei in Assembler (Maschinensprache)
BAK	Back-Up-Datei als automatisch erstellte Sicherungskopie
BAS	Quelldatei in Programmiersprache BASIC
BAT	Stapeldatei bzw. Batchdatei
BIN	Binärdatei
CHK	Hilfsdatei, die durch CHKDSK erstellt wird
CLR	Farbeinstellungen der Menü-Oberfläche (Color)
COM	Befehlsdatei für ausführbares Programm
CPI	Zeichensatztabelle (Code Page)
CRF	Querverweisdatei (Cross Reference-Datei, XREF)
DBF	Datenbank-Datei in dBASE (Database File)
DBS	Druckertreiberdatei für Word
DIF	Datei von Lotus 1-2-3
DFV	Druckformatvorlage für Textverarbeitung Word
DOC	Dokumentationsdatei als Textdatei
EXE	Befehlsdatei für ausführbares Programm
FMT	Formatdatei für dBASE
FW	Arbeitsdatei für Framework
GEN	Arbeitsdatei für Ventura Publisher
HEX	Hexadezimal-Datei
HLP	Datei für Hilfetexte der Menü-Oberfläche
INI	Datei mit Initialisierungsdaten (Word, Multiplan)
LBL	Labeldatei für dBASE
LOG	Logdatei von BACKUP
LIB	Bibliotheksdatei (Library)
LST	Listing-Datei
MAP	Linker-Kontrolldatei
MEU	Daten zu einer Menügruppe der Menü-Oberfläche
MP	Multiplan-Tabelle
OBJ	Objektdatei für compiliertes Programm
PAS	Quelldatei in Programmiersprache Pascal
PGM	Programm (Systemdateien)
PRG	Programm als Befehlsdatei für dBASE
REC	Hilfsdatei, die durch RECOVER erstellt wird
REF	Cross-Reference-Datei
SIK	Sicherungskopie von Textverarbeitung Word
SYS	Systemdatei für DEVICE
TMP	Temporär eingerichtete Datei
TXT	Textdatei

Editiermöglichkeiten in der Befehlszeilen-Oberfläche von MS-DOS:

F1	Das nächste Zeichen aus dem Tastaturpuffer kopieren bzw. erscheinen lassen
F2z	Alle Zeichen bis zum Zeichen z aus dem Tastaturpuffer kopieren
F3	Bis zum Ende der Eingabezeile kopieren
F4z	Alle Zeichen bis zum Zeichen z überspringen
F5	Die komplette Eingabezeile in den Puffer speichern
F6	Das Textdatei-Endezeichen Strg-Z bzw. Ctrl-Z erzeugen
Esc	Die Eingabe in der aktiven Zeile unwiksam abbrechen
Einfg	Den Einfügemodus ein- bzw. ausschalten (Einfg- bzw. Ins-Taste)
Entf	Das aktive Zeichen aus dem Puffer entfernen (Entf- bzw. Del-Taste)

Editiermöglichkeiten in der Menü-Oberfläche von MS-DOS:

F1	Hilfefenster aktivieren
F2	a) Fenster eines Menüpunkts wirksam (d.h. mit Speicherung) verlassen b) COPY wirksame beenden
F3	a) Vom der Menü-Oberfläche zur Befehlszeilen-Oberfläche wechseln b) Vom Dateisystem zum Programmstartmenü wechseln c) COPY unwirksam abbrechen
F4	Zeichen (Alt-186) zur Befehlstrennung in der Befehlszeile erzeugen
F9	a) Tastenbelegung im Hilfs-Fenster anzeigen b) Im Anzeigen-Fenster zwischen Hex- und ASCII-Modus umschalten c) Den alten Wert in das Eingabefeld eingeben
F10	Die waagrechte Menüleiste oben im Hauptmenü aktivieren
F11	Stichwortverzeichnis im Hilfe-fenster anfordern
Umschalt-F9	In die Befehlszeilen-Oberfläche von MS-DOS wechseln
Leer	Die durch den Cursor angezeigte Datei im Dateisystem aktivieren (markieren) bzw. desaktivieren
Tab	Im Fenster von einem EIngabereich zum nächsten Eingabebereich wechseln
Return	Eine Eingabe bestätigen
Esc	Die Ausführung unwirksam abbrechen und zum übergeordneten Fenster bzw. Menü zurückgehen

Unterscheidung von internen und externen Befehlen:

Interne Befehle sind Bestandteil des Befehlsprozessors COMMAND.COM und als solche im RAM resident:

> BREAK, CALL, CHCP, CD, CHDIR, COPY, CTTY, DATE, DEL, DELETE, DIR, ECHO, ERASE, EXIT, FOR, GOTO, IF, MD, MKDIR, PATH, PAUSE, PROMPT, REM, REN, RENAME, RD, RMDIR, SET, SHIFT, TIME, TYPE, VERIFY, VOL.

Externe Befehle werden nicht permanent im RAM gehalten und müssen zum Zeitpunkt des Aufrufens im entsprechenden Laufwerk bzw. Verzeichnis verfügbar sein. Alle die Befehle sind extern verfügbar, die in der obigen Übersicht der internen Befehle nicht angeführt sind.

Unterscheidung von Befehlen nach Anwendungen:

Bei der folgenden Einteilung ergeben sich zwangsläufig Überschneidungen. Die Anwendungen sind also nicht streng getrennt zu betrachten.

Befehle zur Konfiguration über CONFIG.SYS bzw. AUTOEXEC.BAT:
>ANSI.SYS, BREAK, BUFFERS, COUNTRY.SYS, DEVICE, DISPLAY.SYS, DRIVER.SYS, FCBS, KEYB, KEYBxx, KEYBOARD.SYS, LASTDRIVE, PRINTER.SYS, NLSFUNC, SHELL, STACKS, SWITCHES, VDISK.SYS, XMAEM.SYS und XMA2EMS.SYS.

Befehle zum Einrichten von Diskette/Festplatte:
>FDISK, FORMAT, SELECT und SYS.

Befehle zum Zugriff auf Datei bzw. Diskette/Festplatte:
>ASSIGN, ATTRIB, CHKDSK, DEL, DELETE, ERASE, FASTOPEN, LABEL, PRINT, RECOVER, RENAME und VOL.

Befehle als Filter:
>FIND, MORE und SORT.

Befehle zur Information:
>DATE, MEM, TIME und VER.

Befehle zum Kopieren auf Diskette bzw. Festplatte:
>BACKUP, COMP, COPY, DISKCOMP, DISKCOPY, REPLACE, RESTORE, VERIFY und XCOPY.

Befehle zur Stapelverarbeitung:
>CALL, CLS, ECHO, ERRORLEVEL, EXIST, FOR-DO, GOTO, IF, PAUSE, REM und SHIFT.

Befehle zur Verwaltung von Verzeichnissen:
>APPEND, CD, DIR, JOIN, MD, MKDIR, PATH, RD, RMDIR, SUBST und TREE.

Befehle für spezielle Probleme:
>CHCP, COMMAND, CTTY, DEBUG, DOSSHELL.BAT, EDLIN, EXE2BIN, EXIT, GRAFTABL, GRAPHICS, LINK und MODE.

2.2.1.2 Umlenkung und Verkettung

Umlenkung der Standardeingabe bzw. Standardausgabe:

Zur Umlenkung dienen die Operatoren >, >> und <:

>   Ausgabe zu einer Datei (Gerät) umlenken und neu schreiben.
        DIR > PRN
>>   Ausgabe zu einer Datei umlenken und hintanfügen
        TYPE B.TXT >> NEU.TXT
<   Eingabe zu einer Datei (Gerät) umlenken.
        SORT < NAME.TXT
< >   Eingabe- und Ausgabeumleitung in einer Zeile kombinieren:
        SORT < NAME.TXT > NAMESORT.TXT

Befehle durch Filterbefehle verketten:

Zur Verkettung dienen die Pipe | und die Filter FIND, MORE und
SORT.
  - Filterbefehle FIND, MORE und SORT erwarten die Eingabe von
     der Standard-Eingabeeinheit und legen die Ausgabe auf die Stan-
     dard-Ausgabe-Einheit.
  - Das Pipe-Symbol | (Alt-124) verkettet Dateien:
  - Beim Verketten legt | temporäre Hilfsdateien mit dem Dateityp
     $$$ an, die nach der Verkettung wieder gelöscht werden:

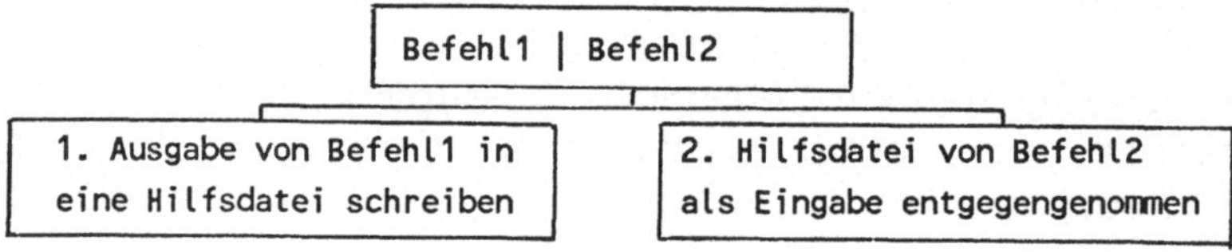

Beispiel zur Verkettung zweier Dateien: Über die Verkettung DIR | SORT
wird das Directory im aktiven Verzeichnis sortiert ausgegeben. DOS geht
dabei wie folgt in zwei Schritten vor:

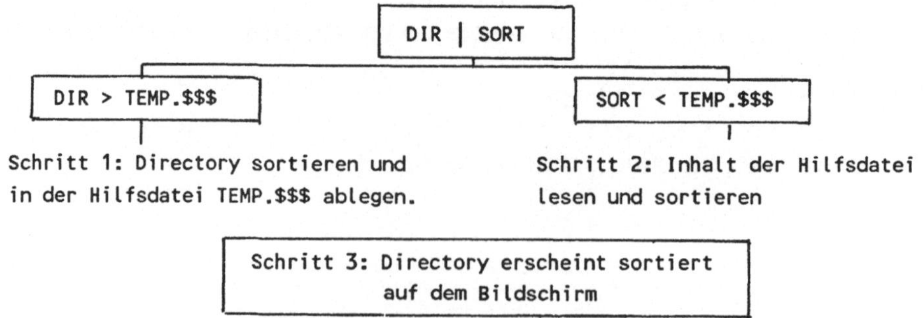

Beispiel zur Verkettung von drei Dateien: Das Directory soll - bis auf die TXT-Dateien - sortiert angezeigt werden.

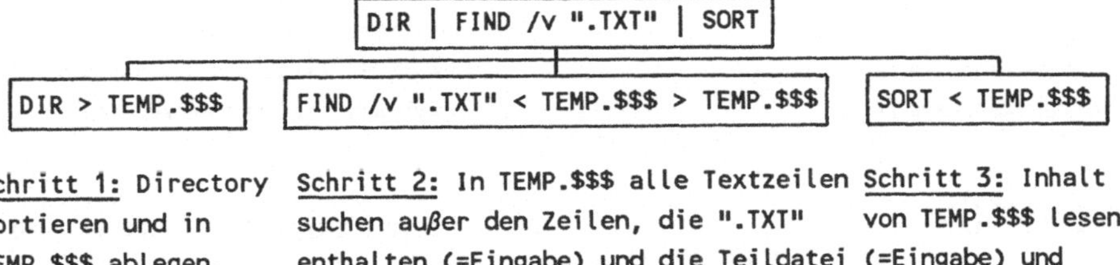

Schritt 1: Directory sortieren und in TEMP.$$$ ablegen.

Schritt 2: In TEMP.$$$ alle Textzeilen suchen außer den Zeilen, die ".TXT" enthalten (=Eingabe) und die Teildatei in TEMP.$$$ speichern (=Ausgabe).

Schritt 3: Inhalt von TEMP.$$$ lesen (=Eingabe) und sortieren.

Schritt 4: Directory erscheint sortiert auf dem Bildschirm

Beispiel zur Verkettung von drei Dateien mit Ausgabeumleitung: Das sortierte Directory soll nicht auf den Drucker als Standard-Ausgabeeinheit auszugeben, sondern in eine Datei namens DRUCK3.TXT.

```
DIR | FIND /v ".TXT" | SORT > DRUCK3.TXT
```

2.2.2 Referenz zu den Zeilenbefehlen von MS-DOS

Beschreibung der Befehle (bis Version 4.0 einschließlich) in drei Punkten wie folgt:

1. Zeile:
Befehlswort: Befehlszweck, Befehlsart
(interner oder externer Befehl, Anwendung, DOS-Version).
2. Zeile:
Allgemeines Format: Angaben in [] sind optional,
(...) für beliebig oft wiederholbaren Begriff,
/ für entweder-oder, d: für Laufwerksangabe.
Ab 3. Zeile:
Beispiele mit Befehlsaufrufen zu typischen Aufgaben.

ANSI.SYS   Tastatur-Treiber (config.sys)
device=ansi.sys [/k][/l][/x]
- device=c:\hilfe\dosbef\ansi.sys   Gerätetreiber aktivieren, der im Unter-
                                           verzeichnis abgelegt ist.

- device=ansi.sys /k   Erweiterte Tastatur nicht nutzen.
- device=ansi.sys /x   Erweiterte Tastatur nutzen (z.B. F11, F12).

APPEND   Auf Dateien zugreifen (extern, ab 3.3)
append d:Pfad [;[d:]Pfad ...]
append [/x:on/off][/e][/path:on/off]
- /e   Speichert Suchpfade im DOS-Umgebungsspeicher.
- /x:on   append-Suchpfad für search, first, find first und exec.
- /x:off   append-Suchpfad ist nicht mehr für path zu nutzen (Default).
- /path:on   append-Suchpfad auch nutzen, wenn ein Verzeichnis angegeben wurde.
- /path:off   append-Suchpfad für Verzeichnis bzw. Laufwerk nicht nutzen.
- path c:\tool\dbase   Ab jetzt kann man alle im Verzeichnis
  append /e   c:\tool\dbase abgelegten Dateien aufrufen,
  append c:\tool\dbase   als wenn sie im aktuellen Verzeichnis lägen.
- append \tool /x   Wie append \tool, gefolgt von path \tool.
- append ;   Alle Suchpfade wieder entfernen.
- append   Den aktiven Suchpfad anzeigen lassen.

ASSIGN   Zugriff umleiten (extern)
assign [x[=]y[...]]
- assign a=b   Von a: auf b: umleiten (dir a: zeigt b:).
- assign a=c b=c   Umleitung auf Festplattenlaufwerk c:.
- assign b=   Umleitung nur des Laufwerks b: aufheben.
- assign   Voreinstellung wiederherstellen.

ATTRIB   Dateiattribute einstellen (extern)
attrib [+r/-r][+a/-a] [d:][Pfad][Dateiname[.erw] [/s]
- +a   Archiv-Attribut gesetzt: Dateiänderung seit dem letztem xcopy/m bzw. backup.
- /s   Bezieht auch Einträge in Unterverzeichnissen mit ein (ab 3.3).
- attrib +r dd.txt   Datei dd.txt als "Nur-Lese-Datei".
- attrib -r dd.txt   Nur-Lese-Attribut entfernen.
- attrib +r -a dd.txt   Archiv-Attribut entfernen (bei xcopy /m
                                           und backup keine Dateikopie mehr).
- attrib +r *.com   com-Dateien vor Löschen schützen.
- attrib dd.txt   Aktuellen Status der Attribute anzeigen.

AUTOEXEC.BAT   Spezielle Stapeldatei
- copy con autoexec.bat   Datei erstellen und mit Ctrl-Z beenden.
- autoexec.bat   Beim Systemstart automatisch ausgeführt.

BACKUP   Daten von Platte sichern (extern)
backup d:[Pfad][Dateiname[.erw]] d:[/s][/m][/a][/f][/l]
[/d:Zeit][/t:Zeit]

- backup c:*.* a: Festplatte ohne Verzeichnisinhalte nach a:.
- backup c:*.* a: /s   Festplatte samt Verzeichnisse nach a:.
- backup c:*.* a: /s/f   Disk formatieren (ab 4.0 autom.).
- backup c:*.txt a: /s/m   Nur die geänderten txt-Dateien.
- backup c:*.pas a: /s/a   Dateien nach a: hinzukopieren.
- backup c:*.pas a: /s/d:1.1.89   Nach 1.1.89 geänderte Dateien.
- backup c:*.* a: /d:1.1.89/t:9.00   Nach 9 Uhr geänderte Dateien.
- backup c:*.* a: Logdatei backup.log in a: ablegen.

BREAK   Abbruch prüfen (intern, config.sys)
break [on/off]

- break on   DOS prüft jede Eingabe von Str-C oder
                                           Strg-Abbr (Standard off).

BUFFERS   Pufferanzahl (config.sys)
buffers=Puffer [,Sektoren][/x]   *(2-99 Dateipuffer)*
- buffers=20   20 Pufferspeicher (durch select erzeugt).
- buffers=22 /x   Puffer im Expanded Memory speichern.
- buffers=25,8   8 Sektoren gleichzeitig lesen (Default=0).

Von DOS standardmäßig eingerichtete Anzahl von Diskettenpuffern: 3 (bis 128 KB RAM), 10
(bis 512 KB RAM) bzw. 15 (ab 512 KB RAM).

CALL   Stapeldatei aufrufen (Stapel)
call [d:][Pfad][Stapeldatei][Parameter]
- rem Befehl in stapel0.bat   stapel1.bat in stapel0.bat aufrufen,
  call stapel1   ausführen und mit stapel0.bat fortfahren.
- call sta77 a b   sta77.bat mit Parametern a und b aufrufen.

CD   Verzeichnis wechseln (intern)
cd [d:][Pfad]
- cd \   Ins Stammverzeichnis \ wechseln.
- cd c:\tool\dbase   Ins Unterverzeichnis \tool\dbase wechseln.
- cd c:tool\dbase   ... vom aktiven Verzeichnis ausgehen.
- cd c: Aktuelles Verzeichnis (Pfad) in c: anzeigen.
- cd ..   Ins übergeordnete Verzeichnis.

CHCP   Zeichensatztabelle (intern, ab 3.3)
chcp [Zeichensatztabelle]   chcp für "Change Code Page"
- nlsfunc c:\country.sys   Von bisheriger Default-Tabelle 437 zur
  chsp 850   mehrsprachigen Tabelle 850 wechseln
                                              (nlsfunc und mode prep vorausgesetzt).
- chsp   Aktive Landes-Zeichensatztabelle anzeigen.

CHDIR   Wie cd (intern)

CHKDSK   Speicherstatusbericht (extern)
chkdsk[d:][Pfad][Dateiname[.erw]][/f][/v]   f=Fehler, v=Anzeigen
- chkdsk c: Statusbericht mit einer Liste aller Dateien
                                              und Verzeichnisse für die Festplatte c:.
- chkdsk c:/v > prn   Statusbericht komplett ausdrucken.
- chkdsk a: /f   Disk prüfen, Fehler melden und korrigieren.

CLS   Bildschirm löschen (Stapel)
- cls   Bildschirm löschen (Farbe bleibt).

COMMAND   Befehlsprozessor laden (extern)
command [d:][Pfad][/p][/c Befehl] [/e:xxxxx] [/msg]
- command   Prozessorkopie in unveränderte Umgebung
                                              laden (Kopie später min exit verlassen).
- command /c dir a: dir a: mit Prozessorkopie ausführen (danach
                                              ist der Primär-Prozessor wieder aktiv).
- command /p   Befehlsprozessor permanent laden (alten
                                              Proz. überschreiben, autoexec.bat starten).
- command /p /msg   Zusätzlich System-Meldungen in den RAM.
- command /p /msg /e:640   Zusätzlich 640 B für Umgebungs-
                                              werte (Environment) reservieren.

COMP   **Dateiinhalt vergleichen (extern)**
comp [d:][Pfad][Dateiname[.erw]] [d:][Pfad][Dateiname[.erw]]
- comp dd.txt dd.sik   Dateien auf Gleichheit prüfen (nach copy).
- comp c:\tool\word*.pas b:*.bak   Vergleich aller pas-Dateien.

COPY Datei1 Datei2   **Dateien kopieren (intern)**
copy [d:][Pfad]Dateiname[.erw] [d:][Dateiname[.erw]] [/v][/b][/a]
- copy ddquell.txt ddziel.txt   dd.quell.txt nach ddziel.txt kopieren.
- copy c:ddquell.txt b:ddziel.txt   Von c: nach b: kopieren.
- copy c:\sprache\turbo *.pas b: Alle pas-Dateien nach b:.
- b:\tool>copy a:\p.pas   p.pas von a:\ ins Verzeichnis b:\tool.
- copy a:*.* b: /v   Kopien mit den originalen vergleichen.
- copy a:t.txt b: /a   ASCII-Datei bis zum 1. Strg-Z kopieren.
- copy a:t.bin b: /b   t.bin als Binärdatei kopieren.

COPY Datei1+Datei2 ... Datei Dateien zusammenfügen (intern)
copy [d:][Pfad]Dateiname[.erw] [+[d:][Pfad]Dateiname[.erw] ...]
     [d:][Pfad][Dateiname[.erw]][/v]
- copy dd1.txt+dd2.txt ddziel.txt   2 Dateien zu ddziel.txt zusammenfügen.
- copy dd.txt+dd2.txt   dd2.txt an Datei dd.txt anhängen.

COPY Eingabeeinheit Datei   **Eingabe von Einheit aus (intern)**
- copy con dd.txt ... strg-z   Text über Tastatur tippen (Ctrl-Z Ende).
- copy con autoexec.bat ...   Spezielle Stapeldatei eingeben.

COPY Datei Ausgabeeinheit   **Datei drucken (intern)**
- copy dd.txt prn   Text von dd.txt drucken (prn oder lpt1).
- copy dd.txt prn /a   ASCII-Datei bis zum 1. Strg-Z drucken.
- copy t.bin prn /b   Binärdatei (zum Beispiel eine formatierte
                                           Textdatei) mit Steuerzeichen ausdrucken.

- copy dd.txt con   Text am Bildschirm (Console) anzeigen.

COUNTRY   **Länderanpassung (config.sys)**
country=Landesnummer [,Zeichensatz [,Dateiname]]
Landesnummern: 049 D, 001 USA, 033 F, 032 B, 045 DK, 044 GBR, 039 I, 081 J, 002 CDN, 003
Lateinamerika, 031 NL, 047 N, 351 P, 046 S, 041 CH.
- country=049, 437   Deutsche Datums-/Zeitangaben (Default).
- country=049, 437, c:\hilfe\dosbef\country.sys   Anzugeben, wenn country.sys nicht im
                                           Stammverz. der Bootdisk. abgelegt ist.
- country=049, , c:\hilfe\dosbef\country.sys   Vereinfachung, da 437 Default.

- country=,,c:\country.sys   001 als USA-Landesnummer verwendet.

CTTY   Standardeinheit ändern (intern)
ctty Einheitenname   *(aux,com1,com2,con,ext,lpt1,lpt2,lpt3,prn,nul)*
- ctty prn   Drucker nun als Standardausgabeeinheit.
- ctty con   Wieder Standard (Tastatur/Bildschirm).

DATE   Datum setzen/anzeigen (intern)
date [tt.mm.jj]
- date 02.10.89   Neues Systemdatum festlegen.
- date   Aktuelles Datum anzeigen.

DEBUG   Maschinenspracheeditor (extern)
debug [Dateiname][SimulierteParameter]
- debug p.pas   Debugger ist mit p.pas zu berarbeiten.

DEL   Datei löschen: wie erase (intern)

DEVICE   Einheitentreiber laden (config.sys)
device=[d:][Pfad] Dateiname[.erw] [Parameter]
Einheitentreiber auf DOS-Diskette: ansi.sys (Tastatur, ab 2.0), display.sys (Bildschirm, ab 3.3), driver.sys (Diskette, ab 3.2), printer.sys (Drucker, ab 3.3), vdisk.sys (RAM-Disk, an 3.0), xmaem.sys (IBM PS/2 EM-Adapter-Simulation (ab 4.0) und XMA2EMD.SYS (LIM-4.0-Treiber, ab 4.0).
- device=ansi.sys   Bildschirm-/Tastaturtreiber installieren.
- device=c:\hilfe\dosbef\ansi.sys   Treiber in Unterverzeichnis suchen.

DIR   Inhaltsverzeichnis zeigen (intern)
dir [d:][Pfad][Dateiname[.erw]][/p][/w]   *mit w=wide, p=page*
- dir   Alle Dateien im aktiven Verzeichnis des
                                                    aktiven Laufwerks anzeigen.
- dir b: bzw. dir b:*.*   Alle Dateien des Laufwerks b: anzeigen.
- dir c:\hilfe\dosbef   Directory von c:\hilfe\dosbef anzeigen.
- dir /w/p   Directory breit und seitenweise anzeigen.
- dir b:dd.txt   Testen, ob Datei dd.txt in b: existiert.
- dir c:\tool\multip *.prg/w   Nur alle prg-Dateien anzeigen.
- dir b:*.* > prn   Directory von b: ausdrucken.
- dir b:*.* | sort > prn   Zuerst sortieren, dann ausdrucken.
- dir b:*.* | \hilfe\sort > prn   Der sort-Befehl ist im Pfad \hilfe abgelegt.

- dir b:*.* | find /v "<DIR>"   Directory ohne die Unterverzeichnisse.

DISKCOMP   **Disketteninhalt vergleichen (extern)**
diskcomp [d: [d:]][/1][/8]   */1=1. Diskettenseite, /8=8 Sektoren*
- diskcomp a: b: Anwendung nach diskcopy-Befehl sinnvoll.
- diskcomp bzw. diskcomp a: a: **Vergleich bei einem Laufwerk.**

DISKCOPY   **Disketteninhalt kopieren (extern)**
diskcopy [d: [d:]][/1]
- diskcopy a: b: Von a: nach b: Spur für Spur kopieren (Ziel
                                             in b: ggf. entsprechend a: formatieren).
- diskcopy a: b: /1   Nur die 1. Seite der Quelldiskette von a:.
- diskcopy bzw. diskcopy a: a: Diskettenkopie bei nur einem Laufwerk.

DISPLAY.SYS   **Zeichensatztabelle (config.sys, ab 3.3)**
device=display.sys con[:]=([Typ[,Zeichensatz][,n,m]])
Typ mit MONO, CGA, EGA und LCD. Zeichensatz 437, 850, 860, 863 bzw. 865 (siehe country.sys). n für Anzahl der Codes und m für Anzahl der Schriftarten.
Wichtig: display.sys darf in config.sys immer erst nach ansi.sys eingerichtet werden.
- device=c:\display.sys con:=(ega,437,2)   Für Konsole werden EGA-Bildschirm und
                                             bis zu 2 Zeichensatztabellen definiert.
- device=c:\display.sys con:=(,,2)   DOS setzt Typ und Tabelle selbst ein.

DRIVER.SYS   **Blockeinheitentreiber (config.sys)**
device=driver.sys /d:Laufw[/t:Spuren][/s:Sektoren][/h:Köpfe]
[/f:Gerätetyp][/c][/n]
Parameter mit Defaults für den Gerätetreiber:

/d	Laufwerk (Drive)	A=0, B=1, C=2, ...	
/t	Spuren (Tracks) je Seite	1-999	(Default 80)
/s	Sektoren je Spur	1-99	(Default 9)
/h	Schreib-/Lese-Köpfe (Heads)	1-99	(Default 2)
/f	Gerätetyp (File) siehe unten		

Gerätetypen, die durch driver.sys unterstützt werden:

Gerätetyp	Laufwerk	Spuren	Sektoren	Tpi	Ab DOS-Version
7	1,44 MB	80	18	270	3.3
2	720 KB	80	9	135	3.2
1	1,2 MB	80	15	96	3.0
0	360 KB	40	9	48	2.0
0	320 KB	40	8	48	1.1
0	180 KB	40	9	48	2.0
0	160 KB	40	8	48	1.0

- device=driver.sys /d:3 /t:80 /s:9 /h:2 /f:1 richtet für einen AT mit zwei
  1.2-MB-Disketten und Festplatte ein logi-
  sches 4. Laufwerk (d) mit 80 Spuren (t), 9
  Sekt. (s), 2 Köpfen (h) und 1.2 MB (f) ein.

- device=driver.sys /f2 Externes zweites 3.5"-720 KB-Laufwerk für
  XT wird als Laufwerk d: installiert.

- device=driver.sys /f2 Ein und dasselbe Laufwerk erhält die logi-
 device=driver.sys /f2 schen Laufwerksbezeichnungen d: und e:.

DOSSHELL
dosshell
- dosshell

Menü-Oberfläche rufen (Stapel, ab 4.0)
Stapeldatei dosshell.bat aufrufen
Das Hauptmenü der DOS-Shell erscheint.

ECHO
echo [on/off/Nachricht]

Nachricht anzeigen (Stapel)

- echo off Nachrichten abschalten (on ist Standard).
- @echo off @ verhindert Anzeigen dieses einen Befehls.
- echo Diskette einlegen Nachricht "Diskette einlegen" zeigen.
- echo Fehlerhaft: < > | > < | sind als Textausgabe nicht erlaubt.
- echo Steuersatz 14 %% Das %-Zeichen im Text doppelt angeben.
- echo Zustand von echo (on oder off) anzeigen.
- echo Umschalt-Leertaste Leerzeile ausgeben (Umschalt gedrückt lassen und einmal die Leertaste tippen).

- echo Papier wechseln > prn Texthinweis am Drucker ausgeben.
- echo Klaus und > speicher.txt Zwei Textzeilen in der Datei speicher.bat
 echo Tillmann sind da >> speicher.txt durch Umleitung ">" ablegen.

EDLIN
edlin Dateiname [/b]
- edlin b.bin /b

Zeilentexteditor (extern)

b.bin als Binärdatei editieren.

ERASE
erase [d:][Pfad]Dateiname[.erw] [/p]

Dateien löschen (intern)

- erase b:dd.txt Eine Datei dd.txt in Laufwerk b: löschen.
- erase c:*.bat Alle bat-Dateien entfernen.
- erase c:\tool\dbase *.* Alle Dateien im Verzeichnis löschen.
- erase *.* /p Jede zu löschende Datei einzeln bestätigen.

EXE2BIN   exe in com/bin ändern (extern)
exe2bin [d:][Pfad]Dateiname[.erw] [d:][Pfad][Dateiname[.erw]]

EXIT   Prozessorkopie verlassen (intern)
exit

- exit   Die Kopie von command.com verlassen.

FASTOPEN   Festplattenzugriff rasch (extern, ab 3.3)
fastopen d:[=Dateianzahl] ...[/x]
fastopen d:[=(Dateianzahl,Extents)]...[/x]   *(ab 4.0)*

- fastopen c:=80   Die letzten 80 Zugriffe speichern.
- install=c:\fastopen.exe c:=80   fastopen schon in config.sys im RAM fest
                                                    installieren (ab 4.0).
- fastopen c:=80 d:=80   Zugriffe auf c: und RAM-Disk d: verwalten.
- fastopen c:=80 /x   Info im Extended Memory ablegen (ab 4.0).
- fastopen c:=(80,150)   150 Extent-Caches verwalten (ab 4.0).
- fastopen c:=(,150)   Extent-Cache ja, Namens-Cache nein.

FCBS   File Control Block (config.sys)
fcbs = Maximum [Geschützt]   *(Dateiverwaltung vor 2.11)*

FDISK   Festplatten-Utility (extern)
fdisk

- fdisk   Festplatten-Partition menüorientiert
                                                    anlegen bzw. verwalten.

FILES   Zugriffsanzahl (config.sys)
files=AnzahlDateien   *(Default=8)*
- files=20   Maximal 20 Dateien zugleich offen (8-255).

FIND   Filterbefehl (extern)
find [/v][/c][/n]"String" [[d:][Pfad]Dateiname[.erw]...]
Drei Parameter: /v=nicht enthalten, /c=enthalten und /n=Zeilennummern anzeigen.

- find "Klaus" b:dd.txt   Alle Zeilen mit String "Klaus" nennen.
- find /n "Klaus" b:dd.txt   Zusätzlich die Zeilennummern nennen.
- find /c /n "Klaus" b:dd.txt   Zusätzlich die Anzahl nennen (count).
- find /v "Klaus" b:dd.txt   Zeilen, die "Klaus" nicht enthalten, nennen.
- find /v "{" p.pas > pneu.pas   Datei pneu.pas ohne Kommentar speichern.
- dir | "<DIR>"   Nur die Unterverzeichnisse anzeigen.

FOR   Schleifenbildung (Stapel)
for %%Variable in (Menge) do Befehl

Schleifen-Schachtelung nicht möglich. Wird der for-Befehl im Direktmodus bzw. in der Menü-
Oberfläche eingesetzt: % anstelle von %% schreiben.

- for %%a in (*.txt) do dir   Directory aller txt-Dateien anzeigen.
- for %%b in (1 2 3 4 5 6) do echo %%b   Zahlen 1-6 untereinander anzeigen.
- for %%c in (b1.txt b2.txt) do type %%c > prn   Zwei Textdateien ausdrucken.
- for %%c in (b1 b2) do type %%c.txt > prn   Wie oben, aber ohne Dateityp-Suche.

FORMAT   Diskette formatieren (extern)
format d: [/s][/1][/4][/8] [/v[:Name]]
    [/b] [/4][/n:Sekt][/t:Spur] [/f:Kap]

- format b: Diskette in Laufwerk b: formatieren
                                         (Achtung: bisheriger Inhalt geht verloren).
- format b: s   Zusätzlich: System übertragen (bootfähig).
- format b: s/v   Zusätzlich: Datenträgerkennsatz eintragen.
- format b: /s/v:TEST   TEST als Kennsatz fest eintragen.
- format b: s/v/4   1,2 MB-Laufwerk: nur 360 KB formatieren.
- format a: /1   5.25"-Diskette einseitig formatieren.
- format c: /v/s   Partition der Festplatte formatieren.
- format b: /4   Diskette mit hoher Kapazität (1.2 MB).
- format a: /8   Nur 8 Sektoren je Spur (für CP/M-86).
- format a: /n:9 /t:80   720 KB in 1,44 MB-Laufw.: 9 Sekt., 80 Sp.
- format a: /f:720   Identische Vereinfachung zu: /n:9 /t:80.

Erlaubte Parameter bei den verschiedenen Diskettenarten (für IBM):

160/180 KB	/f, /s, /v, /1, /8, /b, /4
320/360 KB	/f, /s, /v, /1, /8, /b, /4
720 KB/1.44 MB	/f, /s, /v, /n, /t
1,2 MB	/f, /s, /v, /n, /t
Festplatte	/f, /s, /v

Erlaubte Werte für Parameter /f mit Angaben in KByte (ab 4.0):
/f:160, /f:180, /f:320, /f:360, /f:720, /f:1.2 oder /f:1200, /f:1.44 oder /f:1440.

GOTO   Verzweigung (Stapel)
goto [:]Sprungziel

Das Sprungziel muß mit ":" beginnen und allein in einer Zeile stehen. In der Befehlszeile bzw.
im Programmstartbefehl (Menü-Oberfläche) ist goto nicht erlaubt.

- goto ende   Zur Zeile mit Sprungziel ende verzweigen.
- if %2 == 444 goto abbruch   Bedingte Verzweigung.

GRAFTABL   Grafikzeichensatz laden (extern)
graftabl [437/850/860/863/865 / /status / ?]

- graftabl ?   Parameter für graftabl auflisten lassen.
- graftabl   Grafikzeichen ASCII 128-255 in den RAM
                                        laden zwecks Anzeige im Grafikmodus.
- graftabl 850   Mehrsprachige Sonderzeichen hinzuladen.
- graftabl 860 /status   Zeichensatztabelle 860 wählen und zeigen.

Fünf unterstützte länderspezifische Zeichensatztabellen:
437=USA (Standard-IBM-Zeichensatz), 850=Mehrsprachige Zeichen, 860=Portugal,
863=Frankreich, 865=Norwegen.

GRAPHICS   Grafik-Druckertreiber (extern)
graphics [Druckertyp][Info][/r][/b][lcd][/printbox:Kennung]

- graphics bzw. graphics graphics   Grafiken auf IBM-Frucker ausgedruckbar.
- graphics color8 /b   color8-Typ; auch Hintergrund drucken.
- graphics color4 /i   color4-Typ; invers drucken.
- graphics thermal /lcd   Thermal-Drucker mit LCD-Bildschirm.
- graphics graphicswide   Grafikdrucker mit 11-Zoll-Papierbreite.
- graphics grafik2.pro   Standard-Profile-Datei graphics.pro durch
                                        Informationsdatei grafik2.pro ersetzen.

IF   Auswahlstruktur (Stapel)
if [not] Bedingung Befehl

- if errorlevel 1 goto ende   Fehlerstatus 1 als Bedingung.
- if exist dd.txt goto anf   Existenztest von dd.txt als Bedingung.
- if %1==Klaus goto text   Gleichheit von Strings als Bedingung.

INSTALL   Befehl resident halten (config.sys)
install=Dateiname [Parameter]

Über config.sys können folgende Programme bereits be der Systemkonfiguration im RAM resident installiert werden: fastopen.exe, keyb.com, nlsfunc.exe und share.exe (ab 4.0).

- install:c:\fastopen c:=80   Die letzten 80 Festplattenzugriffe merken.
- install=c:\hilfe\dosbef\keyb gr,437,c:\hilfe\dosbef\keyboard.sys   Tastatur einstellen.

JOIN   Verzeichnis umleiten (extern)
join oder   join d: d:\Verzeichnis   oder   join d:/d   (3 Formate)

- join b: c:\neu   b: mit Pfad c:\neu verknüpft (Diskette als
                                        Verzeichnis \neu auf Festplatte umgelegt).
- join   Alle Verknüpfungen anzeigen.
- join b: /d   Obige Verpnüpfung wieder löschen.

KEYB   Tastatur anpassen (extern, ab 3.3)
keyb[xx[,[yyy],[[d:][Pfad]Tastaturdefinitionsdatei[.erw]]]][/id:ID]
- xx zur Tastaturcode-Angabe, yyy zur Angabe der Zeichensatztabelle (bei fehlender
  Angabe Standardzeichensatztabelle).
- Zeichensatztabelle 437 mit Tastaturen us, uk, fr, gr, it, sp, la, sv, su und nl.
- Mit Strg-Alt-F1 zur US-Tastenbelegung wechseln und mit Strg-Alt-F2 zurück.
- keyb   Zustand des Tastaturtreibers anzeigen.
- keyb gr   Zeichensatztabelle 437 (Standard) und
                                               deutsche Tastatur (keyboard.sys) gewählt.
- keyb gr,437, c:\hilfe\keyboard.sys   Tabelle in Verzeichnis \hilfe abgelegt.
- install=c:\hilfe\keyb.com gr,,\hilfe\keyboard.sys   Tastaturbelegung
                                               bereits in config.sys installieren (ab 4.0).

KEYBOARD.SYS   Tastaturdefinition (ab 3.3)
Tastaturdefinitionsdatei mit den Zeichensatztabellen für KEYB.COM.

KEYBxx   Tastatur für Land xx (extern, bis 3.2)
- kebgr   Deutsche (gr=german) Tastatur laden.
- keybgr e   e = erweitert (Tastatur XT/AT deutsch).

LABEL   Name von Platte ändern (extern)
label [d:][Name]   *(max. 11 Zeichen lang)*
- label c:festsystem   Festplatte erhält den Namen festsystem.
- label c: Namen für c: mit Return-Taste löschen.

LASTDRIVE   Größte Laufwerksbez. (config.sys)
lastdrive=Laufwerksbezeichnung   *(a-z mit Default=e)*
- lastdrive=d   Ignoriert, da 5 Laufwerke a-e Default sind.
- lastdrive=p   Auf höchstens 16 Laufwerke kann gleich-
                                               zeitig zugegriffen werden.

LINK   Objektdateien binden (extern)
link [Dateien,[EXE-Datei,[Kontrolldatei,[Bibliotheken]]] [Optionen][;]
- link   Linker starten zwecks Dialogeingabe.
- link test1;   Eine Datei test1.exe erzeugen.

MD   **Verzeichnis erstellen (intern)**

md [d:]Pfad

- md tool   tool als neues Unterverzeichnis zum aktiven
                                          Verzeichnis im aktiven Laufwerk anlegen.

- md c:tool   tool als Unterverzeichnis auf der Festplatte.
- md \tool   Unterverzeichnis zum Stammverzeichnis.
- md c:\tool\dbase\einkauf   Verzeichnis einkauf in c:\tool\dbase.
- md einkauf   Wie oben, falls c.\tool\dbase aktiv ist.

MKDIR   **Wie md; Make Directory (intern)**

MEM   **Freier Speicherplatz (extern, ab 4.0)**

mem [[/debug / /program]]

mem   Über Speicherplatz im RAM informieren.
mem /program   Auch residente Programme nennen.
mem /debug   Auch die Gerätetreiber nennen.

MODE   **Modus für Schnittstelle (extern)**

mode lpt#[:][n][,[m][,p]

- mode lpt1 132,8   1-132 Zeichen/Zeile bei 8 Zeilen/Zoll
                                          Vorschub für Drucker festlegen.

mode n oder mode [n],m[,t]

- mode 80,r   Bildschirm mit 80 Zeichen/Zeile und um
                                          2 Zeichen nach rechts verschoben zeigen.

mode comn[:]Baud[,Parität[Datenbits[,Stoppbits[,p]]]]

- mode com2:24,,,2   Schnittstelle com2 auf 2400 Baud, 2
                                          Stoppbits (sonst Standardwerte) einstellen.

mode lpt#[:]=comn

- mode lpt1=com2   Alle Druckaufträge an serielle Schnitt-
                                          stelle com2 umleiten.

- mode   Aktuellen Status von Mode anzeigen.

mode con rate=Tastaturwiederholungfrequenz delay=Verzögerung
mode con [cols=Spalten] [lines=Zeilen]

- mode con cols=80 lines=35   Bildschirm mit 80 Spalten, 35 Zeilen.

mode Einheit   *Zeichensatztabellen verwalten*
mode Einheit codepage prepare=((cp) Zeichendatei)
mode Einheit codepage select=CP
mode Einheit codepage [/status]
mode Einheit codepage refresh

MORE   **Bildschirm-Filterbefehl (extern)**

more
- more < b:dd.txt   dd.txt bildschirmseitenweise anzeigen.
- type b:dd.txt | more   Wie oben, aber more über Pipe aufrufen.
- dir c:\tool\dbase | more   Directory bildschirmweise ausgeben.

NLSFUNC   **Landesfunktionen laden (extern)**
nlsfunc [Dateiname]   *(National Language Support Funkctions)*
nlsfunc   country.sys als Standarddatei laden (Vor-
                                            aussetzung für chcp).
nlsfunc c:\hilfe\dosbef\country.sys   Datei explizit nennen und laden.
install=c:\hilfe\dosbef\nlsfunc   nlsfunc bereits in config.sys laden.

PATH   **Verzeichnis-Pfad nennen (intern)**
path [[d:]Pfad[[;[d:]Pfad]...]]
- path   Aktuellen Suchpfad anzeigen.
- path c:\sprache   In einem Pfad automatisch suchen.
- path c:\hilfe\dosbef; a:util   Zwei Suchpfade in c: und in a:.
- path c:\system; b:\system   Identischer Pfadname in zwei Laufwerken.
- path ;   Alle festgelegten Pfade entfernen.

PAUSE   **Unterbrechung (Stapel)**
pause [Bemerkung]
- pause Diskette wechseln   Unterbrechung mit Nachricht-Ausgabe.
- pause   Ausführungsunterbrechung ohne Nachricht.

PRINT   **Warteschlange drucken (extern)**
print [/d:Einheit][/b:Puffer][u:In Arbeit-Puls][/m:max.Pulszahl]
*   [s:Zeitscheibe][/q:Schlangengröße)]*   *erstmalig*
print [/c][/t][/p][[d:][Pfad][Dateiname[.erw.]...]   *später*
- print   Alle aktuellen Druckaufträge anzeigen.
- print dd.txt /c   Drucken von dd.txt stoppen (c=cancel).
- print /t   Drucken insgesamt beenden (t=terminate).
- print b:*.txt   txt-Dateien in die Warteschlange setzen.

Ausgabegerät lpt1 einrichten: 40 Dateien in Schlange (queue), Puffer 1024 Byte groß, Druk-
ker-spooler mit 8 Taktzyklen (als Default) aufgerufen (dabei können jeweils maximal 200 Zyk-
len in Anspruch genommen werden), 5 Taktzyklen ohne Zeitüberschreitungsfehler warten.
- print /d:lpt1 /q:40 /b:1024 /s:8 /m:200 /u:5

PRINTER.SYS Druckerzeichensätze (config.sys, ab 4.0)

device=printer.sys lpt Nummer[:] = Typ[,Zeichensatztabelle [,Anzahl]]

Länder-Zeichensatztabellen für Drucker 4201, 4202, 4207, 4208 und 5202 einrichten.

- device=printer.sys lpt1=4202,437,2)   Zwei Zeichensatztabellen für Drucker 4202.

PROMPT Bereitschaftszeichen neu (extern)

prompt [Prompt-Definitionsstring]

- prompt $d pg   Datum, Pfad, Größerzeichen als Prompt.
- prompt ng   Laufwerk, Größerzeichen als Standard.
- prompt   Standard-Promptzeichen aktivieren.
- prompt $e[0;59;"dir *.* "p   Taste F1 mit dir-Befehl belegen.
- prompt $e[0;60;"dir *.* "13p   Taste F2 mit dir-Befehl belegen, der sogleich ausgeführt wird (ASCII-13=Return).

Zeichen für Prompt-Definitionsstring: Pipe $b, Datum $d, Excapezeichen (01bh) $e, Größerzeichen $g, Backspace $h, Kleinerzeichen $l, Laufwerk $n, Pfad $p, Gleichheitszeichen $q, Systemzeit $t, Versionsnummer $v, CR/LF-Sequenz $_ und Dollarzeichen $$.

REM Bemerkungszeile (config.sys, Stapel)

rem Bemerkung

- rem Tastaturtreiber installieren   Diese Zeile bei der Ausführung ignorieren.

RD Verzeichnis löschen (intern)

rd [d:]Pfad

- rd tool   Leeres Verzeichnis tool im aktiven Pfad.
- rd c:\tool\dbase util   util im Verzeichnis c:\tool\dbase.

RECOVER Datei wiederherstellen (extern)

recover [d:][Pfad]Dateiname[.erw]

- recover b:dd.txt   Datei ohne Fehler-Sektoren lesen.
- recover a: Gesamten Disketteninhalt herstellen.

RENAME Dateiname ändern (intern)

ren[ame] [d:][Pfad][Dateiname[.erw]] Dateiname[.erw]

- rename c: dd.txt dd1.txt   dd.txt in dd1.txt umbenennen.
- ren b:*.bak *.pas   Alle bak-in pas-Dateien umbenennen.

REPLACE   **Platten-Dateien ersetzen (extern)**

replace [d:][Pfad]Quelldateiname[.erw] [d:][Pfad][/a]
                                             [/p][/r][/s][/w]

- replace b:*.bat c:\   Alle bat-Dateien im Zielpfad c:\ durch
                                              gleichnamige Dateien von b: ersetzen.

- replace b:*.bat c:\/s   In c:\ Dateien suchen und diese ersetzen.
- replace b:*.bat c:\/a   Im Zielpfad fehlende Dateien addieren.
- replace b:*.bat c:\/r   Auch "Nur-Lese-Dateien" mit all ihren
                                              Unterverzeichnissen im Zielpfad ersetzen.

- replace b:*.bat c:\/r/s   Kombination zweier Parameter.
- replace b:*.bat c:\p   Bei jedem Dateinamen pausieren: Benut-
                                              zer kann einzeln ersetzen bzw. addieren.

- replace a:*.* c:\tool/w   Vor dem Start auf Tastatureingabe warten.

Ausgabe von errorlevel-Werten: 2 (Datei nicht gefunden), 3 (Pfad nicht gefunden), 8 (zu wenig
Speicherplatz), 11 (Format ungültig), 15 (Laufwerk ungültig), 22 (DOS-Version ungültig), 50
(Read-Only-Datei) an die Stapelverarbeitung.

RESTORE   **Gegenstück zu backup (extern)**

restore d:[d:][Pfad]Dateiname[.erw.][/s][/p][/m][/n]
                                             [/a:Datum][/b:Datum][/e:Zeit]

- restore b: c:*.*   Alle auf der backup-Diskette in b: gesicher-
                                              ten Dateien auf Festplatte zurückkopieren.

- restore b: c:*.* /s   Zusätzlich die Unterverzeichnisse.
- restore b: c:*.* /s /p   Zusätzlich bei geänderten und Nur-Lese-
                                              Dateien eine Sicherheitsabfrage vornehmen.

- restore b: c:\hilfe\stapel\b.bat   Eine einzelne Datei wiederherstellen.

REM   **Bemerkung in Stapel (intern)**

rem [Bemerkung]

- rem Dateiname w1.bat   Hinweis (bei echo off nicht angezeigt).
- rem   Zwischenraum zwecks Lesbarkeit.

RMDIR   **Verzeichnis löschen (siehe rd)**

SELECT   **DOS installieren (extern)**

select [menu]

- select menu   Platte formatieren; DOS-System kopieren;
                                               Dateien autoexec.bat, config.sys erstellen.
                                               Ab MS-DOS 4.4: Systemgeführter Dialog.

SET   Umgebungsvariable (intern)

set [Name=[Parameter]]

- set   Alle Umgebungsvariablen anzeigen lassen
                                         (zumindest comspec und path erscheinen).

- set anwend=\tool\dbase   Variable anwend erhält Pfad zugewiesen.
- set anwend=Tillmann   Tillmann als neuer Wert für anwend.
- set anwend=   Variable anwend wird gelöscht.
- set path=c:\hilfe\dosbef   Ein zusätzlicher Suchpfad definiert.

SHARE   Netzwerk installieren (extern)

share [/f:Dateigröße][/l:Sperren]

share /f:2048   2048 Byte (Default) zur Verwaltung von
                                         Netzwerk-Dateien bereitstellen.

share /f/1024 /l:40   Maximal 40 Dateien gleichzeitig zu locken.

SHELL   Befehlsprozessor laden (config.sys)

shell=[d:][Pfad]Befehlsprozessor[.erw] [/e:Umgebung] [/p] [/msg]

/e reserviert Speicherplatz für den Umgebungsspeicher (160-32768 Byte, Default 160 Byte).
/p startet autoexec.bat nach dem Laden des Befehlsprozessors jeweils neu.
/msg lädt Fehlermeldungen in den RAM (bei PC mit nur einer Diskette erforderlich).

- shell=c:\sys\command.com   Bei DOS-Start Prozessor von c:\sys laden.
- shell=c:\sys\command.com /e:512   Für Umgebungsspeicher 512 KB angeben.
- shell=c:\sys\command.com /e:512 /p   Prozessor command.com permanent laden.
- shell=c:\sys\command.com /e:512 /p /msg Fehlermeldungen in den RAM laden.

Der shell-Befehl beeinflußt die Umgebungsvariable comspec nicht! Deshalb muß nach dem Laden des Prozessors in autoexec.bat die Variable comspec neu setzen. Sonst kann der Befehlsprozessor bei der Rückkehr nicht nachgeladen werden:

- set comspec=c:\sys\command.com   Prozessor-Name in comspec neu eintragen.

SHIFT   Parameter verschieben (Stapel)

shift   *Verschiebung um 1 bei Befehlsaufruf*

Bis zu neun Parameter %1 - %9 können an eine Stapeldatei übergeben werden. shift verschiebt
die Parameterliste um eine Stelle nach links (%9 wird zu %8, und %9 wird somit verfügbar).

- shift   Befehlsaufruf verschiebt Parameter um 1.

SORT

Filterbefehl: Sortierung (extern)

sort[/r][+n]   *(r=absteigend; n=ab Spalte n; n=1 Def.)*
sort < Eingabedatei > Ausgabedatei   *(Übergabe an Ausgabedatei)*
MS-DOS-Befehl | Sort   *(sort als Filterbefehl)*

- sort < dd.txt   Sortierte Bildschirmausgabe von dd.txt.
- type dd.txt | sort   Identische Ausgabe über eine Pipe.
- sort < dd.txt > prn   Sortierte Datei ausdrucken.
- dir | sort /+14   Directory nach Dateigröße (wird ab Spalte
                                         14 angegeben) sortieren.
- dir | sort /+14 /r   Zusätzlich: absteigende Sortierfolge.
- dir | sort /+1 /r   Nach Dateinamen sortieren (/+1 als Default
                                         kann auch weggelassen werden).

- sort < dd.txt > ddsort.txt   Sortierte Datei als ddsort.txt speichern.

STACKS

Stack-Standardwerte (config.sys)

stacks=Stapel, Größe

- stacks=0,0   Default des Stapelrahmens (Stack Frame)
                                         bei IBM PC/XT (Stapel 8-64 möglich).
- stacks=9,128   Default bei AT und PS/2.

SWITCHES

Standardtastatur (config.sys, ab 4.0)

switches=/k

- switches=/k   Erweiterte Tastatur als "alte" Tastatur
                                         nutzen (z.B. zwecks Kompatibilität).

SUBST

Laufwerk -> Verzeichnis (extern)
(lastdrive beachten)

subst d: d:Pfad [/d]
- subst   Alle derzeitigen Ersetzungen anzeigen.
- subst e: c:\tool   Verzeichnis c:\tool durch e: ersetzen.
- subst e: /d   Die Ersetzung e: wieder löschen.

SYS

DOS auf Platte kopieren (extern)
(command.com nicht übertragen)

sys dZiel:
sys dQuell: dZiel:
- sys b: Systemdateien MSDOS.SYS, IO.SYS bzw.
                                         IBMDOS.COM, IBMBIO.COM nach b:.
- sys c: DOS-System auf Festplatte kopieren.
- sys a: b: Systemdateien von a: nach b: kopieren.

TIME   Systemzeit setzen, ändern (intern)

time [hh:mm:[:ss[.tt]]]

- time 10:45   Zeit auf 10:45:00.00 (10 Uhr 45 Minuten).
- time 10:50:30   Teit auf 10 Uhr, 50 Min., 30 Sek. korrigiert.
- time   Zeit anzeigen und Eingabeaufforderung.

TREE   Verzeichnisbaum zeigen (extern)

tree [d:][/f]

- tree   Verzeichnisbaum des aktiven Laufwerks.
- tree /f   Auch die Namen aller Dateien nennen.
- tree b: /f | more   Verzeichnisbaum von b: bildschirmweise.
- tree c:\ /f > verz.txt   Baum von c: komplett in verz.txt ablegen.
- tree c:\ /f > prn   Baum von c: komplett ausdrucken lassen.

TYPE   Datei im ASCII anzeigen (intern)

type [d:][Pfad]Dateiname[.erw]

- type b:dd.txt   Inhalt von dd.txt am Bildschirm zeigen.
- type c:\texte\a.txt | more   Inhalt bildschirmweise anzeigen.
- more < c:\texte\a.txt   Identisch mit vorhergehendem Befehl.
- type b:dd.txt > prn   Textdateinhalt ausdrucken lassen.
- type b:dd.txt > ddneu.txt   Datei nach ddneu.txt kopieren.
- type b:dd.txt >> ddneu.txt   Text an Inhalt von ddneu.txt anhängen.

VDISK.SYS   RAM-Disk-Treiber (config.sys)

device=[d:][pfad]vdisk.sys [Größe] [Sektorgröße] [Einträge]
[/e:MaxExt] [:x/MaxExp]

Größe	Kapazität der RAM-Disk von 1 KB bis RAM-Größe (Default 64 KB).
Sektorgröße	128, 256 oder 512 (Default 128 KB).
Einträge	Anzahl der Dateieinträge (Dateinamen) von 2 bis 512 (Default 64).
/e	Bei AT, PS/2 und 386-PC RAM-Disk im Extended Memory anlegen. MaxExt=1-8 Sektoren auf einmal aus RAM-Disk lesen (Default 8).
/x	Zuerst mit xma2ems.sys Expanded Memory einrichten, dann diesen anlegen und MaxExp=1-8 Sektoren einlesen (Default 8).

- device=vdisk.sys 64 128 64   RAM-Disk mit 64 KB Speicherplatz, 128
                                          Bytes/Sektor und maximal 64 Einträgen.

- device=vdisk.sys   Wie oben, da Standardwerte.
- device=c:\hilfe\dosbef\vdisk.sys   Treiber in Unterverzeichnis suchen.
- device=vdisk.sys 256 128 112   RAM-Disk mit 256 KB und maximal 112
- device=vdisk.sys Größe=256, Sektoren=128, Dateinamen=112   Identischer kom-
                                          mentierter Befehl, da DOS nur Zahlen liest.

VER   **Versionsnummer zeigen (intern)**
ver

VERIFY   **Aufzeichnung prüfen (intern)**
verify [on/off]
- verify   Status anzeigen: Standard ist off.
- verify on   Ab jetzt alle Schreiboperationen prüfen.

VOL   **Namen der Platte zeigen (intern)**
vol [d:]
- vol c: Name der Festplatte anzeigen.

XCOPY   **Dateigruppe kopieren (extern)**
xcopy [d:][Pfad]Dateiname[.erw] [d:][Pfad][Dateiname[.erw]]
[/a][/d][/e][/m][/p][/s][/v][/w]:

- xcopy b:\ c:\   Von b:\ nach c:\ kopieren (nur die Dateien
                                                     des Stammverzeichnisses werden kopiert).
- xcopy b:\ c:\ /s   Auch die Unterverzeichnisse kopieren (nur
                                                     nicht-leere Unterverzeichnisse anlegen, /s).
- xcopy b:\ c:\ /s /e   Auch leere Unterverzeichnisse anlegen (/e).
- xcopy b:\ c:\ /s /e /a   Nur die seit xcopy bzw. backup geänderten
                                                     Dateien kopieren (Archiv-Flag bleibt, /a).
- xcopy b:\ c:\ /s /e /m   Wie /a, aber das Archiv-Flag zurücksetzen.
- xcopy b:\ c:\ /s /e /p   Jede Dateikopie einzeln bestätigen (/p).
- xcopy b:\ c:\ /s /d:25.12.88   Nur die jüngeren Dateien kopieren (/d).
- xcopy b:\tool c:\/s   Dateien und Verzeichnisse unterhalb von
                                                     b:\tool ins Stammverzeichnis c:\ kopieren.
- xcopy b:\ c:\ /v   Kopie überprüfen (/v für Verify).
- xcopy b:\ c:\ /w   Zuerst Diskettenwechsel abwarten (/w).

XMAEM.SYS   **Expanded-Emulation (config.sys, ab 4.0)**
device=xmaem.sys [Seitenanzahl]
Den 80286-Expanded-memory-Adapter/A für IBM-PS/2 auf 80386-Systemen emulieren.
- device=xmaem.sys   Der Treiber xmaem.sys ist vor xma2ems.sys
  device=xma2ems.sys ...   zu installieren.
- device=xmaem.sys 32   Nur 32 Seiten Expanded Memory nutzen.

XMA2EMD.SYS   **EMS-Treiber (config.sys, ab 4.0)**
device=xma2ems.sys [frame=Adresse] [Pn=Adresse] [/x:Seitenanzahl]
- device=xma2ems.sys frame=d000 p254=c000 p255=c400 /x:8

3

Menü-Oberfläche von DOS

> "Das *Betriebssystem* hat die Aufgabe, die *Betriebs*mittel eines Computers als Datenverarbeitungs*system* zu verwalten".

Was bedeutet diese in der Informatik verbreitete Definition des Betriebssystems?
Mit *Betriebsmittel* sind die CPU (Central Processing Unit) bzw. der Zentralprozessor, der Hauptspeicher bzw. RAM (Random Access Memory, Direktzugriffspeicher) und die gesamte Peripherie gemeint: Tastatur, Bildschirm, Festplatte, Diskettenlaufwerke, Maus, Modems.
Mit *Verwalten* sind die vielfältigen Dienstleistungen gemeint, die das Betriebssystem dem Benutzer anbietet: Dienstleistungen zum Kopieren von Disketten, zum Informieren über die gespeicherte Information, usw.

Zum Verwalten stellt MS-DOS dem Benutzer entweder Menüs (zum Auswählen) oder aber Befehle (zum Eingeben) zur Verfügung. Da die Menüs bzw. Befehle dem Benutzer unmittelbar (also an der Oberfläche) angeboten werden, spricht man auch von *Menü-Oberfläche* bzw. *Befehlszeilen-Oberfläche*. Beide Oberflächen sind getrennt; der Benutzer muß sich entscheiden:

Menü-Oberfläche von MS-DOS:
- MS-DOS bietet seine Dienstleitungen in Form von Menüs an.
- *Systemgeführter Dialog:* MS-DOS fragt bzw. zeigt Menüs an und der Benutzer antwortet bzw. wählt einen Menüpunkt aus.
- *Vorteil:* Auch der Einsteiger kann die Dienstleistungen von MS-DOS ohne Vorkenntnisse leicht aktivieren.
- *Nachteil:* Für den geübteren Benutzer kann das Blättern in geschachtelten angeordneten Menüs umständlich werden.

Befehlszeilen-Oberfläche von MS-DOS:
- MS-DOS bietet seine Dienstleistungen in Form von Befehlen an; in jeder Zeile wird ein Befehl angegeben.
- *Benutzergeführter Dialog:* Der Benutzer gibt einen Befehl ein und MS-DOS reagiert entsprechend. Die Befehlseingabe erfolgt in einer Zeile hinter dem ">" als Bereitschafts- bzw. Promptzeichen.
- *Vorteil:* Ein umfangreicher Arbeitsauftrag an der PC kann in einer kompakten Befehlszeile eingegeben werden.
- *Nachteil:* Der Benutzer muß die Befehle lernen bzw. mühsam in den Betriebssystem-Handbüchern nachschlagen.

Im vorliegenden Abschnitt 3 dieses Buchs wird auf die Menü-Oberfläche eingegangen.

3.1.1 Hauptmenü als Programmstartmenü

Meldet sich der PC nach dem Starten mit einem Bereitschaftszeichen wie

```
A:>        oder        B:\DOS>        oder        C:\>  ,
```

dann ist die Befehlszeilen-Oberfläche von DOS aktiv; der PC wartet auf
eine Eingabe über das Diskettenlaufwerk A: bzw. B: oder über die Festplatte C:. Durch Eingabe von

```
dosshell
```

gelangt man in die Menü-Oberfläche und am Bildschirm erscheint das
Hauptmenü der Menü-Oberfläche.

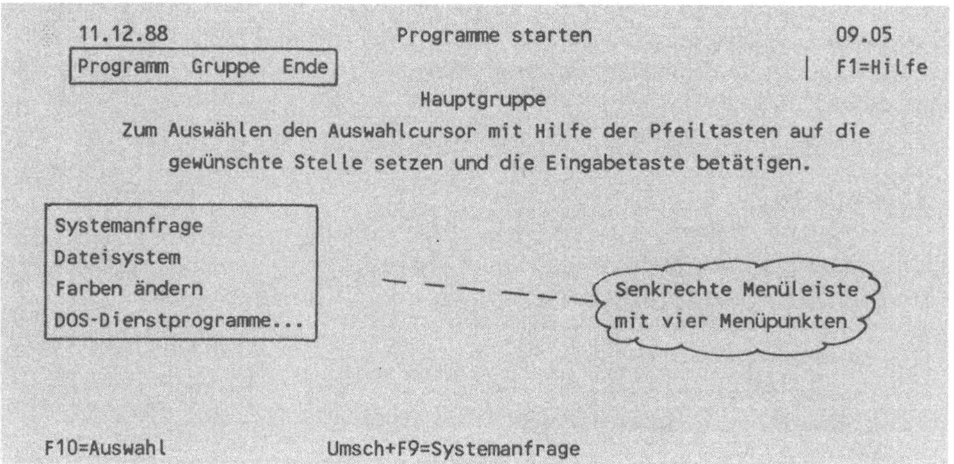

Programmstartmenü bzw. Hauptmenü der Menü-Oberfläche
(Systemanfrage ist markiert)

Zwei Arten von Menüs. Der Bildschirm ist in zwei Teile mit zwei Arten
von Menüs unterteilt:
- **Waagrechte Menüleiste** mit den drei Menüpunkten *Programm*,
  Gruppe und *Ende*. Hinter jedem Menüpunkt verbirgt sich ein Pull-
  Down-Menü.
- **Senkrechte Menüleiste** mit den vier Menüpunkten *Systemanfrage*,
  Dateisystem, Farben ändern und *DOS-Dienstprogramme....* Hinter
  diesen Menüpunkten stehen sofort ausführbare Befehle (z.B. *Sy-
  stemanfrage*) oder Menügruppen mit weiteren Untermenüs (man
  erkennt sie an "...".

Mit F10 zwischen waagrechter und senkrechter Menüleiste wechseln:
Nach dem Start ist die senkrechte Menüleiste aktiviert und der Cursor
steht auf *Systemanfrage*. Durch Return (Eingabetaste) wird dieser Menüpunkt aktiviert und durch Esc verlassen. Durch F10 gelangt man von der
senkrechten in die waagrechte Menüleiste, um mit den Pfeiltasten *Programm*, *Gruppe* oder *Ende* zu aktivieren.

Wozu die Trennung von waagrechter und senkrechter Menüleiste? Der
Anwender hat die Möglichkeit, eigene Menüpunkte anzulegen, um z.B.
Anwenderprogramme zu einem bestimmten Gebiet als Dateigruppe abzulegen. Dafür steht ihm die senkrechte Menüleiste zur Verfügung. Der Anwender kann die Liste *Systemanfrage*, *Dateisystem*, *Farben ändern* und
DOS-Dienstprogramme also durch eigene Punkte verlängern. Die waagrechte Menüleiste (Action Bar) mit den drei Punkten *Programme*, *Gruppe*
und *Ende* hingegen ist fest vorgegeben. Hier kann der Anwender keine
eigenen Wahlpunkte einbringen. Dies wäre auch zu aufwendig, da dann
jeweils die Pull-Down-Menüs geändert werden müssten.

3.1.2 Senkrechte Menüleiste mit vier Menüpunkten

3.1.2.1 Systemanfrage als Menüpunkt

Mit dem Wahlpunkt *Systemanfrage* kann man die Menü-Oberfläche für
eine bestimmte Zeit verlassen, um in der Befehlszeilen-Oberfläche zu arbeiten (vgl. Abschnitt 4 dieses Buchs) und dann mit dem EXIT-Befehl
wieder zur Menü-Oberfläche zu zurückzukehren.

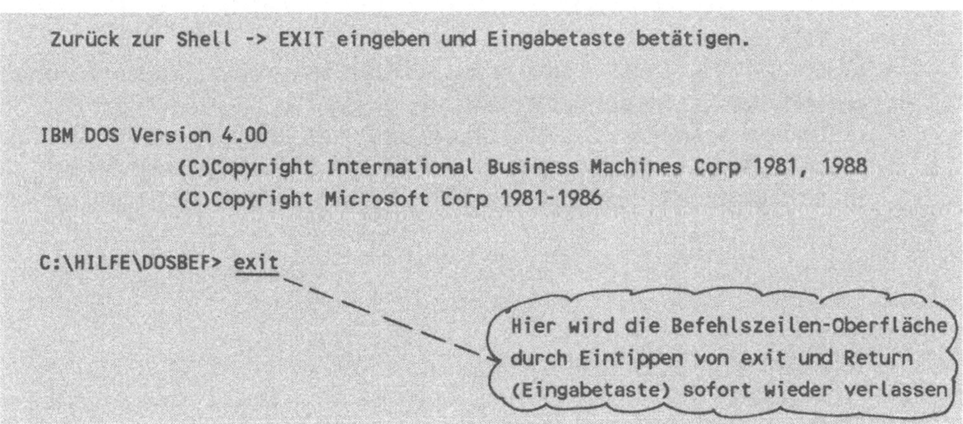

*Menüpunkt "Systemanfrage" aktiviert: In die Befehlszeilen-Oberfläche
wechseln und mit Exit wieder zurückkehren*

Zur Rückkehr in die Menü-Oberfläche bzw. DOS-Shell steht dem Benutzer neben dem Befehl EXIT auch der Befehl DOSSHELL zur Verfügung. Gleichwohl gilt "EXIT zum Zurückkehren und DOSSHELL zum erstmaligen Wechseln in die Menü-Oberfläche". Grund: Nur EXIT löst die Merker auf, die DOS beim Verlassen der Menü-Oberfläche gesetzt hat, und arbeitet demnach speicherplatzsparender.

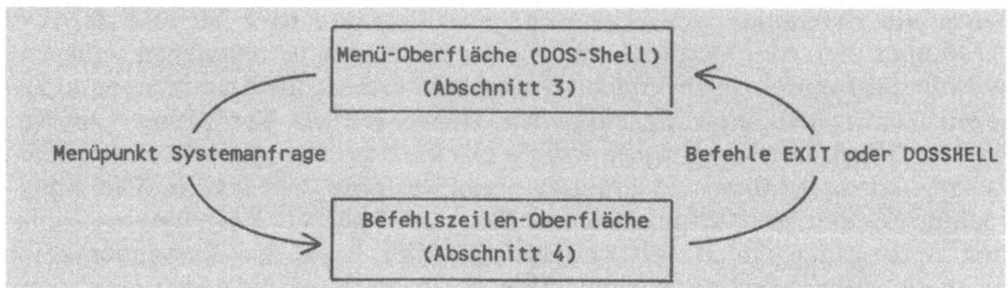

DOS-Oberflächen durch Befehle EXIT und DOSSHELL wechseln

3.1.2.2 Dateisystem als Menüpunkt

Mit dem *Dateisystem* wird ein neues Menü bereitgestellt, über das der Benutzer ein recht umfangreiches und komfortables Dateimanagement kontrollieren kann.
- Oben erscheint eine Menüleiste mit den Wahlpunkten *Datei, Zusatzauswahl, Anordnen* und *Ende*.
- Im rechten Fenster werden die Namen der im Diskettenlaufwerk A: gespeicherten Dateien angezeigt: Der Cursor markiert gerade die Datei COMMAND.COM, 38523 Bytes (Zeichen) groß und am 29.8.88 gespeichert.
- Über die F1-Taste kann man Hilfen anfordern, die in einem Hilfs-Fenster eingeblendet werden.
- Über den Menüpunkt *Ende* öffnet man ein Pull-Down-Menü, das die Rückkehr zum Hauptmenü der Menü-Oberfläche ermöglicht.
- In Abschnitt 3.3 wird auf das *Dateisystem* genauer eingegangen.

```
  30.10.88                    Dateisystem                     00.18
  Datei  Zusatzauswahl  Anordnen  Ende                     | F1=Hilfe
 ┌──────────────────────────────────────────────────────────────────┐
 │ A  B  C                                                            │
 ├──────────────────────────────────────────────────────────────────┤
 │ A:\                                                                │
 ├──────────────────────────────────┬─────────────────────────────────┤
 │ Verzeichnisstruktur  Weiter:     │              *.*      Weiter:↑ ↓ │
 │► A:\                             │  012345 .678      109   29.08.88 │
 │                                  │  ANSI   .SYS    9.149   29.08.88 │
 │                                  │  AUTOEXEC.BAT      75   30.10.88 │
 │                                  │  COMMAND .COM  38.523   29.08.88 │
 │                                  │  CONFIG .SYS       30   01.01.80 │
 │              ┌───────────────────────────────────────┐9.08.88      │
 │              │         Dateiübersicht                │9.08.88      │
 │              │                       Weiter:    ↓     │1.01.80      │
 │              │  In diesem Anzeigebereich werden die Namen der │9.08.88 │
 │              │  Dateien im ausgewählten Verzeichnis angezeigt. │9.08.88 │
 │              │  (Wenn eine Übersicht über ein gesamtes Laufwerk │9.08.88 │
 │              │  angezeigt wird, erscheinen alle Dateien des │9.08.88 │
 │              │  ausgewählten Laufwerks, unabhängig vom │2.10.88 │
 │              ├───────────────────────────────────────┤9.08.88      │
 │              │  Esc=Abbruch  F1=Hilfe  F11=Index  F9=Tasten │2.10.88 │
 └──────────────┴───────────────────────────────────────┴─────────────┘
```

Menüpunkt "Dateisystem" aktiviert (es wird gerade F1 gedrückt, wobei der Cursor im rechten Fenster auf COMMAND.COM steht)

3.1.2.3 Farben ändern als Menüpunkt

Über den Menüpunkt *Farben ändern* kann aus angezeigten Farbkombinationen ausgewählt werden, um die Farbgestaltung der Menü-Oberfläche den eigenen Wünschen anzupassen. Bei PCs mit Monochrom-Monitor hingegen erscheint das folgende Fenster.

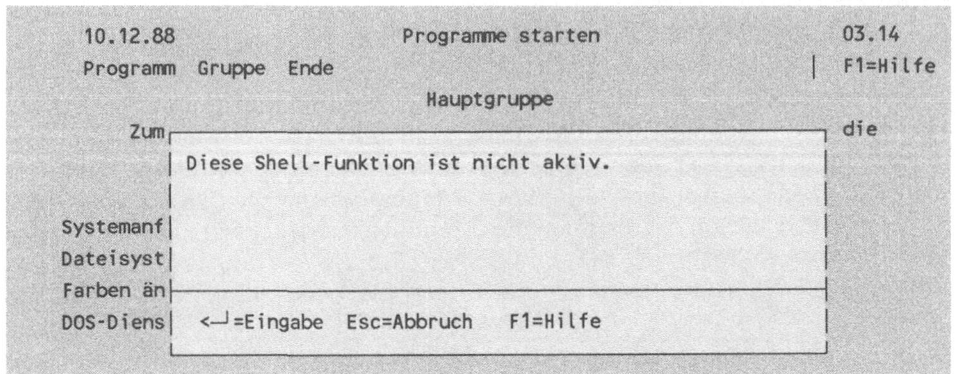

Menüpunkt "Farben ändern" bei PC mit Monochrome-Monitor aktiviert

3.1.2.4 DOS-Dienstprogramme... als Menügruppe

In der Menügruppe *DOS-Dienstprogramme...* werden sechs Utilities bereitgestellt; diese beziehen sich auf die Diskette bzw. Festplatte insgesamt,
nicht aber auf einzelne Dateien der Externspeicher (dazu dient das *Dateisystem*).

- In der *Menüleiste* werden immer noch *Programm, Gruppe* und *En-
  de* mit ihren Pull-Down-Menüs angeboten.
- In der darunterliegenden Zeile wurde *Hauptpruppe* durch *DOS-
  Dienstprogramme...* als derzeit aktive Menügruppe ersetzt.
- Die drei Punkte hinter *DOS-Dienstprogramme...* zeigen an, daß
  hier kein sofort ausführbarer Befehl vorliegt, sondern eine Menü-
  gruppe mit weiteren Untermenüs bzw. Unterbefehlen.
- Durch Esc gelangt man wieder zum Hauptmenü zurück.
- Auf die *DOS-Dienstprogramme...* wird im Abschnitt 3.2 ausführ-
  lich eingegangen.

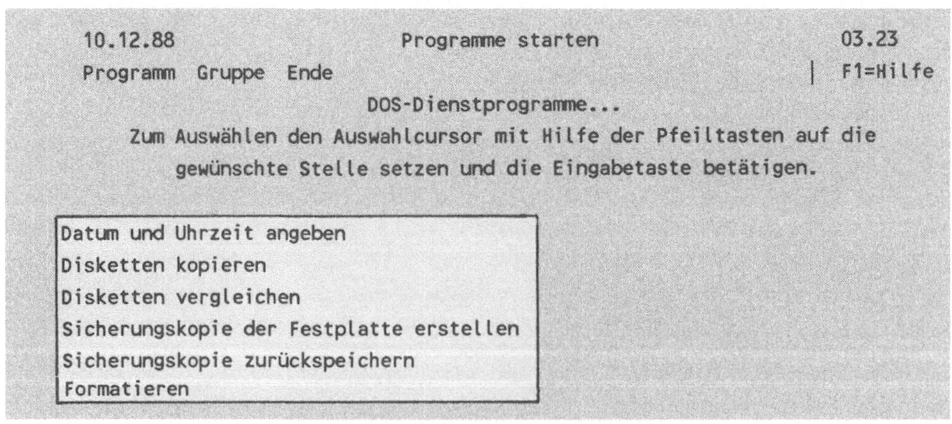

3.1.3 Waagrechte Menüleiste mit drei Menüpunkten

In der waagrechten Menüleiste werden die Wahlmöglichkeiten *Programm*, *Gruppe* und *Ende* angeboten. Wechselt man mit F10 zur waagrechten Menüleiste und aktiviert man eines dieser Menüpunkte (Pfeiltaste und Return-Taste), dann werden Pull-Down-Menüs heruntergeklappt. Diese Menüs bleiben erhalten, wenn man die Menügruppe wechselt. Die folgenden Abbildungen zeigen, wie die Pull-Down-Menüs bei angewählter Menügruppe *DOS-Dienstprogramme...* heruntergeklappt werden.

Programm als Pull-Down-Menü:
Das *Programm*-Menü dient der Aktivierung und Pflege einzelner Programme einer Menügruppe.
  - Der Anwender kann in der senkrechten Menüleiste unter die Menügruppe *DOS-Dienstprogramme...* weitere eigene Menügruppen eintragen. In der Menügruppe können z.B. in sieben Menüpunkten sieben Programme eingetragen werden. Das *Programm*-Menü dient dann dazu, diese Programme einzurichten, aufzurufen und zu ändern.
  - Auch auf die vorgegebene Standard-Menügruppe *DOS-Dienstprogramme...* läßt sich das *Programm*-Menü anwenden. Der Benutzer kann somit z.B. den letzten Wahlpunkt *Formatieren* ändern oder auch löschen.
  - Die Punkte hinter *Hinzufügen...*, *Ändern...*, *Löschen...* und *Kopieren...* weisen auf weitere Untermenüpunkte hin.
  - In Abschnitt 3.4 wird das *Programm*-Menü genauer erklärt.

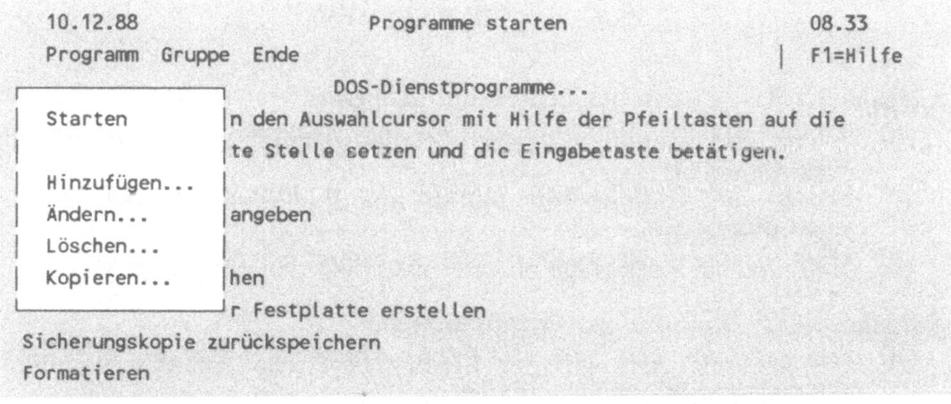

Programm als Pull-Down-Menü aktiviert (die Menügruppe
DOS-Dienstprogramme... ist derzeit aktiv)

Gruppe als 2. Pull-Down-Menü:
Das *Gruppe*-Menü zeigt die Wahlpunkte *Hinzufügen...*, *Ändern...*, *Löschen...* und *Neu anordnen....*Die mit "*" versehenen Menüpunkte sind derzeit gesperrt ("*" bei Monochrom-Monitor bzw. Text-Modus). Für Details wird wieder auf den Abschnitt 3.4 verwiesen.

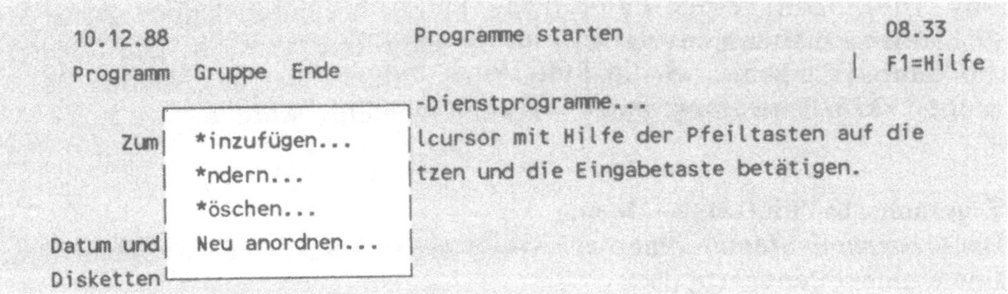

Gruppe als Pull-Down-Menü

Ende als 3. Pull-Down-Menü:
Das *Ende*-Menü bietet Alternativen zum endgültigen (Taste F3) und zum temporären Verlassen (Umschalt-F9) der Menü-Oberfläche.

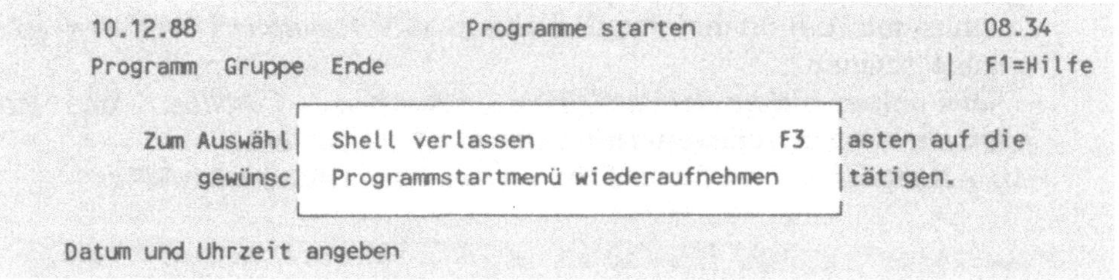

Ende als Pull-Down-Menü

Aufgabe 3.1/1: Aufbau des Programmstartmenüs.
   a) Welche drei Menüpunkte umfaßt die waagrechte Menüleiste und wozu dienen sie?
   b) Welche vier Menüpunkte umfaßt die senkrechte Menüleiste und wozu dienen sie?
   c) Über welche Taste wechselt man zwischen den Menüleisten?

Aufgabe 3.1/2: Zu einzelnen Menüpunkten.
   a) Wie wechselt man von der Menü-Oberfläche zur Befehlszeilen-Oberfläche und wieder zurück?
   b) Was bedeuten die Punkte "..." (z.B. bei *DOS-Dienstprogramme...*)?
   c) Wozu dient der Menüpunkt *Ende* bei *DOS-Dienstprogramme...* und bei *Programme starten*?

3 Menü-Oberfläche von DOS

3.2.1 Datum und Uhrzeit angeben

Das Datum und die Uhrzeit werden dem Benutzer im Hauptmenü links
oben (5.12.88) bzw. rechts oben (8.05 Uhr) angezeigt. Über *Datum und
Uhrzeit* als erstem Menüpunkt der Menügruppe *DOS-Dienstprogramme...*
kann der Benutzer diese Werte neu festlegen.

- In einem rechts unten am Bildschirm erscheinenden Fenster ist das
  Datum einzugeben (z.B. 7.12.88).
- Soll das Datum unverändert bleiben, gibt man nur Return ein.
- Anschließend kann über ein zweites Fenster die neue Zeit (z.B.
  9.30) festgelegt oder mit Return die bisherige Zeit übernommen
  werden.
- Abschließend erscheint die folgende Meldung:

    `Weiter mit beliebiger Taste . . .`

  Nach Tastendruck erscheint wieder das Menü der *DOS-Dienstprogramme...*

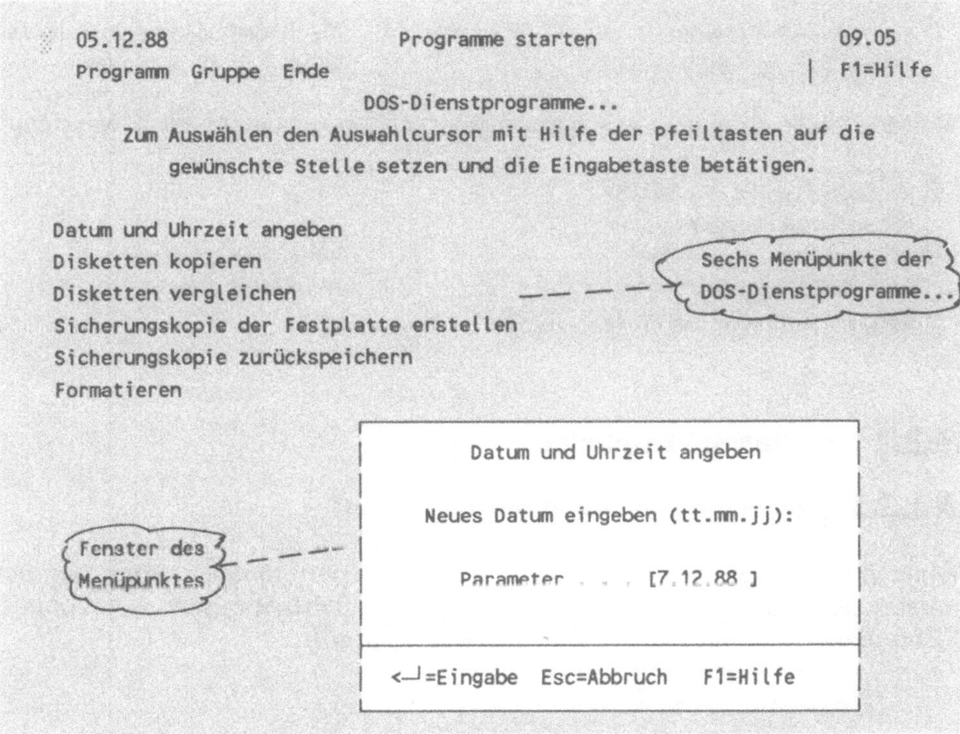

Menüpunkt "Datum und Uhrzeit angeben" wurde aktiviert
(im 1. Fenster wird der 7.12.88 als neues Datum eingegeben)

```
┌─────────────────────────────────────────────┐
│           Datum und Uhrzeit angeben         │
│                                             │
│        Neue Uhrzeit eingeben (hh.mm):       │
│                                             │
│           Parameter . . . [09.30]           │
│                                             │
├─────────────────────────────────────────────┤
│  <┘=Eingabe  Esc=Abbruch   F1=Hilfe         │
└─────────────────────────────────────────────┘
```

Menüpunkt "Datum und Uhrzeit angeben" wurde aktiviert
(im 2. Fenster wird 9.30 Uhre als neue Zeit eingegeben)

Wurde die Eingabe des Datums mit Return übergangen, erscheint folgende Eingabeaufforderung:

```
Systemdatum: So. 06.12.1988
Neues Datum eingeben (tt.mm.jj): 07.12.88    Mit Return würde das bisherige
Weiter mit beliebiger Taste . . .            Datum 6.12.88 übernommen
```

Wurden beide Eingaben mit Return übergangen, erscheint diese Meldung:

```
Systemdatum: Mo. 12.12.1988
Neues Datum eingeben (tt.mm.jj): _
Systemzeit:   9.30.42,47                     Beide Angaben werden
Neue Zeit eingeben (hh.mm.ss): _             mit Return übernommen
Weiter mit beliebiger Taste . . .
```

3.2.2 Disketten kopieren

3.2.2.1 Bei zwei Laufwerken kopieren

Über den zweiten Menüpunkt der *DOS-Dienstprogramme...* kann der Benutzer den gesamten Inhalt einer (Quellen-)Diskette auf eine andere
(Ziel-)Diskette kopieren. Im Eingabefeld wird mit

```
Laufwerke. . [A: B:              >
```

von DOS vorgeschlagen, daß von A: nach B: kopiert werden soll. Hat der
PC zwei Diskettenlaufwerke, dann werden diese mit A: und B: bezeichnet.
In A: soll dabei die zu kopierende Diskette und in B: eine leere bzw.
überschreibbare Diskette eingelegt werden. Akzeptiert man diesen Vor-

schlag mit Return, dann meldet sich das System mit der Aufforderung,
die Disketten einzulegen.

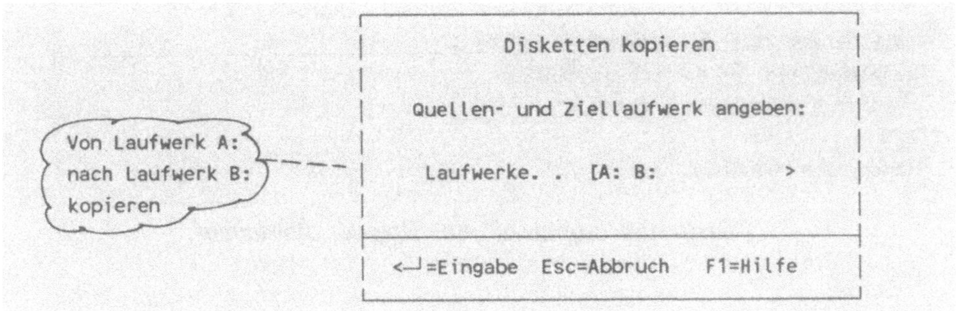

Fenster des Menüpunkts "Disketten kopieren" (zwei Laufwerke)

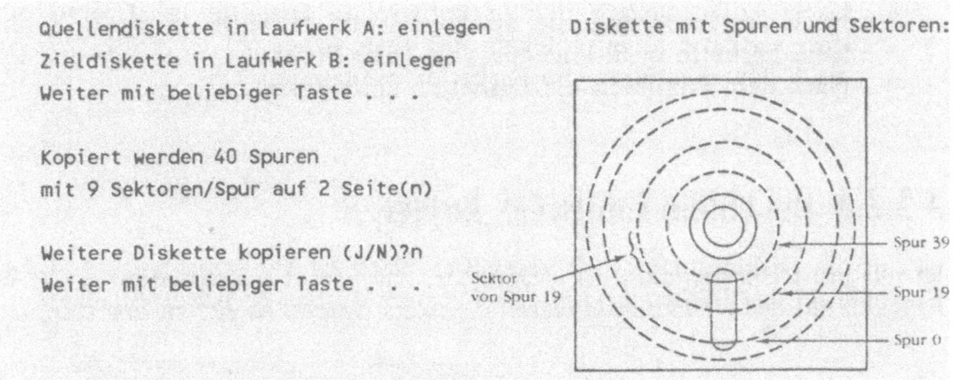

Meldungen bei Ausführung des Menüpunktes "Disketten kopieren"

Diskette mit Spuren und Sektoren:
- Eine Diskette im DOS-Normalformat enthält hier 40 konzentri-
  sche, magnetisierte Aufzeichnungsspuren, wobei jede Spur in 9
  Sektoren eingeteilt ist. Der Menüpunkt *Disketten kopieren*
  überträgt die Daten der Diskette in Laufwerk A: Spur für Spur
  bzw. Sektor für Sektor auf die Diskette in Laufwerk B:.
- Wird anstelle der großen 5.25"-Diskette die kleine 3.5"-Diskette
  verwendet, so werden 80 anstelle von 40 Spuren gelesen und kopiert.
- Die Meldung "2 Seite(n)" besagt, daß auf der Vorder- und der
  Rückseite der Diskette gespeichert wird. Das Diskettenlaufwerk
  besitzt somit zwei Schreib-/Leseköpfe.
- Eine neue, noch unformatierte Diskette wird beim Disketten
  kopieren automatisch formatiert (siehe Abschnitt 3.2.5).

Kopieren abbrechen: Hat man den Menüpunkt *Disketten kopieren* aktiviert, dann kann der Kopiervorgang mit der Eingabe von Strg-C (Strg-Taste gedrückt halten und einmal kurz "C" tippen) abbrechen.

```
Quellendiskette in Laufwerk A: einlegen
Zieldiskette in Laufwerk B: einlegen
Weiter mit beliebiger Taste . . .
^C
Stapeljob beenden (J/N)?j
```

"Disketten kopieren" mit Strg-C abbrechen

Vorgehen zum Kopieren einer Diskette von A: nach B:
1. Menüpunkt *Disketten kopieren* in Menügruppe *DOS-Dienstprogramme...* aktivieren.
2. DOS-Angebot "A: B: (von A: nach B:)" mit Return akzeptieren.
3. Nach Aufforderung die zu kopierende Diskette in A: und eine leere Diskette in B: einlegen und Taste drücken.
4. Nach dem Kopieren die Disketten entnehmen.

3.2.2.2 Bei einem Laufwerk kopieren

Ist nur ein Diskettenlaufwerk verfügbar, dann ist der Vorschlag "A: B:" im Eingabefeld des *Disketten kopieren*-Fensters durch "A: A:" zu ersetzen.

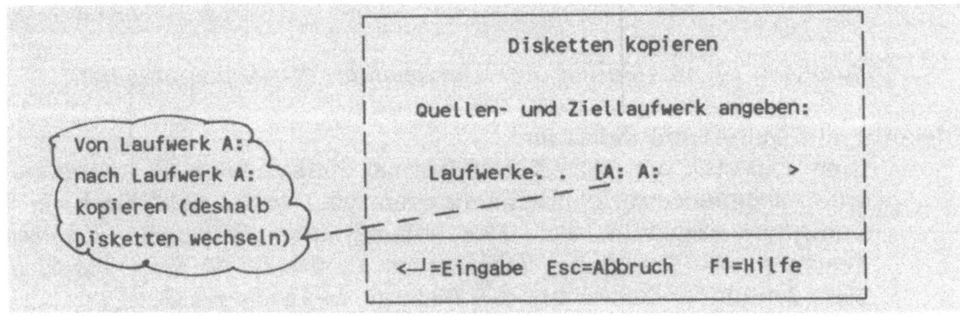

Fenster des Menüpunkts "Disketten kopieren" (nur ein Laufwerk)

Nun wird man aufgefordert, die zu kopierende Diskette in das Laufwerk
A: einzulegen:

```
Quellendiskette in Laufwerk A: einlegen
Weiter mit beliebiger Taste . . .
Kopiert werden 40 Spuren
mit 9 Sektoren/Spur auf 2 Seite(n)
```

Nachdem die Daten der Diskette von der Quellendiskette in den Hauptspeicher (RAM) übertragen worden sind, erscheint folgende Aufforderung
zum Diskettenwechsel:

```
Zieldiskette in Laufwerk A: einlegen
Weiter mit beliebiger Taste . . .
```

Jetzt werden die Daten vom RAM auf die neue Diskette kopiert, um
dann nach Eingabe von "n" zu *DOS-Dienstprogramme...* zurückzugehen.

```
Weitere Diskette kopieren (J/N)?n
Weiter mit beliebiger Taste . . .
```

Auch hier gilt: Liegt eine unformatierte Zieldiskette vor, wird diese vor
dem Kopieren automatisch formatiert:

```
Formatieren während Kopieren
```

Quellen- und Zieldiskette beim Kopieren:
- Die Daten der *Quellendiskette* bleiben unverändert erhalten. Die
  Daten werden nur gelesen. Die Diskette wird nicht beschrieben.
- Die *Zieldiskette* wird neu beschrieben. Alle bislang auf dieser Dis-
  kette abgelegten Daten gehen somit verloren.
- Zum Hinzukopieren einzelner Dateien läßt sich der Menüpunkt
  Disketten kopieren nicht verwenden. Hierzu muß in das Dateisy-
  stem gewechselt werden (vgl. Abschnitt 3.3).

3.2.3 Disketten vergleichen

Der Menüpunkt *Disketten vergleichen* dient dazu, die Daten von zwei Disketten Spur für Spur zu vergleichen, um etwaige Unterschiede mit der
genauen Positionsangabe (Spur, Seite) anzuzeigen. Ein solcher Vergleich
ist nach dem Kopieren wertvoller Disketten angezeigt.

Vergleich bei zwei Diskettenlaufwerken: Man akzeptiert das DOS-Angebot "A: B:" durch Return, legt die Disketten in die Laufwerke ein und wartet die Vergleichsmeldungen ab.

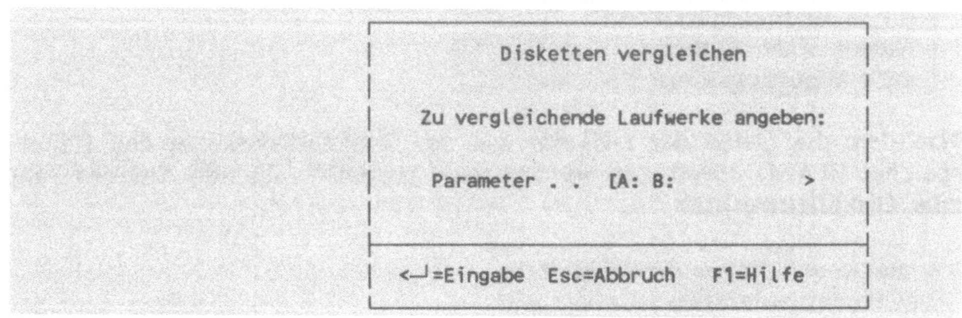

Fenster des Menüpunkts "Disketten vergleichen"

Meldungen eines Vergleichsfehlers besagen nicht unbedingt, daß auf den Disketten auch verschiedene Daten gespeichert sind; auch bei verschiedener Reihenfolge von identisch gespeicherten Dateien (z.B. über das Dateisystem kopiert) sind solche Meldungen möglich.
Nach dem 10. Vergleichsfehler bricht der Menüpunkt *Disketten vergleichen* seine Arbeit ab.

```
Erste Diskette in Laufwerk A: einlegen
Zweite Diskette in Laufwerk B: einlegen
Weiter mit beliebiger Taste . . .
. . .
Vergleichsfehler auf                        oder:        Vergleich OK
Seite 0, Spur 14


Vergleichsfehler auf
Seite 1, Spur 14

. . .
Weitere Disketten vergleichen (J/N)?n
```

Vergleich bei nur einem Diskettenlaufwerk: Entsprechend wie beim *Disketten kopieren* ersetzt man in der Eingabezeile B: durch A:.

```
|    Parameter . .  [A: A:         >    |
```

Nun wird man nach dem Einlesen der ersten Diskette zu einem Diskettenwechsel aufgefordert.

3.2.4 Sicherungskopie auf Festplatte erstellen

Verfügt der PC über eine Festplatte, dann trägt diese die Kennzeichnung C:. Mit dem Menüpunkt *Sicherungskopie der Festplatte erstellen* wird der komplette Dateninhalt der Festplatte auf Disketten kopiert. Im Falle des Verlustes von Daten können die gesicherten Daten von der Diskette dann wieder auf die Festplatte zurückgespeichert werden.

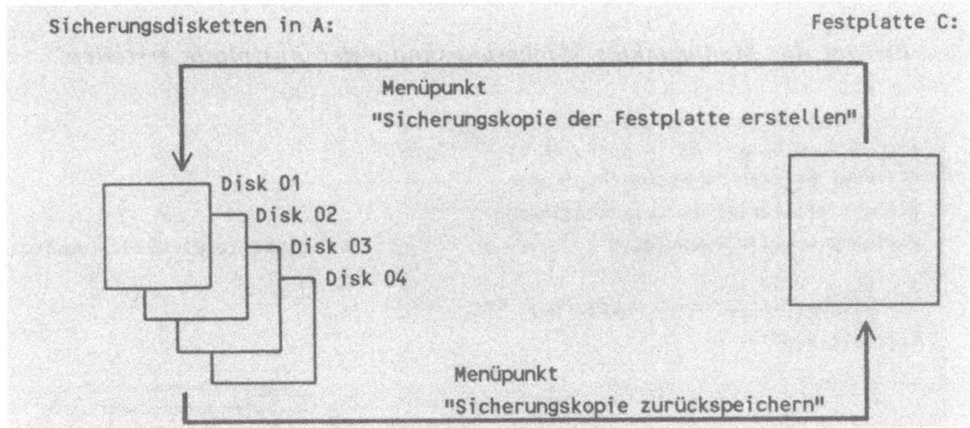

Zuerst Festplatteninhalt sichern und dann bei Bedarf zurückspeichern

Vorgehen zum Sichern des Festplatteninhalts auf Disketten in A:
1. Menüpunkt "Sicherungskopie der Festplatte erstellen" aktivieren.
2. Angebot "Von C: nach A: sichern" durch Return-Taste annehmen.
   Um nach B:, und nicht nach A: zu sichern, muß im Eingabefeld
   ```
   Parameter . .  [C:\*.* A: /S    >
   ```
   A: wie folgt durch B: ersetzt werden (abschließend Return):
   ```
   Parameter . .  [C:\*.* B: /S    >
   ```
3. Sicherungsdiskette 01 in A: einlegen und Taste drücken: Von der Festplatte werden so viele Dateien auf die Diskette in A: kopiert, bis diese voll ist.

4. Sicherungsdiskette 02, 03, 04, ... auf Anforderung nacheinander in
    A: einlegen und Taste drücken: diese Disketten werden mit den
    "nächsten" Daten der Festplatte beschrieben.
5. Nach Beenden zurück zu *DOS-Dienstprogramme... .*

Die Sicherungsdisketten sind durchnumeriert aufzubewahren, damit sie
später bei Bedarf über den Menüpunkt *Sicherungskopie zurückspeichern*
genutzt werden können.

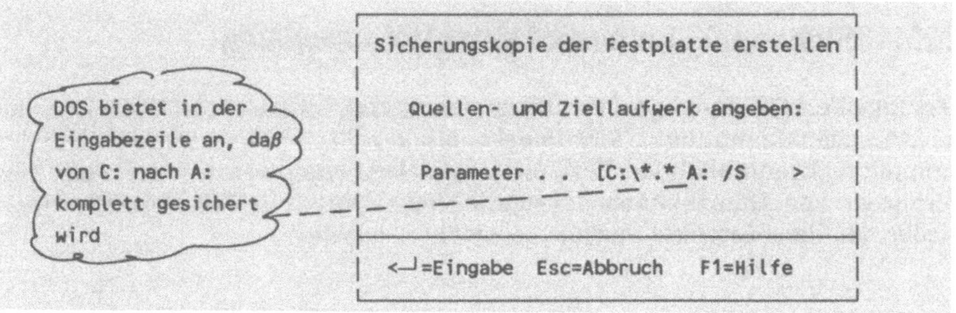

Fenster des Menüpunktes "Sicherungskopie der Festplatte erstellen"

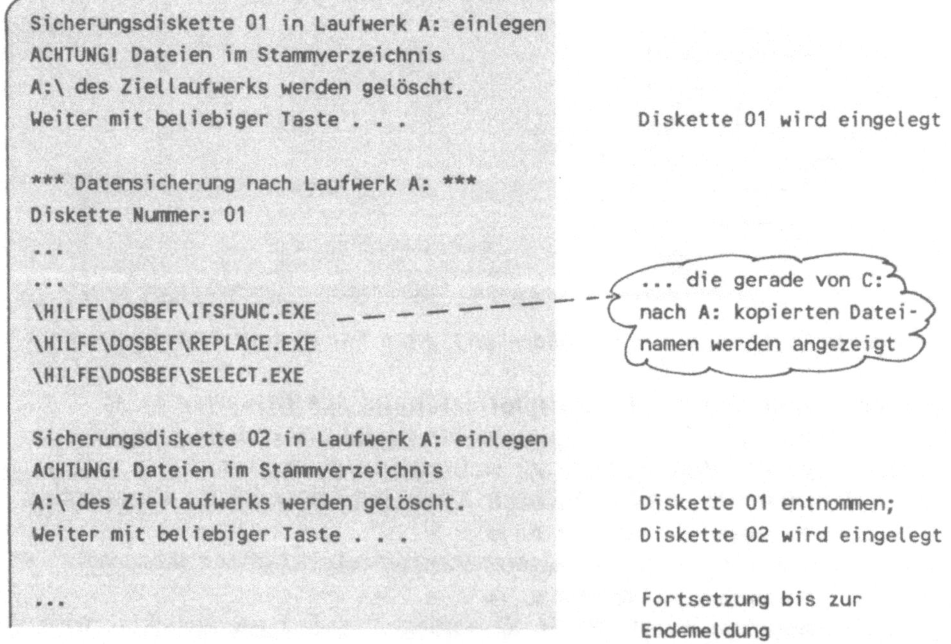

Meldungen zur Ausführung von Menüpunkt "Sicherungskopie der Festplatte
erstellen"

3.2.5 Sicherungskopie zurückspeichern

Der Menüpunkt *Sicherungskopie zurückspeichern* stellt das Gegenstück zu
dem in Abschnitt 3.2.4 dargestellten Menüpunkt *Sicherungskopie der
Festplatte erstellen* dar. Wichtig ist, daß die Sicherungsdisketten in genau
der Reihenfolge gelesen werden, in der sie früher beschrieben worden
sind. Bei den Aufforderungen zum Diskettenwechsel ist stets auf die jeweils passende Diskettennummer zu achten.

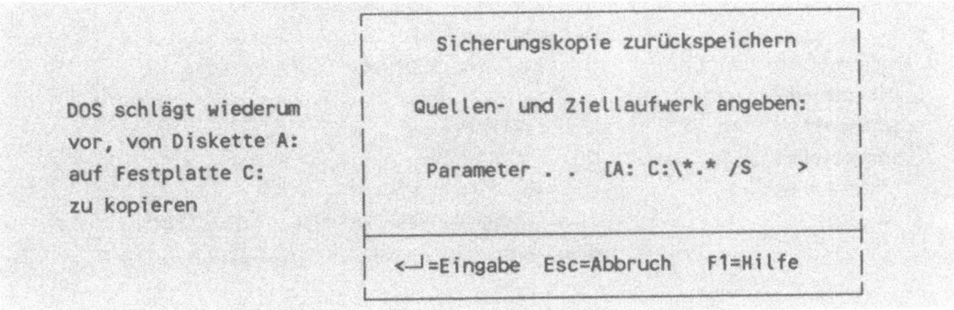

Fenster zu Menüpunkt "Sicherungskopie zurückspeichern"

Jede Diskette wird geprüft, bevor Daten auf die Festplatte kopiert werden. Als "Notbremse" kann das Kopieren wiederum mit Strg-C abgebrochen werden:

3.2.6 Formatieren

Bevor man auf einer Diskette Daten speichern kann, muß diese in eine
dem Betriebssystem gemäße Form gebracht werden - man spricht von "in
Form bringen" bzw. Formatieren. Die Menügruppe *DOS-Dienstprogramme...* stellt dazu den Menüpunkt *Formatieren* zur Verfügung.

Vorgehensweise zum Formatieren einer neuen Diskette in A:
1. Den Menüpunkt *Formatieren* aktivieren.
2. Mit der Return-Taste das Angebot von DOS annehmen, eine Diskette in Laufwerk A: zu formatieren.
3. Eine leere Diskette in A: einlegen und Return tippen.
4. Einen Diskettennamen mit maximal 11 Zeichen angeben.
5. Die Frage nach erneutem Formatieren mit "n" beantworten.

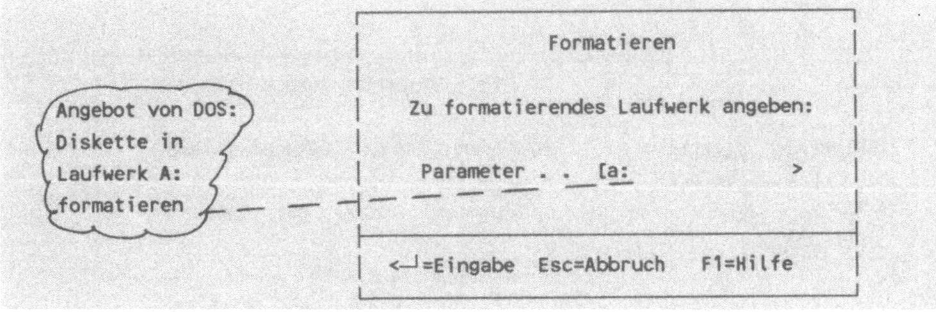

Fenster zum Menüpunkt "Formatieren"

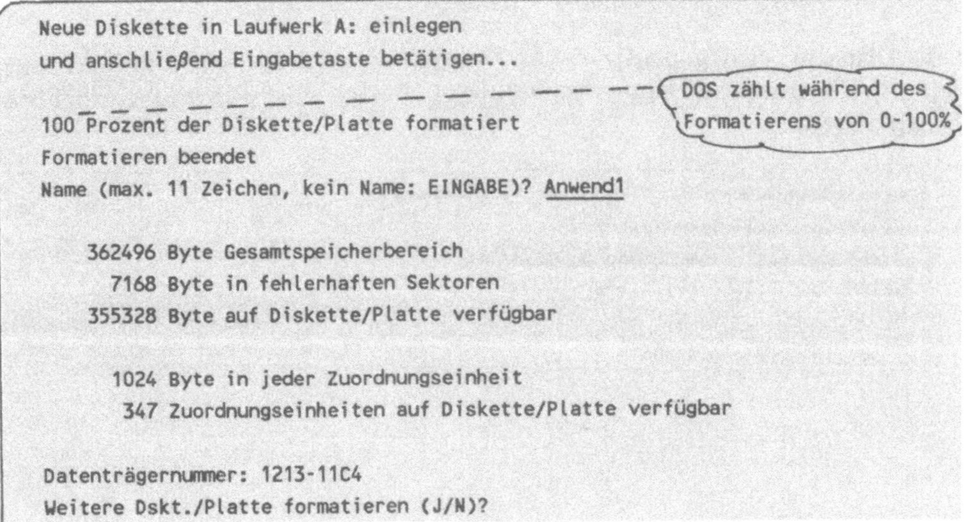

Meldungen zur Ausführung von Menüpunkt "Formatieren"

Aufgabe 3.2/1: Wie gehen Sie vor, um a) eine Diskette DISK 1 in B: zu formatieren, b) die Diskette in B: zu kopieren c) das Datum einzugeben?

Aufgabe 3.2/2: Durch welche Befehle lassen sich die Menüpunkte der *DOS-Dienstprogramme...* in der Befehlszeilen-Oberfläche ausführen?

3 Menü-Oberfläche von DOS

3.3.1 Hauptmenü des Dateisystems

3.3.1.1 Aufbau des Hauptmenüs

Durch die Befehlsfolge *DOS-Dienstprogramme.../Dateisystem* wird der
Menüpunkt *Dateisystem* aus der Menügruppe *DOS-Dienstprogramme...*
aktiviert. In einem Fenster wird gemeldet:

> Daten auf der Diskette/Festplatte werden gelesen

Nach kurzer Zeit des Einlesens erscheint am Bildschirm das Hauptmenü
vom *Dateisystem* mit zwei obenliegenden waagrechten Fenstern und zwei
großen Fenstern darunter.

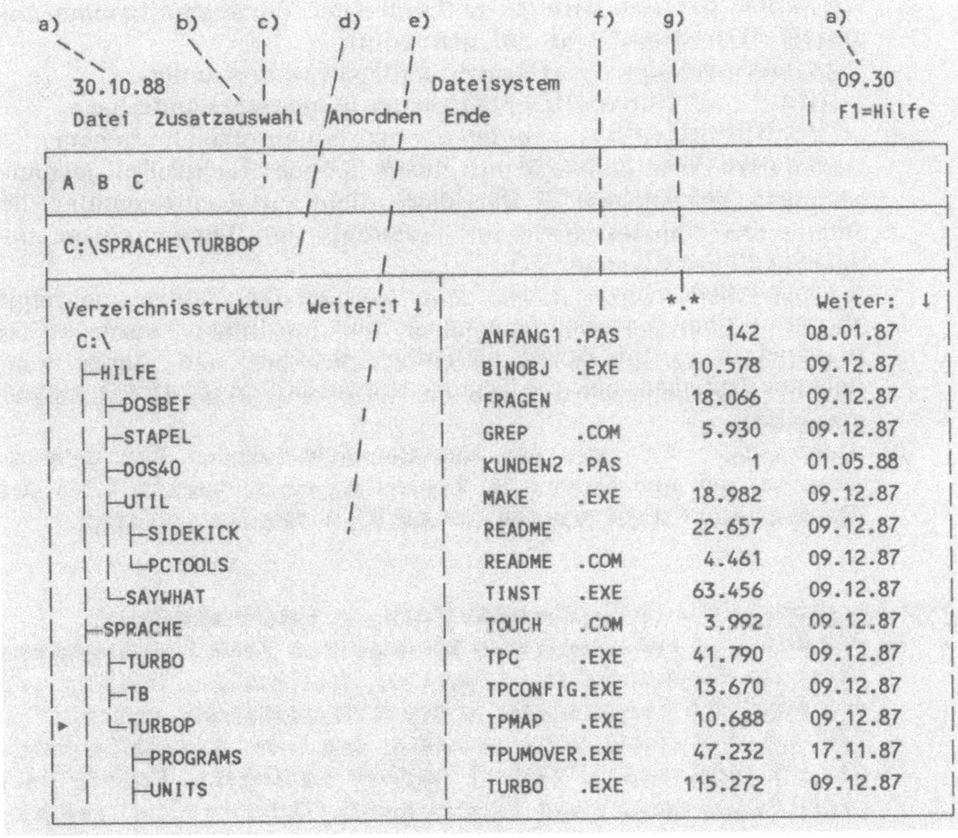

*Hauptmenü des Dateisystems (das Laufwerk C: und das Verzeichnis
\SPRACHE\TURBOP sind gerade aktiviert)*

Bestandteile a) bis g) des Dateisystem-Hauptmenüs:
a) 1. Zeile: Systemdatum links und Uhrzeit rechts.
b) 2. Zeile: Waagrechte Menüleiste mit den Menüpunkten *Datei, Zusatzauswahl, Anordnen und Ende* zum Aufruf von vier Pull-Down-Menüs. Über F1 kann die Hilfe-Funktion aufgerufen werden (rechts angegeben).
c) *Laufwerks-Fenster* in der 3. Zeile: Bezeichnungen A, B und C der drei derzeit angeschlossenen Laufwerke. Diskettenlaufwerke A: und B: sind passiv. Das Festplattenlaufwerk C: ist aktiv und als solches markiert.
d) *Verzeichnis-Fenster* in der 4. Zeile: Der derzeit aktive Zugriffspfad heißt C:\SPRACHE\TURBOP; auf der Festplatte C: ist also das Unterverzeichnis \SPRACHE\TURBBOP aktiviert. Man nennt dies das aktive Verzeichnis.
e) *Verzeichnisstruktur-Fenster links:* Hier wird die Struktur der Verzeichnisse der Festplatte C: in Form eines Verzeichnisbaumes angezeigt. Der Baum "steht auf dem Kopf":
   - Stammverzeichnis \ ganz oben und Äste weiter unten.
   - HILFE und SPRACHE in der ersten Unterverzeichnisebene.
   - DOSBEF, STAPEL, ... in der zweiten Unterverzeichnisebene.
   Das aktive Verzeichnis ist mit einem kleinen Rechtspfeil gekennzeichnet. Das Zeichen "\" (Backslash) dient zur Kennzeichnung des Stammverzeichnisses sowie zur Trennung von Verzeichnissen unterschiedlicher Ebenen.
f) *Dateiübersicht-Fenster rechts:* Hier werden die Dateien angezeigt, die im aktiven Verzeichnis abgelegt sind. Im linken Fenster ist das Verzeichnis C:\SPRACHE\TURBOP aktiviert; auf dieses Verzeichnis beziehen sich die Dateien ANFANG1.PAS, BINOBJ.EXE, FRAGEN, ...
g) *Dateiselektor *.* oben* im Dateiübersicht-Fenster: Der Selektor zeigt an, daß alle Dateien im Fenster angezeigt werden. Über den Dateiselektor *.EXE würden nur die EXE-Dateien angezeigt.

Vier Auswahlbereiche im Dateisystem-Menü mit Tasten aktivieren:
   - Mit F10 wird zur waagrechten Menüleiste in Zeile 2 gegangen und der erste Menüpunkt *Datei* markiert. Nochmaliges Drücken von F10 führt den Cursor wieder in den Ausgangsbereich zurück.
   - Mit der Tab-Taste kann zwischen den vier Auswahlbereichen Zeile 2 (Menüleiste), Zeile 3 (aktives Laufwerk), Fenster links (Verzeichnisstruktur) und Fenster rechts (Dateiübersicht) gewechselt werden.

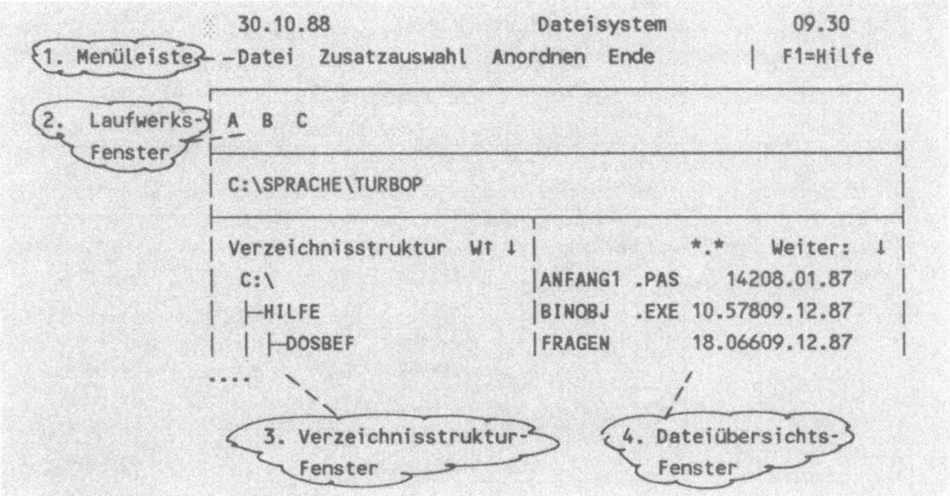

*Mit Tab-Taste den nächsten der vier Auswahlbereiche aktivieren
und mit F10-Taste zu den Rolladen-Menüs in die Menüleiste zurück*

3.3.1.2 Aktives Laufwerk wechseln

Von C: zu A: wechseln: Das aktive Laufwerk C: (Festplatte) soll verlassen
werden, um das Laufwerk A: (Diskette) zu aktivieren. Man geht dazu wie
folgt vor:

1. Mit der Tab-Taste in das Laufwerks-Fenster (3. Zeile) gehen.
2. Mit der Pfeiltaste den Cursor von C nach A bewegen, um das
   Laufwerk C: zu aktivieren.
3. Nach der Eingabe von Return wird im Diskettenlaufwerk A: gelesen und das Stammverzeichnis "\" von A: mit den Dateien
   012345.678, ANSI.SYS, AUTOEXEC.BAT, ... angezeigt. Im Verzeichnisstruktur-Fenster erscheint kein Baum, da auf der Diskette
   in A: überhaupt keine Unterverzeichnisse angelegt sind.
4. Nach Eingabe von F10 wird ein Hilfe-Fenster aufgemacht.

```
 30.10.88                    Dateisystem                      09.18
  Datei  Zusatzauswahl  Anordnen  Ende                    | F1=Hilfe

|-------------------------------------------------------------------|
| A  B  C                                                           |
|-------------------------------------------------------------------|
|                                                                   |
| A:\                                                               |
|-------------------------------------------------------------------|
| Verzeichnisstruktur  Weiter: |                *.*      Weiter:↑ ↓ |
| ► A:\                        |  012345 .678        109   29.08.88  |
| |                           |  ANSI   .SYS      9.149   29.08.88  |
| |                           |  AUTOEXEC.BAT        75   30.10.88  |
| |                           |  COMMAND .COM    38.523   29.08.88  |
| |                           |  CONFIG  .SYS        30   01.01.80  |
| |                ┌──────────────────────────────────────┐9.08.88  |
| |                │           Dateiübersicht              │9.08.88  |
| |                │                      Weiter:     ↓    │1.01.80  |
| |                │ In diesem Anzeigebereich werden die Namen der │9.08.88  |
| |                │ Dateien im ausgewählten Verzeichnis angezeigt. │9.08.88  |
| |                │ (Wenn eine Übersicht über ein gesamtes Laufwerk │9.08.88  |
| |                │ angezeigt wird, erscheinen alle Dateien des    │9.08.88  |
| |                │ ausgewählten Laufwerks, unabhängig vom         │2.10.88  |
| |                ├────────────────────────────────────────┤9.08.88  |
| |                │ Esc=Abbruch  F1=Hilfe  F11=Index  F9=Tasten │2.10.88  |
|------------------└──────────────────────────────────────┘----------|
```

Neues Dateisystem-Hauptmenü: Von Laufwerk C: wurde ins Laufwerk A:
gewechselt (es wurde gerade F1=Hilfe gedrückt)

3.3.1.3 Aktive Datei wechseln

Datei SHELL.EXE aktivieren: Das aktive Laufwerk (A:, B: oder C:) wird
im Laufwerks-Fenster ausgewählt. Entsprechend wird die aktive Datei im
Dateiübersichts-Fenster ausgewählt. Um die Datei SHELL.EXE zu aktivieren, geht man wie folgt vor:

1. Mit der Tab-Taste in das Dateiübersichts-Fenster gehen. Der Cursor zeigt nun auf 012345.678 als die oberste Datei.
2. Die Richtungstaste "Pfeil nach unten" solange gedrückt halten, bis
   die Datei SHELLC.EXE am unteren Fensterrand auftaucht.
3. Einmal kurz die Leertaste tippen: Links neben dem Dateinamen
   SHELLC.EXE erscheint der Rechtspfeil "->". Eine mit "->" mar-
   kierte Datei ist *ausgewählt bzw. aktiviert*; die in Abschnitt 3.3.2

erklärten *Dateisystem*-Menüpunkte beziehen sich auf die jeweils aktivierte Datei.

4. Die Leertaste wirkt wie ein Ein/Aus-Schalter: Durch erneutes Tippen der Leertaste verschwindet der "->"-Pfeil wieder.

```
  30.10.88                  Dateisystem                    09.40
  Datei  Zusatzauswahl  Anordnen  Ende               |  F1=Hilfe
 ┌──────────────────────────────────────────────────────────────┐
 │ A  B  C                                                       │
 ├──────────────────────────────────────────────────────────────┤
 │ A:\                                                           │
 ├──────────────────────────────┬───────────────────────────────┤
 │ Verzeichnisstruktur  Weiter: │          *.*        Weiter:↑   │
 │► A:\                          │   CONFIG  .SYS     30    01.01.80 │
 │                              │   COUNTRY .SYS  12.838   29.08.88 │
 │                              │   DISKCOPY.COM  10.540   29.08.88 │
 │   Stammverzeichnis A:\       │   DOSSHELL.BAT    184    01.01.80 │
 │   ist aktiviert              │   IBMBIO  .COM  32.917   29.08.88 │
 │                              │   IBMDOS  .COM  36.000   29.08.88 │
 │                              │   KEYB    .COM  14.899   29.08.88 │
 │                              │   KEYBOARD.SYS  23.360   29.08.88 │
 │                              │   MW011365.TMP     48    22.10.88 │
 │                              │   PCIBMDRV.MOS    295    29.08.88 │
 │   Datei SHELLC.EXE           │   SHELL   .ASC      0    22.10.88 │
 │   wurde aktiviert            │   SHELL   .CLR   4.438   29.08.88 │
 │                              │   SHELL   .MEU   4.588   29.08.88 │
 │                              │   SHELLB  .COM   3.942   29.08.88 │
 │                              │ ► SHELLC  .EXE 155.545   29.08.88 │
 └──────────────────────────────┴───────────────────────────────┘
```

Im Dateiübersichts-Fenster blättern, bis SHELLC.EXE als letzte Datei erscheint

Dateioperationen mit der aktiven Datei: Die *aktive Datei* kann nun ausgedruckt, angezeigt, gelöscht, umbenannt, verschoben werden usw. Die entsprechenden Dateioperationen werden in der Menüleiste (obere Zeile 2) über den Menüpunkt *Datei* zur Verfügung gestellt. Wir gehen darauf in Abschnitt 3.3.2 ein.

Dateibezeichnung: DOS speichert Information (Daten oder Programme) in Speichereinheiten, die man als Dateien bezeichnet.

> *Eine Datei ist eine Sammlung zusammengehörender Information*

Damit eine Datei im Speicher wiedergefunden werden kann, muß sie durch einen Namen bezeichnet werden. Eine komplette Dateibezeichnung besteht aus Laufwerk, Verzeichnis, Name und Dateityp.

Dateiname: Dateityp:

| *1 2 3 4 5 6 7 8* | *. 1 2 3* |

- Für *Dateiname* und *Dateityp* sind Buchstaben A-Z, Ziffern 0-9 und die Sonderzeichen !#$%^()&-_~{}'@ erlaubt. Kleinbuchstaben werden in Großbuchstaben umgewandelt.
- Läßt man z.B. in der Dateibezeichnung A:\SHELL.EXE die Laufwerksangabe A: und das Verzeichnis \ weg, dann wird das aktive Laufwerk bzw. das aktive Verzeichnis angenommen.

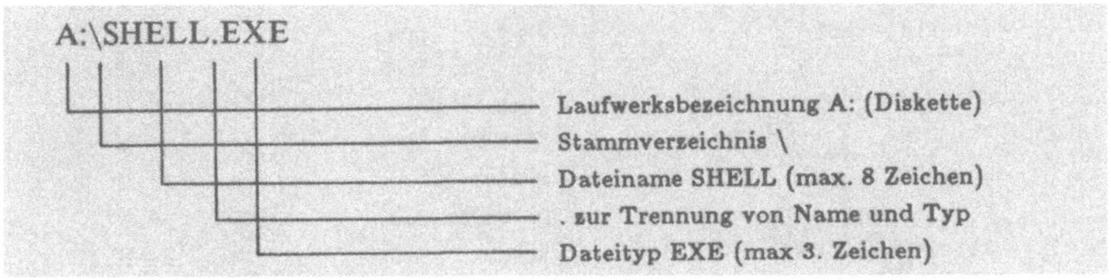

Dateibezeichnung am Beispiel der Datei SHELLC.EXE

Angaben zur Datei im Dateiübersichts-Fenster: Zu jeder Datei werden die Speichergröße und das Datum angegeben. Zur Datei SHELLC.EXE wird die Speichergröße mit 155.545 Zeichen bzw. Bytes und das Datum der letzten Speicherung mit 29.8.88 angezeigt.

3.3.2 Datei als Dateisystem-Menüpunkt

Im Gegensatz zu *DOS-Dienstprogramme...* bezieht sich das *Dateisystem* nicht auf die Verarbeitung ganzer Speichereinheiten (Diskette oder Festplatte), sondern auf die Verarbeitung einzelner Dateien dieser Speichereinheiten. Und dazu stellt der *Datei*-Menüpunkt zwölf Menüpunkte zur Verfügung. Derzeit können nicht alle der zwölf Menüpunkte angewählt werden (Grund: es sind z.B. keine Dateien aktiviert). Diese zeitweilig gesperrten Menüpunkte werden durch "*" (im Textmodus) bzw. durch andersfarbige Darstellung (Farbmodus) gekennzeichnet.

```
  30.10.88                    Dateisystem                    00.56
  Datei  Zusatzauswahl  Anordnen  Ende                    |  F1=Hilfe

  +------------------------------+  +------------------------------------------+
  | *röffnen (Starten)...        |  |                                          |
  | *rucken...                   |  |------------------------------------------|
  | *uordnen...                  |  |                                          |
  |                              |  |------------------------------------------|
  | *erschieben...               |  |                      *.*        Weiter:  ↓ |
  | *opieren...                  |  | 00262909           1.816     30.10.88    |
  | *öschen...                   |  | 012345  .678         109     29.08.88    |
  | *mbenennen...                |  | ANSI    .SYS       9.149     29.08.88    |
  | Attribut *ndern...           |  | AUTOEXEC.BAT          75     30.10.88    |
  | *nzeigen                     |  | COMMAND .COM      38.523     29.08.88    |
  |                              |  | CONFIG  .SYS          30     01.01.80    |
  | Verzeichnis erstellen...     |  | COUNTRY .SYS      12.838     29.08.88    |
  | Gesamtauswahl                |  | DISKCOPY.COM      10.540     29.08.88    |
  | Ge*amtauswahl aufheben       |  | DOSSHELL.BAT         184     01.01.80    |
  |                              |  | IBMBIO  .COM      32.917     29.08.88    |
  |                              |  | IBMDOS  .COM      36.000     29.08.88    |
  ....
```

*Zwölf Menüpunkte im "Datei"-Menüpunkt (nur "Verzeichnis erstellen..."
und "Gesamtauswahl" sind derzeit nicht mit "*" gesperrt)*

3.3.2.1 Eröffnen (Starten)... als Datei-Menüpunkt

Programmdatei starten: Eine Datei öffnen bzw. starten bedeutet, daß die
in der Datei gespeicherten Anweisungen (Befehle) ausgeführt werden sollen. Mit dem Menüpunkt *Eröffnen (Starten)...* kann man demnach nur eine Datei aufrufen, in der Anweisungen bzw. Befehle in ausführbarer
Form gespeichert sind. Man bezeichnet diese als Programmdateien und erkennt sie an Dateitypen wie COM (z.B. DISKCOPY.COM) und EXE.

Programm DISKCOPY starten als Beispiel:
1. Dateiübersichts-Fenster mit der Tab-Taste aktivieren
2. Datei DISKCOPY.COM mit der Cursortaste anwählen und dann
    mit der Leertaste aktivieren (-> zeigt auf DISKCOPY.COM).
3. Über *F10/Datei/Eröffnen (Starten)...* das Eröffnen-Fenster zur
    Anzeige bringen.

4. Im Eingabefeld *Parameter [>* nun *A: B:* eintippen (es ist von
    A: nach B: zu kopieren) und entweder Return (Kopiervorgang be-
    ginnt) oder Esc (Kopiervorgang abbrechen) eingeben.
5. Über *DISKCOPY.COM markieren/Leertaste* oder über *F10/Da-
    tei/Gesamtauswahl* die Aktivierung von der Datei aufheben.

```
 30.10.88                   Dateisystem
  Datei  Zusatzauswahl  Anordnen  Ende

 ┌─────────────────────────────────────────────────────────
 │ A  B  C
 ├─────────────────────────────────────────────────────────
 │ A:\
 ├───────────────────────────┬─────────────────────────────
 │ Verzeichniss              │
 │► A:\          │           Datei eröffnen                │
 │              │                                          │
 │              │   Programm:          DISKCOPY.COM        │
 │              │                                          │
 │              │   Zugeordnete Datei                      │
 │              │                                          │
 │              │   Parameter   [A: B:                  >  │
 │              │                                          │
 │              ├──────────────────────────────────────────
 │              │   <─┘=Eingabe  Esc=Abbruch   F1=Hilfe    │
 │              └──────────────────────────────────────────
 │
```

Fenster von "Datei öffnen" (es wurde gerade A: B: eingegeben)

3.3.2.2 Drucken... als Datei-Menüpunkt

Den Textinhalt einer oder mehrerer Dateien ausdrucken: Mit dem Menüpunkt *Drucken...* kann man zuvor aktivierte Dateien ausdrucken. Siehe
Befehl PRINT in Abschnitt 2.2.

- Programmdateien (wie DISKCOPY.COM) mit ausführbaren Befehlen lassen sich nicht ausdrucken, wohl aber Textdateien mit lesbaren Zeilen (z.B. AUTOEXEC.BAT, CONFIG.SYS, BRIEFE1.TXT).
- Während des Ausdruckens kann weitergearbeitet werden: DOS
  druckt im Hintergrund. Bis zu 10 Dateien können in die *Druck-
  warteschlange* (engl. Queue) aufgenommen werden.

Inhalt der Dateien AUTOEXEC.BAT und CONFIG.SYS ausdrucken:
1. Dateien AUTOEXEC.BAT und CONFIG.SYS im Dateiübersichts-
    Fenster aktivieren (-> zeigt auf die beiden Dateinamen).

2. Über *F10/Drucken.../Return* zuerst die Datei AUTOEXEC.BAT (siehe Abbildung) und dann CONFIG.SYS am Drucker ausgeben.
3. Nach Eingabe von Return werden beide Dateien in den Druckerpuffer aufgenommen und das *Drucken...*-Fenster verschwindet.

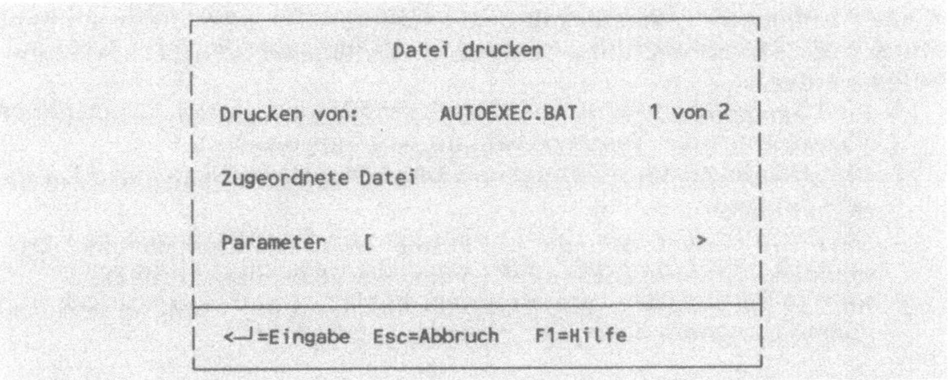

Fenster von "Datei drucken..." (es wird gerade AUTOEXEC.BAT gedruckt)

PRINT-Befehl installieren: Der Menüpunkt *Drucken...* läßt sich nur dann aufrufen, wenn zuvor der PRINT-Befehl (vgl. Abschnitt 2.2) installiert worden ist. Dazu hat man zwei Möglichkeiten:
1. Die Menü-Oberfläche von DOS verlassen und den folgenden PRINT-Befehl am Bereitschaftszeichen C:\> eintippen:

```
C:\>print /d:lpt1
Residenter Teil von PRINT geladen
Die Druckwarteschlange ist leer
```

2. Den PRINT-Befehl in die Datei AUTOEXEC.BAT schreiben.

3.3.2.3 Zuordnen... als Datei-Menüpunkt

Dateien durch Zuordnung verknüpfen: Über den *Zuordnen...*-Menüpunkt kann man einer Programmdatei mehrere Dateitypen so zuordnen, daß DOS immer dann die Programmdatei aufruft, wenn eine Datei des angegebenen Dateityps aktiviert wird. Beispiele: Bei jedem Aktivieren einer Grafik-Datei (Dateityp GRA), einer Binärdatei (Dateitypen BIN, ASM) bzw. einer Textdatei (Dateityen TXT, SIK) sollen automatisch ein zugeordnetes Grafikprogramm, Assembler bzw. Textverarbeitungsprogramm aufgerufen werden. Bestimmte Dateitypen sind somit jeweils mit einem Programm bzw. Tool durch Zuordnung verknüpft.

- Eine neue Zuordnung hebt die bisherige Verbindung auf.
- DOS prüft den Dateityp und weist Verbindungen mit nicht ausführbaren Dateien ab.

TXT- und SIK-Dateien einer Textverarbeitung zuordnen: Beim Aktivieren einer beliebigen Textdatei mit dem Dateityp TXT oder SIK soll automatisch das Textverarbeitungs-Tool Word (Dateiname WORD.COM) aufgerufen werden.

1. Im Verzeichnis-Fenster C:\TOOL\WORD aktivieren, da in diesem Verzeichnis die Textverarbeitung Word abgelegt ist.
2. Im Dateiübersichts-Fenster die Datei WORD.COM mit der Leertaste aktivieren.
3. *Über F10/Zuordnen...* im 1. Fenster die Erweiterungen bzw. Dateitypen TXT und SIK (mit Leerzeichen getrennt) eintragen.
4. Im 2. Fenster die zweite Option wählen, wenn Word sofort nach dem Aktivieren einer TXT-Datei zu starten ist.

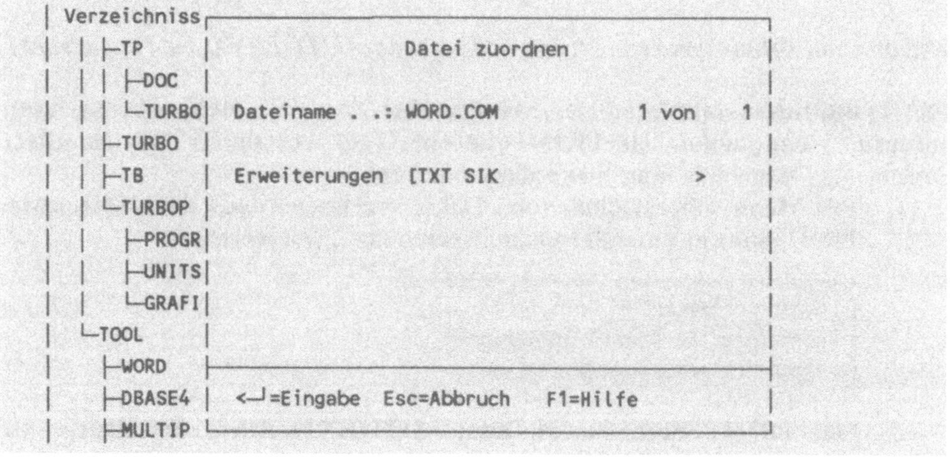

1. Fenster von "Zuordnen...": Dateitypen TXT und SIK eintragen

Parameterangabe vor dem Start des zugeordneten Programms: In seinem 2. Fenster bietet der *Zuordnen...*-Menüpunkt zwei Optionen an.
- Bei Option 1 wird vor dem Starten des zugeordneten Programms (wie z.B. Word) über ein Fenster zur Angabe von Parametern aufgefordert, die dann an Word übergeben werden.
- Bei Option 2 hingegen wird das Programm unmittelbar gesucht und gestartet.

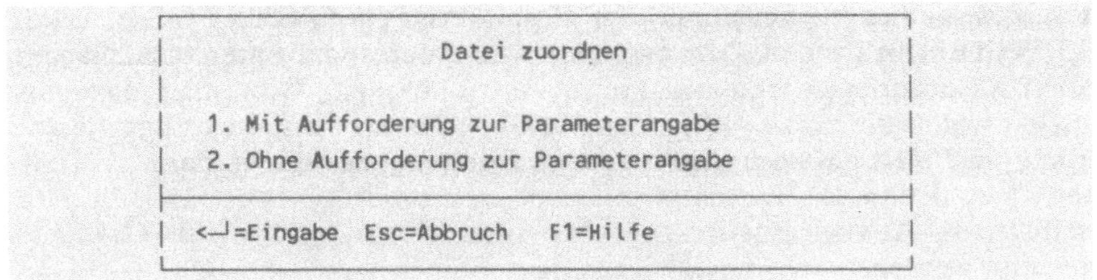

2. Fenster von "Zuordnen...": Option 1 oder 2 wählen

3.3.2.4 Verschieben... als Datei-Menüpunkt

Verschieben = Kopieren und Löschen: Über den *Verschieben...*-Menüpunkt kopiert man eine oder mehrere Dateien aus dem *Von*-Verzeichnis (Quelle) in ein *Zu*-Verzeichnis (Ziel), um dann die Datei(en) im Quellverzeichnis zu löschen.

- Im Zuge des Kopierens kann umbenannt werden (Dateiname wie auch Verzeichnis).
- Wird umbenannt, so kann nur *eine* Datei verschoben werden.
- Beim Verschieben (Move) wird jede einzelne Datei zur Kontrolle am Bildschirm genannt.

Dateien AUTOEXEC.BAT und ANSI.SYS von A: nach B: verschieben:
1. AUTOEXEC.BAT und ANSI.SYS im Dateiübersichts-Fenster mit der Leertaste aktivieren.
2. Über *F10/Datei/Verschieben...* das wiedergegebene Fenster anzeigen lassen, *B:* als Ziel eintragen und Return drücken.
3. Die Dateien werden nach B: übertragen und dann von der Diskette A: entfernt.

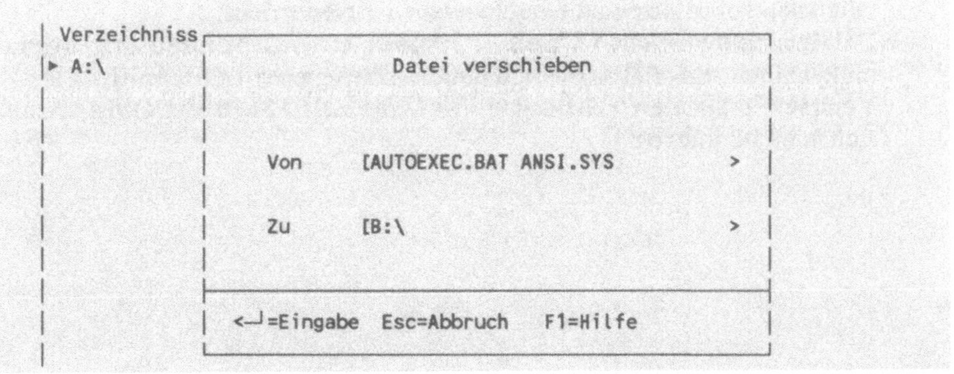

Fenster von Menüpunkt "Verschieben..." (es wurde B:\ eingegeben)

Verschieben und umbenennen der Datei AUTOEXEC.BAT: Die Datei
AUTOEXEC.BAT ist von A: nach B zu kopieren, dort unter dem Namen
NEU.BAT abzulegen und sodann in A: zu löschen. Gibt man dazu als
Quelle zwei Dateien an (z.B. noch ANSI.SYS), so wird dies abgewiesen;
Grund: im *Von*-Laufwerk darf nur eine Datei angegeben werden.

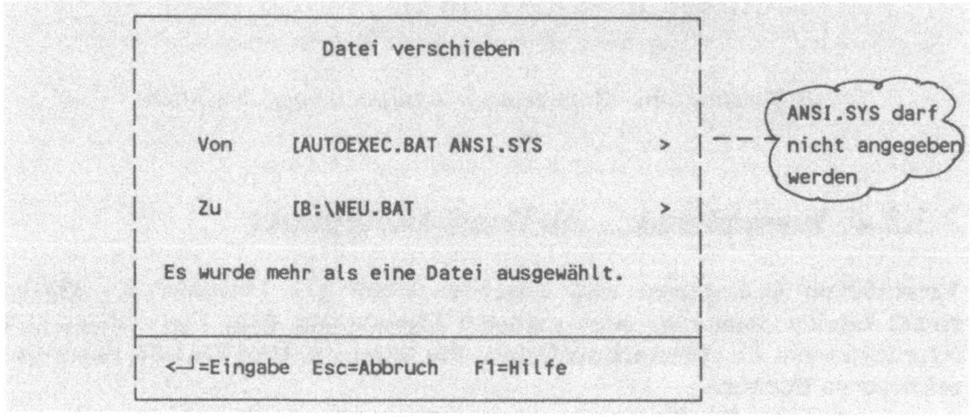

Nur eine Datei kann verschoben werden, wenn gleichzeitig
umbenannt werden soll

3.3.2.5 Kopieren... als Datei-Menüpunkt

Eine oder mehrere Dateien kopieren: Über den *Kopieren...*-Menüpunkt
kann man Dateien innerhalb eines Laufwerks oder zwischen verschiedenen Laufwerken übertragen. Siehe Befehl COPY in Abschnitt 2.2.
- Kopiert man nur eine Datei, so kann ihr Name und ihr Verzeichnis umbenannt werden.
- Wird eine gleichnamige Zieldatei gefunden, fragt DOS zur Sicherheit nach, ob diese zu überschreiben ist oder nicht.
- Dateigruppenzeichen (* und ?) lassen sich nicht einsetzen. Hierzu
  muß man in die Befehlszeilen-Oberfläche gehen (Abschnitt 4).
- Versteckte Dateien (Hidden Files, wie z.B. IBMBIO.COM) lassen
  sich nicht kopieren.

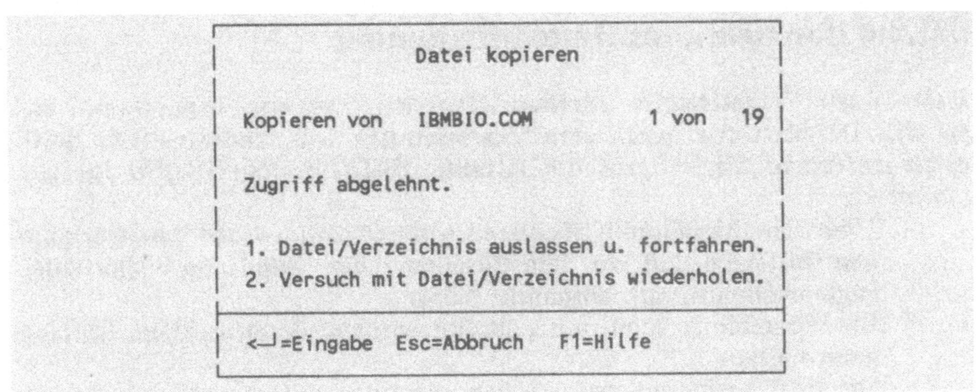

Versteckte Dateien des Betriebssystems sind nicht kopierbar

Drei Dateien auf einmal von A:\ nach C:\RESERVE kopieren:

1. Dateien COMMAND.COM, AUTOEXEC.BAT und ANSI.SYS im Dateiübersichts-Fenster mit der Leertaste aktivieren.
2. Über *F10/Datei/Kopieren...* das *Kopieren...*-Fenster anwählen und in der *Zu*-Eingabezeile *C:\RESERVE* eingeben, damit die Dateien vom Stammverzeichnis A:\ ins Verzeichnis C:\RESERVE übertragen werden. Existiert das Verzeichnis RESERVE in C:\ nicht, so faßt DOS die Angabe RESERVE als Dateiname auf und weist den Kopierauftrag mit einer anscheinend unlogischen Fehlermeldung zurück.

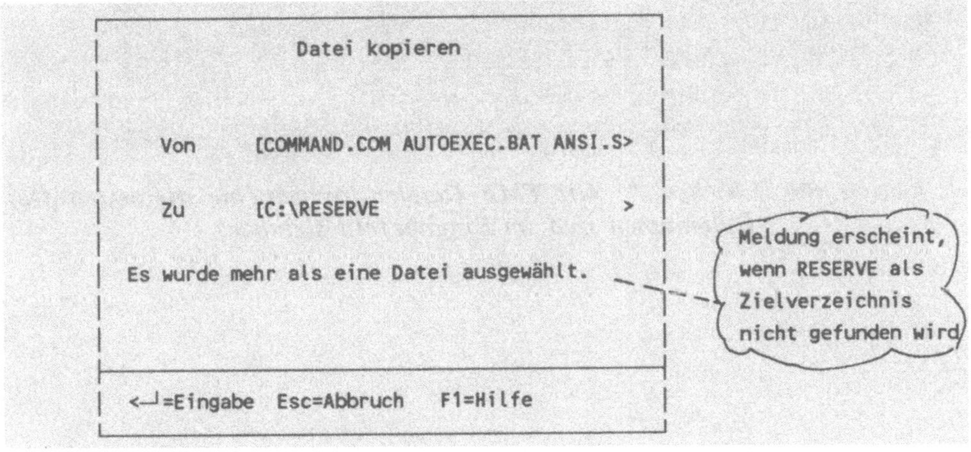

Drei Dateien vom aktiven Verzeichnis nach C:\RESERVE kopieren

3.3.2.6 Löschen... als Datei-Menüpunkt

Dateien oder Verzeichnisse löschen: Über den *Löschen...*-Menüpunkt lassen sich Dateien oder auch leere Verzeichnisse von Diskette bzw. Festplatte entfernen. Siehe dazu die Befehle DELETE und ERASE in Abschnitt 2.2.

- Über den Menüpunkt *Zusatzauswahl/Bestätigen bei Löschen* kann man festlegen, daß vor dem Löschen jeder Datei eine Sicherheitsfrage erscheint (vgl. Abschnitt 3.3.3).
- Ein Verzeichnis kann nur gelöscht werden, wenn es keine Dateien mehr enthält.
- Die im Eingabefeld des *Löschen...*Fensters angezeigten Dateinamen kann man zwar betrachten (Pfeiltaste nach rechts), nicht aber ändern bzw. editieren.

Alle Dateien mit dem Dateityp TMP von C:\TOOL\WORD löschen:
1. Im Verzeichnis-Fenster C:\TOOL\WORD aktivieren.
2. Im Dateiübersichts-Fenster die TMP-Dateien mit der Leertaste aktivieren.
3. Über *F10/Datei/Löschen.../Return* den Löschvorgang einleiten.
4. Bei jeder einzelnen Datei über die Option 2 entscheiden, daß tatsächlich gelöscht wird.

1. Fenster von "Löschen...": Alle TMP-Dateien löschen (nur die ersten drei Dateinamen sind im Eingabefeld sichtbar)

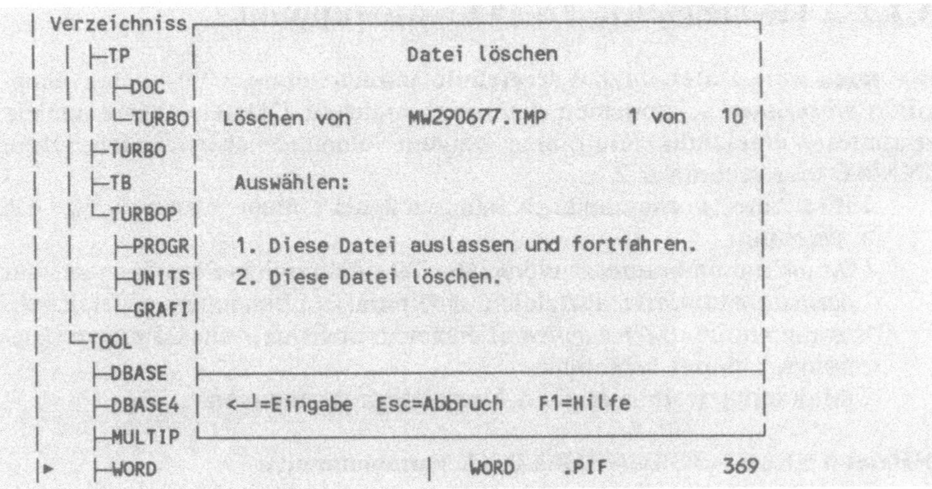

2. Fenster von "Löschen...": Optionen 1 und 2 zum Löschen der
Datei 1 von 10 aus Verzeichnis C:\TOOL\WORD

Das Verzeichnis C:\SPRACHE\TP\DOC löschen:
1. Voraussetzung: alle Dateien des Verzeichnisses gelöscht.
2. Im Verzeichnis-Fenster C:\SPRACHE\TP\DOC aktivieren.
3. Über *F10/Datei/Löschen.../Return* den Verzeichnisnamen von der Festplatte entfernen.

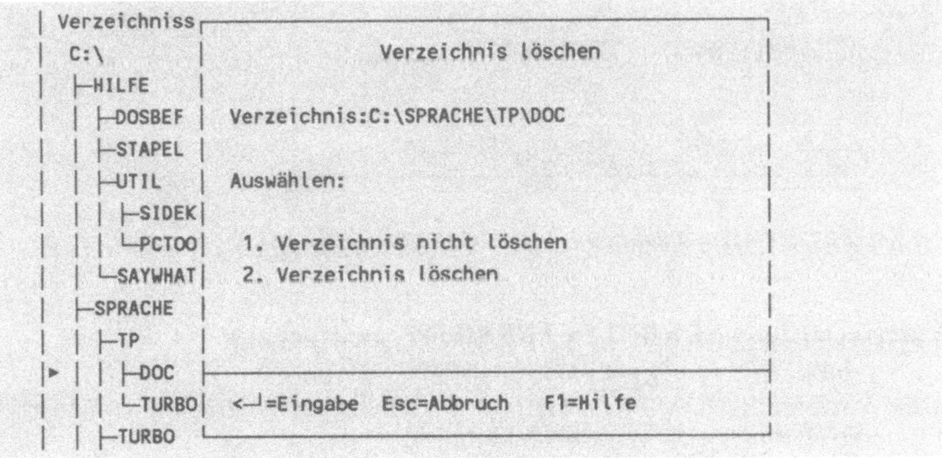

Das links mit "" aktivierte Verzeichnis löschen

3.3.2.7 Umbenennen... als Datei-Menüpunkt

Die Namen von Datei oder Verzeichnis umbenennen: Über den Menüpunkt *Umbenennen...* kann man eine oder mehrere Dateien oder auch ein
bestimmtes Verzeichnis mit einem neuen Namen belegen. Siehe Befehl
RENAME in Abschnitt 2.2.
- Ein bereits vorhandener Name wird als "neuer Name" von DOS
  abgelehnt.
- Man kann mehrere zuvor im Dateiübersichts-Fenster mit der
  Leertaste aktivierte Dateien auf einmal umbenennen. Gleichwohl
  kann man im *Umbenennen...Fenster* nicht mit den Dateigruppenzeichen * und ? arbeiten.
- Man kann jeweils nur ein Verzeichnis umbenennen.

Die Datei SHELL.ASC in SHELL.XXX umbenennen:
  1. Im Verzeichnis-Fenster das entsprechende Verzeichnis aktivieren.
  2. Im Dateiübersichts-Fenster die Datei SHELL.ASC mit der Leerta-
     ste aktivieren.
  3. Über *F10/Datei/Umbenennen...* das Fenster anfordern.
  4. Im Eingabefeld SHELL.XXX als neuen Namen eintragen und mit
     Return das Umbenennen einleiten.

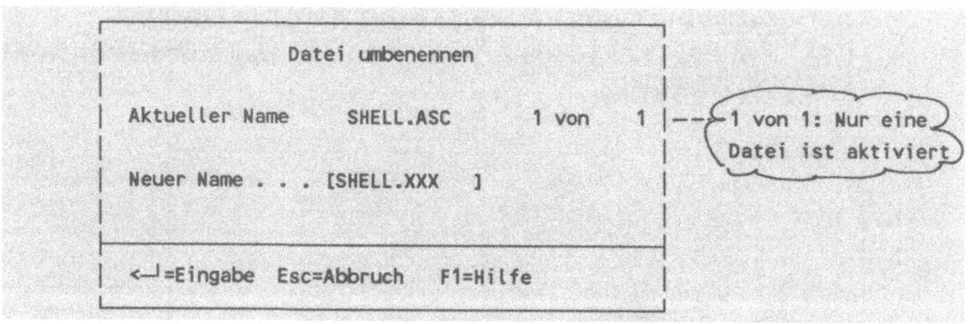

Im Fenster "Umbenennen..." wurde gerade SHELL.XXX eingetragen

Unterverzeichnis TURBO3 in TURBO3NE umbenennen:
  1. Laufwerk C: im Laufwerks-Fenster aktivieren.
  2. Verzeichnis C:\SPRACHE\TP\TURBO3 im Verzeichnis-Fenster
     aktivieren (siehe Markierung ⮕links).
  3. Über *F10/Datei/Umbenennen.../TURBO3NE* den neuen Verzeich-
     nisnamen TURBO3NE im *Umbenennen...*-Fenster eintragen und
     mit Return umbenennen.

```
| A  B  C

| C:\SPRACHE\TP\TURBO3

| Verzeichniss
|  C:\         |            Verzeichnis umbenennen          |
|  ├─HILFE     |                                            |
|  | ├─DOSBEF  | Aktueller Name TURBO3                      |
|  | ├─STAPEL  |                                            |
|  | ├─UTIL    | Neuer Name. .[TURBO3NE    ]                |
|  | | ├─SIDEK|                                             |
|  | | └─PCTOO|                                             |
|  | └─SAYWHAT|                                             |
|  ├─SPRACHE   |                                            |
|  | ├─TP      |                                            |
|  | | ├─DOC   ┼────────────────────────────────────────────
|► | | └─TURBO|  <─┘=Eingabe  Esc=Abbruch    F1=Hilfe       |
|  | ├─TURBO   └────────────────────────────────────────────
|  | ├─TB
```

Über "Umbenennen..."-Fenster das Verzeichnis TURBO3 neu benennen

3.3.2.8 Attribut ändern... als Datei-Menüpunkt

Dateiattribute anzeigen oder ändern: Im Attributfeld wird für jede Datei
vermerkt, welche Attribute derzeit eingestellt sind. Über den Menüpunkt
Attribut ändern... kann man die Attribute anzeigen lassen und auch neu
belegen. Siehe Befehl ATTRIB in Abschnitt 2.2.

- Man kann die Attributänderung Datei für Datei einzeln vornehmen oder aber insgesamt.
- Die derzeit gesetzten Attribute werden durch den Rechtspfeil
  markiert.

Geschützt-Attribut:
- Ist das Hidden-Flag gesetzt, so wird die Datei versteckt, d.h. bei Anforderung des Inhaltsverzeichnisses nicht angezeigt.

Nur Lesen-Attribut:
- Ist das Nur Lesen-Flag gesetzt (Read-Only), so erscheint beim schreibenden Zugriff die abweisende Meldung Zugriff abgelehnt.
- Ein Schreibschutz bleibt beim Umbenennen erhalten, beim Kopieren hingegen nicht.

Archivieren-Attribut:
- Das Archiv-Flag wird verwendet, um bei der Datensicherung nur die jeweils geänderten Dateien zu erfassen.
- Ist das Archiv-Flag gesetzt, wurde die Datei seit dem letzten XCOPY /M bzw. BACKUP abgeändert oder neu gespeichert.
- Sobald die Datei mit XCOPY /M bzw. BACKUP kopiert worden ist, wird das Archiv-Flag zurückgenommen.

Drei über die Menü-Oberfläche erreichbare Dateiattribute

Attribute von drei Dateien anzeigen und ggf. ändern:
1. Dateien DOSSHELL.BAT, CONFIG.SYS und AUTOEXEC.BAT im Dateiübersichts-Fenster aktivieren.
2. Über *F10/Datei/Attribut ändern.../1* im ersten Fenster die Option 1 wählen, um die drei Dateien einzeln zu ändern.
3. Im 2. Fenster wird für DOSSHELL.BAT angezeigt, daß nur das Archivieren-Flag gesetzt ist; die Datei ist also seit der letzten Datensicherung mit XCOPY bzw. BACKUP verändert worden. Man kann nun Attributsänderungen vornehmen (Flags zurücknehmen und/oder setzen).
4. Mit Return wiederholt sich der Vorgang im 2. Fenster für die Dateien CONFIG.SYS (2 von 3) und AUTOEXEC.BAT (3 von 3).

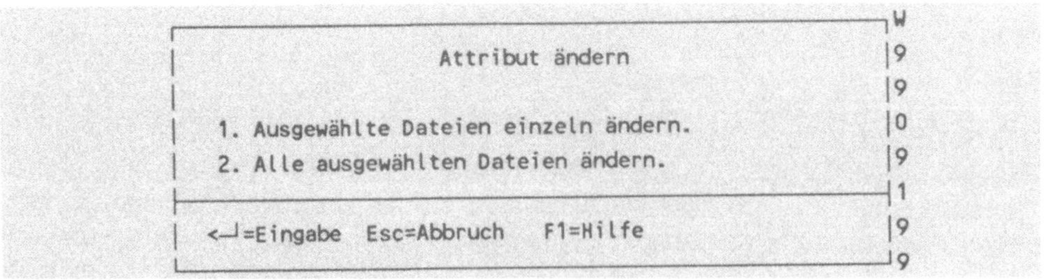

1. Fenster des Menüpunkts "Attribut ändern..."

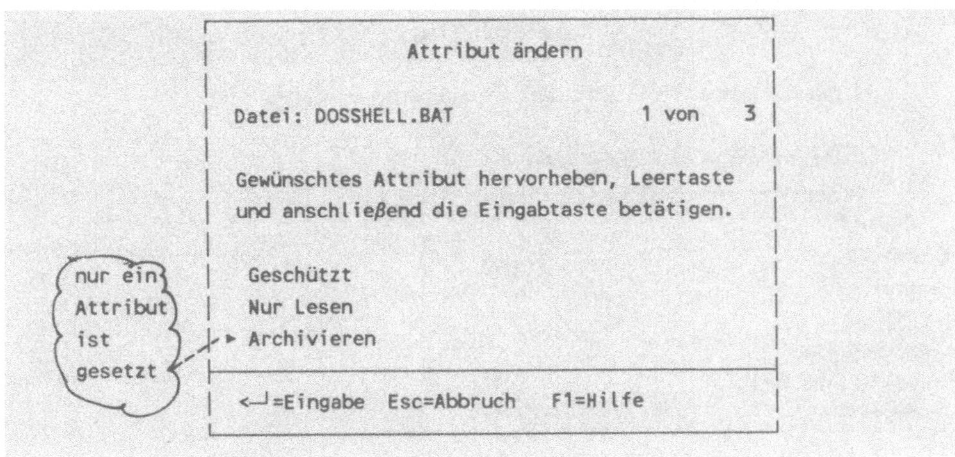

2. Fenster des Menüpunkts "Attribut ändern..."

3.3.2.9 Anzeigen als Datei-Menüpunkt

Den Textinhalt einer Datei am Bildschirm anzeigen lassen: Man unterscheidet Programmdateien (Inhalt: ausführbare in Maschinencode übersetzte Befehle) und Textdateien (Inhalt: lesbare Textzeilen im ASCII). Textdateien kann man sich über den Anzeigen-Menüpunkt auf dem Bildschirm betrachten. Siehe Befehl TYPE in Abschnitt 2.2.
  - Es kann immer nur *eine* Datei angezeigt werden.
  - Zwei Anzeige-Modi: Über die F9-Taste *F9=Hex/ASCII* kann man vom Text-Modus (normale lesbare Zeichen; voreingestellt) in den Hex-Modus (Zeichen hexadezimal gemäß ASCII) wechseln.

Datei AUTOEXEC.BAT im Text-Modus und im Hex-Modus anzeigen:
  1. Datei AUTOEXEC.BAT im Dateiübersichts-Fenster mit der Leertaste aktivieren.
  2. Über *F10/Datei/Anzeigen* die Datei AUTOEXEC.BAT mit ihren sieben Textzeilen anzeigen lassen.
  3. Über F9 die Datei hexadezimal gemäß ASCII anzeigen lassen.

```
┌─────────────────────────────────────────────────────────────┐
│                        Datei anzeigen                        │
│                                                              │
│   Mit den Tasten Bild↑ und Bild↓ kann geblättert werden.     │
│                                                              │
│   Anzeigen von   A:\AUTOEXEC.BAT                             │
└─────────────────────────────────────────────────────────────┘

echo off
keyb gr
date
ver
prompt $p$g
path c:\hilfe\dos40
@DOSSHELL
```

"Anzeigen"-Menüpunkt zeigt AUTOEXEC.BAT im Text-Modus

```
┌─────────────────────────────────────────────────────────────────┐
│                        Datei anzeigen                            │
│                                                                  │
│   Mit den Tasten Bild↑ und Bild↓ kann geblättert werden.         │
│                                                                  │
│   Anzeigen von   A:\AUTOEXEC.BAT                                 │
│  ┌──────┬──────────────────────────────────────────┬──────────┐ │
│  │000000│ 6563686F  206F6666  0D0A6B65  79622067    │ echo.off..keyb.g │
│  │000010│ 720D0A64  6174650D  0A766572  0D0A7072    │ r..date..ver..pr │
│  │000020│ 6F6D7074  20247024  670D0A70  61746820    │ ompt..p.g..path. │
│  │000030│ 633A5C68  696C6665  5C646F73  34300D0A    │ c..hilfe.dos40.. │
│  │000040│ 40444F53  5348454C  4C0D0A              │ .DOSSHELL.. │
│  │      │                                         │            │
│ <-=Eingabe  Esc=Abbruch   F9=Hex/ASCII                          │
└─────────────────────────────────────────────────────────────────┘
```

"Anzeigen"-Menüpunkt zeigt AUTOEXEC.BAT im Hexadezimal-Modus

3.3.2.10 Verzeichnis erstellen... als Datei-Menüpunkt

Das aktive Verzeichnis um Unterverzeichnisse erweitern: Über den Menüpunkt *Verzeichnis erstellen...* lassen sich neue Unterverzeichnisse in den
bestehenden Verzeichnisbaum einfügen. Siehe Befehle MD und MKDIR
in Abschnitt 2.2.

- Das Verzeichnis wird stets als *Unterverzeichnis des aktiven Verzeichnisses* erstellt. Entscheidend ist also, welches Verzeichnis gerade im Verzeichnis-Fenster mit dem Rechtspfeil →aktiviert ist.
- Man kann alle Verzeichnisse auf einmal verarbeiten (kopieren, löschen), wenn die Gesamtauswahl gesetzt ist (Abschnitt 3.3.2.11).

Im Stammverzeichnis A:\ das Verzeichnis ANWEND1 anlegen (Schritt 1):
1. Im Laufwerks-Fenster das Laufwerk A: aktivieren.
2. Im Verzeichnis-Fenster das Stammverzeichnis \ aktivieren.
3. Über *F10/Datei/Verzeichnis erstellen...* das Fenster aktivieren und
   im Eingabefeld den Namen ANWEND1 eintragen.
4. Mit der Eingabe von Return wird das Fenster geschlossen und im
   Verzeichnis-Fenster erscheint der erweiterte Verzeichnisbaum.

```
| A  B  C


| A:\


| Verzeichniss┌─────────────────────────────────────────┐
|► A:\        |          Verzeichnis erstellen          |
|            |                                         |
|            | Neuer Verzeichnisname..[ANWEND1     ]   |
|            |                                         |
|            └─────────────────────────────────────────┘
|            | <─┘=Eingabe  Esc=Abbruch   F1=Hilfe     |
|            └─────────────────────────────────────────┘
|
```

Schritt 1: Neues Verzeichnis ANWEND im Stammverzeichnis A:\ anlegen

In A:\ANWEND1 das Verzeichnis BRIEFE anlegen (Schritt 2):
1. Im Verzeichnis-Fenster das Unterverzeichnis ANWEND aktivieren
   (Pfeil→zeigt nun auf ANWEND1).
2. Über *F10/Datei/Verzeichnis erstellen...* im Fenster den neuen Namen BRIEFE eintragen und mit Return abschließen.

```
| A  B  C

| A:\ANWEND1

| Verzeichniss┌─────────────────────────────────────────────┐
|  A:\        │              Verzeichnis erstellen           │
|► └─ANWEND1  │                                              │
|             │  Neuer Verzeichnisname..[BRIEFE        ]      │
|             │                                              │
```

Schritt 2: Unterverzeichnis BRIEFE im Verzeichnis A:\ANWEND anlegen


```
| A  B  C                                                           |

| A:\ANWEND1                                                        |

| Verzeichnisstruktur  Weiter:↑ ↓ |          *.*        Weiter:   |
|  A:\                            |Keine Dateien im ausgewählten Verz. |
|► └─ANWEND1                      |                               |
|     └─BRIEFE                    |                               |
|                                 |                               |
```

Schritt 3: Verzeichnisstruktur mit Ebene 1 (\), Ebene 2 (ANWEND1)
und Ebene 3 (BRIEFE) betrachten

3.3.2.11 Gesamtauswahl als Datei-Menüpunkt

Der *Gesamtauswahl*-Menüpunkt dient dazu, alle derzeit im Dateiübersichts-Fenster gezeigten Dateien auszuwählen bzw. zu aktivieren: alle Dateien werden mit dem Rechtspfeil → markiert.

- Die Datei-Menüpunkte *Drucken...*, *Zuordnen...*, *Verschieben...*, *Kopieren...*, *Löschen...*, *Umbenennen...* und *Attribut ändern...* beziehen sich nun auf alle Dateien.
- Einzelne schon vorher aktivierte Dateien bleiben aktiv.

3.3.2.12 Gesamtauswahl aufheben als Datei-Menüpunkt

Der *Gesamtauswahl aufheben*-Menüpunkt ermöglicht das rasche Aufheben aller ausgewählten bzw. aktivierten Dateien.

- Im Dateiübersichts-Fenster verschwinden alle Rechtspfeile "".

- Ist derzeit überhaupt keine Datei aktiviert, so ist der Menüpunkt über den "*" (Text-Modus: *Ge*amtauswahl aufheben*) bzw. eine Farbmarkierung (Farb-Modus) gesperrt.

3.3.3 Zusatzauswahl als Dateisystem-Menüpunkt

Wählt man in der *Dateisystem*-Menüleiste den zweiten Menüpunkt *Zusatzauswahl*, erhält man in einem Pull-Down-Menü die folgenden drei Menüpunkte zur Auswahl:

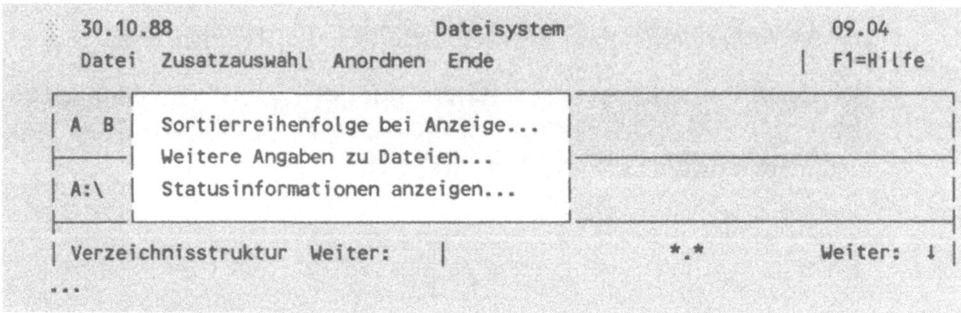

"Zusatzauswahl" als zweiter Menüpunkt des Dateisystems

3.3.3.1 Sortierreihenfolge bei Anzeige...

Dateiselektor für das Dateiübersichts-Fenster festlegen:
- **.* als Dateiselektor:* Oben im Fenster ist in der Eingabezeile

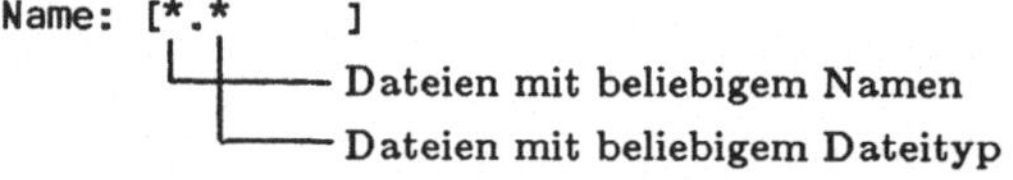

   . als Dateiselektor voreingestellt. Das bedeutet, daß alle Dateien des aktiven Verzeichnisses anzuzeigen sind.
- Den Dateiselektor kann man beliebig ändern.
- Die Dateigruppenzeichen * (für Zeichenfolge) und ? (für Einzelzeichen) können kombiniert werden.
- Mit *.EXE werden z.B. alle Dateien angezeigt, sofern sie EXE als Dateityp aufweisen.
- Mit KUND*.* werden alle mit KUND beginnenden Dateien angezeigt.
- Mit KUND?.* werden alle mit KUND beginnenden Dateien angezeigt, sofern der Name fünf Zeichen lang ist (wie z.B. KUND1.TXT, KUNDa.EXE; nicht aber KUND12.TXT).
- Es kann nur *ein* Dateiselektor angegeben werden. Man kann also z.B. nicht alle BAT- *und* alle TXT-Dateien selektieren.

Sortierkriterium für das Dateiübersichts-Fenster festlegen:
- Name als Sortierkriterium: Rechts im Fenster ist mit *Name* als Sortierkriterium voreingestellt, daß die Dateien nach dem Dateinamen sortiert anzuzeigen sind.
- Mit der Tab-Taste wechselt man vom Dateiselektor zum Sortierkriterium.
- Mit der Pfeiltaste und der Leertaste stellt man ein Kriterium ein.
- Das eingestellte Sortierkriterium ist so lange aktiv, bis es geändert bzw. bis die Menü-Oberfläche von DOS verlassen wird.

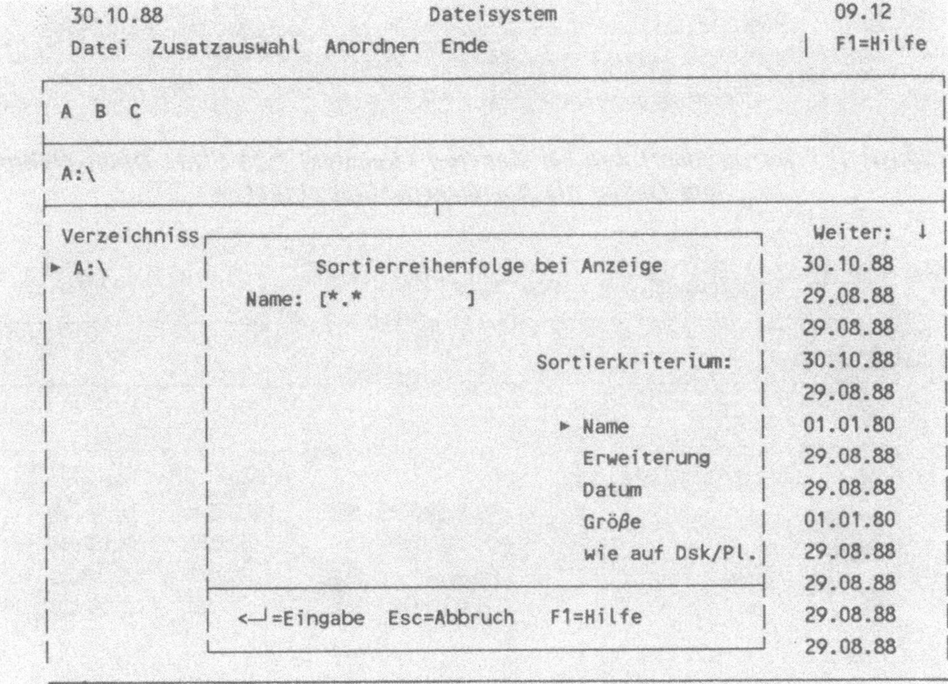

"Sortierreihenfolge bei Anzeige"-Fenster: Alle Dateien (.*) nach alphabetisch sortiert (Name) anzeigen als Voreinstellung*

Alle SYS-Dateien nach der Speichergröße sortiert anzeigen:
1. Im Dateisystem über *F10/Zusatzauswahl* das Fenster aktivieren.
2. Als Dateiselektor **.SYS* eintragen.
3. Mit Tab-Taste zum Sortierkriterium wechseln und mit der Leertaste die Größe mit "->" aktivieren.
4. Nach Eingabe von Return verschwindet das Fenster und im Dateiübersichts-Fenster erscheinen die SYS-Dateien der Größe nach.

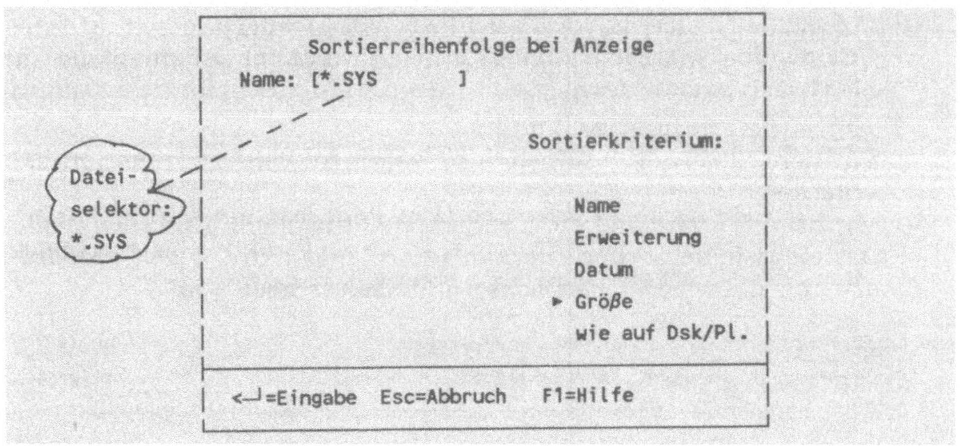

*Schritt 1: "Sortiereihenfolge bei Anzeige"-Fenster: *.SYS als Dateiselektor
und Größe als Sortierkriterium eingeben*

Schritt 2: Dateiübersichts-Fenster mit vier SYS-Dateien

3.3.3.2 Weitere Angaben zu Dateien...

Von drei angebotenen Optionen sind zwei bereits voreingestellt:
- *Bestätigen bei Löschen:* Vor dem Löschen gibt DOS zur Sicherheit
  eine Frage aus.
- *Bestätigen bei Ersetzen:* Vor dem Überschreiben (z.B. mittels
  F10/Datei/Kopieren...) wird eine Sicherheitsfrage gestellt.
- *Auswählen in verschiedenen Verzeichnissen:* Im Normalfall werden
  im Dateiübersichts-Fenster bei allen aktiven Dateien die Rechts-

pfeile "->" entfernt, sobald man das Verzeichnis wechselt. Mit dieser Option hingegen können Dateien verzeichnisübergreifend mit
"->" aktiviert werden.

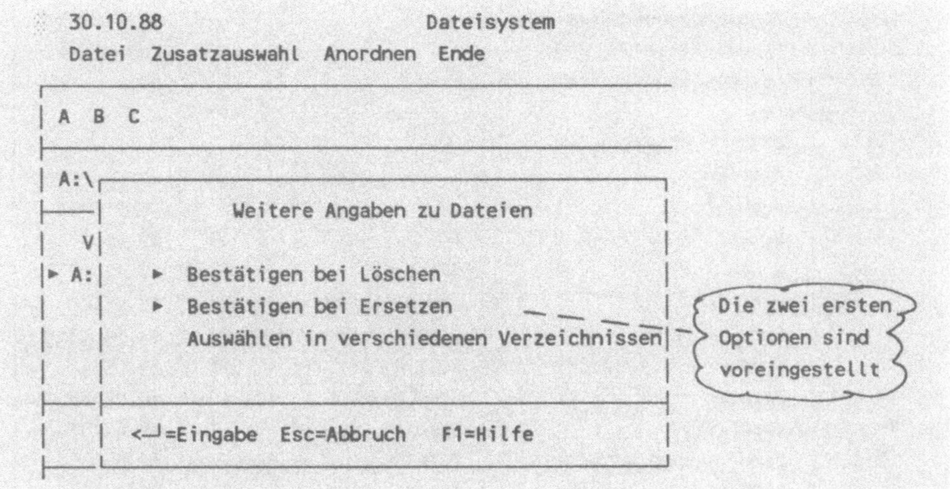

"Weitere Angaben zu Dateien..." als 2. Fenster der Zusatzauswahl

3.3.3.3 Statusinformationen anzeigen...

Dieser Menüpunkt informiert über den Status der aktivierten Datei im
betreffenden Verzeichnis.

Statusinformationen zur Datei COMMAND.COM als Beispiel:
- Attribut: a=Archiv-Flag, h=hidden, r=read only, s=Systemdatei.
  Für jedes nicht gesetzte Attribut erscheint ein Punkt.
- Ausgewählt Nummer: Anzahl der in Laufwerk A bzw. B aktivier-
  ten Dateien.
- Ausgewählt Größe: Speicherplatz aller aktiven Dateien zusammen.
- Verzeichnis Name: Aktives Verzeichnis; ROOT für Stammver-
  zeichnis bzw. Wurzel.
- Verzeichnis Größe: Gesamtspeicherkapazität aller Dateien in die-
  sem Verzeichnis.
- Verzeichnis Dateien: Anzahl der Dateien.
- Disk/Platte Name: DOS_WEGWEIS als Datenträgername.
- Disk/Platte Größe: Gesamte Speicherkapazität.
- Disk/Platte Verfügb.: 117760 Bytes sind nicht verfügbar, d.h. frei.
- Disk/Platte Dateien: Anzahl der auf Diskette abgelegten Dateien.

- Disk/Platte Verz.: Anzahl der auf Diskette eingerichteten Verzeichnisse.

```
 12.12.88                      Dateisystem                    12.39
 Datei  Zusatzauswahl  Anordnen  Ende                    |  F1=Hilfe

 ┌──────────────────────────────────────┐
 │ A  B │    Statusinformationen      │                              │
 ├──────┤Datei                        ├──────────────────────────────┤
 │ A:\  │   Name     :COMMAND.COM     │                              │
 ├──────┤   Attribut:...a             ├──────────────────────────────┤
 │ Verze│Ausgewählt       B      A    │           *.*       Weiter:↑ ↓│
 │► A:\ │   Nummer  :     0      0    │ ANSI    .SYS    9.149   29.08.88│
 │      │   Größe   :            0    │ AUTOEXEC.BAT       31   30.11.88│
 │      │Verzeichnis                  │ COMMAND .COM   38.523   29.08.88│
 │      │   Name     :ROOT            │ CONFIG  .SYS       82   30.11.88│
 │      │   Größe  :   236.872        │ COUNTRY .SYS   12.838   29.08.88│
 │      │   Dateien :       14        │ DISKCOPY.COM   10.540   29.08.88│
 │      │Disk/Platte                  │ FORMAT  .COM   23.211   29.08.88│
 │      │   Name     :DOS_WEGWEIS     │ IBMBIO  .COM   32.917   29.08.88│
 │      │   Größe  :   362.496        │ IBMDOS  .COM   36.000   29.08.88│
 │      │   Verfügb.:  117.760        │ KEYB    .COM   14.899   29.08.88│
 │      │   Dateien :       14        │ KEYBOARD.SYS   23.360   29.08.88│
 │      │   Verz.   :        1        │ SYS     .COM   11.600   29.08.88│
 │      ├─────────────────────────────┤ VDISK   .SYS    6.443   29.08.88│
 │      │  Esc=Abbruch    F1=Hilfe    │ XCOPY   .EXE   17.279   29.08.88│
 │      └─────────────────────────────┘                              │
 └──────────────────────────────────────────────────────────────────┘

 F1-Info F2-Sichern F3-Wechseln F4-Kopieren F9-Größer F10-Kleiner  Esc-Ende
```

Fenster "Statusinformationen anzeigen..." zur Datei COMMAND.COM

3.3.4 Anordnen als Dateisystem-Menüpunkt

Im Anordnen-Menüpunkt des Dateisystems werden drei Möglichkeiten angeboten:
- Dateiübersicht - ein Verzeichnis (Voreinstellung)
- Dateiübersicht - zwei Verzeichnisse
- Dateiübersicht - ein Laufwerk

3.3.4.1 Dateiübersicht - ein Verzeichnis

Dies ist die Voreinstellung des *Dateisystem*-Bildschirms. Links erscheint das Verzeichnis-Fenster und rechts das Dateiübersichts-Fenster.

3.3.4.2 Dateiübersicht - zwei Verzeichnisse

Am Bildschirm erscheinen zwei übereinander angeordnete Fenster, um zwei Laufwerke bzw. Verzeichnisse gleichzeitig kontrollieren zu können.
- Im folgenden Bildschirmbeispiel ist im oberen Fenster das Verzeichnis C:\HILFE\STAPEL der Festplatte aktiviert, während im unteren Fenster das Stammverzeichnis der Diskette in A: angezeigt wird.
- Zwischen den Fenstern wird mit der Tab-Taste gewechselt.

```
   14.12.88                 Dateisystem                 11.37
   Datei  Zusatzauswahl  Anordnen  Ende           | F1=Hilfe
 ┌──────────────────────┬────────────────────────────────┬──────┐
 │ A  B  C              │ Dateiübersicht - ein Verzeichnis │      │
 ├──────────────────────┤ Dateiübersicht - *wei Verzeichnisse ├──────┤
 │ A:\                  │ Dateiübersicht - ein Laufwerk    │      │
 ├──────────────────────┴────────────────────────────────┴──────┤
 │ Verzeichnisstruktur    Weiter: ↑ ↓ │         *.*    Weiter:    ↓│
 │  │ C:\                              │  1      .BAT   163  12.03.87 │
 │  ├─HILFE                            │  B      .BAT   152  04.01.87 │
 │  │ ├─DOSBEF                         │  D      .BAT   147  04.01.87 │
 │► │ ├─STAPEL                         │  F      .BAT   198  30.10.88 │
 │  │ ├─DOS40                          │  FORM   .BAT   164  01.01.80 │
 ├──────────────────────────────────────────────────────────────┤
 │ A  B  C                                                        │
 ├──────────────────────────────────────────────────────────────┤
 │ Verzeichnisstruktur   Weiter:      │         *.*    Weiter: ↑ ↓ │
 │► A:\                                │  00262909     1.816  30.10.88 │
 │                                     │  012345 .678    109  29.08.88 │
 │                                     │  ANSI   .SYS  9.149  29.08.88 │
 │                                     │  AUTOEXEC.BAT    75  30.10.88 │
 │                                     │  COMMAND .COM 38.523  29.08.88 │
 │                                     │  COMMAND .COM 38.523  29.08.88 │
 └──────────────────────────────────────────────────────────────┘
```

Über "Anordnen" eingestellt: Dateiübersicht - zwei Verzeichnisse

3.3.4.3 Dateiübersicht - ein Laufwerk

Sämtliche Dateien des aktivierten Disketten- oder Festplattenlaufwerks
werden sortiert untereinander im rechten Dateiübersichts-Fenster dargestellt - unabhängig davon, in welchem Verzeichnis sie jeweils abgelegt
sind.
- Mit dieser Option kann man sich einen verzeichnisunabhängigen
  Gesamtüberblick über den Inhalt eines Laufwerks verschaffen.
- Im linken Fenster wird über die den Status der Datei informiert,
  auf die der Cursor im rechten Fenster gerade zeigt.
- Die Sortierfolge im rechten Fenster richtet sich nach der Einstellung, die über *Zusatzauswahl/Sortierreihenfolge bei Anzeige...*
  vorgenommen wurde.

```
  14.12.88                   Dateisystem                    12.45
   Datei  Zusatzauswahl  Anordnen  Ende                |  F1=Hilfe

 ┌─────────────────────┬──────────────────────────────────┬──────────┐
 │ A  B  C             │ Dateiübersicht - ein Verzeichnis  │          │
 ├─────────────────────┤ Dateiübersicht - zwei Verzeichnisse│         │
 │ A:\                 │ Dateiübersicht - ein *aufwerk     │          │
 └─────────────────────┴──────────────────────────────────┴──────────┘

 │Datei                │                         *.*        Weiter:↑ ↓ │
 │ Name    :DISKCOPY.COM │  012345  .678      109    29.08.88   08.00  │
 │ Attribut:...a        │  ANSI    .SYS    9.149    29.08.88   08.00  │
 │Ausgewählt    C    A  │  AUTOEXEC.BAT       75    30.10.88   00.00  │
 │ Nummer  :    0    0  │  COMMAND .COM   38.523    29.08.88   08.00  │
 │ Größe   :         0  │  CONFIG  .SYS       30    01.01.80   00.02  │
 │Verzeichnis           │  COUNTRY .SYS   12.838    29.08.88   08.00  │
 │ Name    :ROOT        │  DISKCOPY.COM   10.540    29.08.88   08.00  │
 │ Größe   :  347.480   │  DOSSHELL.BAT      184    01.01.80   00.02  │
 │ Dateien :       19   │  IBMBIO  .COM   32.917    29.08.88   08.00  │
 │Disk/Platte           │  IBMDOS  .COM   36.000    29.08.88   08.00  │
 │ Name    :DOS40_1088  │  KEYB    .COM   14.899    29.08.88   08.00  │
 │ Größe   :  362.496   │  KEYBOARD.SYS   23.360    29.08.88   08.00  │
 │ Verfügb.:    3.864   │  MW011365.TMP       48    22.10.88   00.01  │
 │ Dateien :       19   │  PCIBMDRV.MOS      295    29.08.88   08.00  │
 │ Verz.   :        1   │  SHELL   .ASC        0    22.10.88   00.04  │
 └──────────────────────┴─────────────────────────────────────────────┘
```

Über "Anordnen" eingestellt: Dateiübersicht - Ein Laufwerk
(es ist gerade DISKCOPY.COM aktiviert)

3.3.5 Ende als Dateisystem-Menüpunkt

Der letzte Menüpunkt dient zum Verlassen der *Dateisystem*-Ebene.

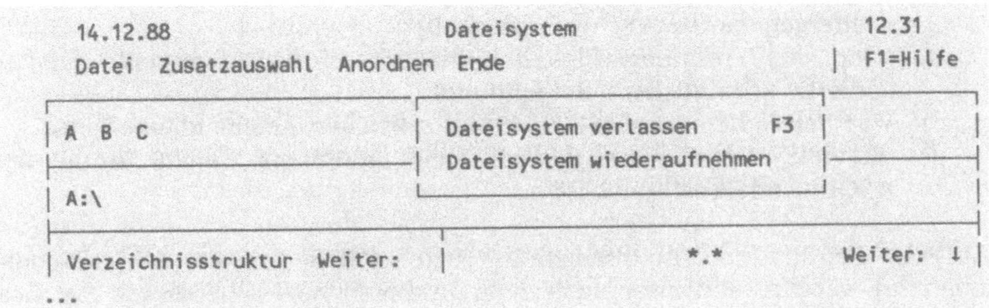

"Ende"-Menüpunkt zum Verlassen des Dateisystems

Aufgabe 3.3/1: Zu dem in Abschnitt 3.3.1.1, Seite 95 wiedergegebenen *Hauptmenü des Dateisystems*. Wie geht man vor, um
  a) das Verzeichnis C:\SPRACHE\TURBOP - wie abgebildet - zu aktivieren?
  b) die Datei KUNDEN2.PAS zu aktivieren und dann am Bildschirm anzuzeigen?
  c) die Datei TURBO zu starten bzw. auszuführen?
  d) die Datei ANFANG1.PAS auszudrucken?
  e) allen PAS-Dateien die Datei WS.COM (WordStar) zuzuordnen? Was wird damit bezweckt?
  f) die Datei FRAGEN in das Verzeichnis C:\HILFE\STAPEL zu verschieben?
  g) die Datei README in das Stammverzeichnis der Diskette A: zu kopieren.
  h) die Dateien TINST.EXE, TOUCH.COM und TPMAP.EXE in das Stammverzeichnis C:\ zu kopieren?
  i) alle COM-Dateien auf die Diskette B: zu kopieren?
  j) die Dateien README.COM und README zu löschen?
  k) die Datei TURBO.EXE in TP.EXE umzubenennen?
  l) die Attribute der Datei BINOBJ.EXE anzuzeigen und - falls gesetzt - zurückzunehmen?
  m) PRIVAT und DIENST als neue Unterverzeichnisse im derzeit aktiven Verzeichnis C:\SPRACHE\TURBOP einzurichten?
  n) die Datei GREP.COM in das neue Verzeichnis PRIVAT zu kopieren?
  o) die Verzeichnisse PRIVAT und DIENST wieder zu vom Laufwerk zu entfernen?

Aufgabe 3.3/2: In Abschnitt 3.3.2.9 wird der Inhalt der Datei AUTO-EXEC.BAT in hexadezimaler Schreibweise wiedergegeben.

    a) *echo* wird hexadezimal als *6563686F*, "e" steht also für "65". Was bedeutet "65" (schauen Sie dazu in dem im Anhang dieses Buchs wiedergegebenen ASCII-Code nach)?

    b) "Der . als Trennungszeichen hinter off wird als Leerstelle (Space) codiert." Stimmt diese Behauptung?

    c) Was beinhaltet hex 646F733430 in normaler Zeichendarstellung?

    d) Wieviele Hex-Ziffern gibt es? Wie lauten sie (sehen Sie in der ASCII-Codetabelle nach)?

Aufgabe 3.3/3: Im Dateiübersichts-Fenster sollen nur die TXT-Dateien angezeigt werden, und zwar nach dem Datum sortiert. Wie stellen Sie dies dauerhaft ein?

Aufgabe 3.3/4: Vor jedem Löschen einer Datei oder eines Verzeichnisses soll stets eine Bestätigung des Benutzers eingeholt werden. Stellen Sie dies ein.

Aufgabe 3.3/5: Welche Angaben sind zu treffen, damit für die gerade im Dateiübersichts-Fenster aktivierte Datei links um Verzeichnis-Fenster über den Status der Datei informiert wird?

Aufgabe 3.3/6: Der Dateisystem-Bildschirm ist so einzuteilen, daß in der oberen Bildschirmhälfte über Laufwerk A: und in der unteren Hälfte über Laufwerk B: informiert wird.

3

Menü-Oberfläche von DOS

3.4.1 Einzelne Menüpunkte verarbeiten

Die in der waagrechten Menüleiste angebotenen Menüpunkte *Programm*
bzw. *Gruppe* dienen der Verarbeitung einzelner Menüpunkte einer Menügruppe (*Programm*) bzw. einer Dateigruppe insgesamt (*Gruppe*). Aufbau-
end auf die Erläuterung in Abschnitt 3.1.3 wird auf die Dienstleistungen
von *Programm* und *Gruppe* nun genauer eingegangen.

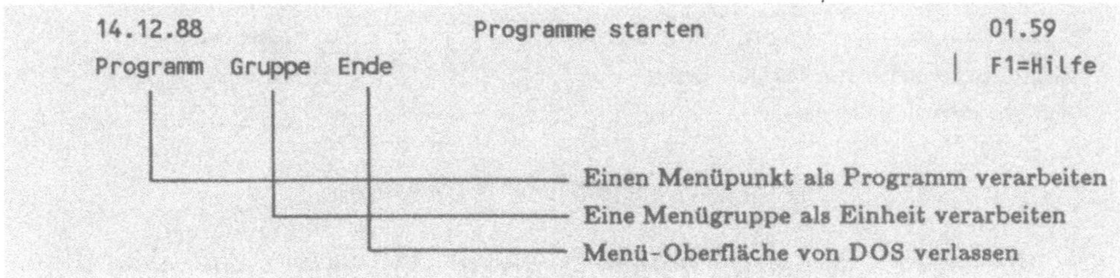

Menüpunkte Programm und Gruppe

3.4.1.1 Kopieren... eines Programms als Menüpunkt

Kopieren allgemein: Mit dem Menüpunkt *Kopieren...* läßt sich ein Menüpunkt bzw. Programm aus einer Menügruppe in eine andere Menügruppe
oder aber innerhalb derselben Menügruppe kopieren. Ein Menüpunkt
wird immer komplett übertragen, d.h. einschließlich Befehlszeile,
Hilfetext und Paßwortangabe.

Beispiel zum Kopieren: Aus der Menügruppe *DOS-Dienstprogramme...*
soll der letzte Menüpunkt namens *Formatieren* innerhalb der gleichen Menügruppe kopiert werden. Man geht wie folgt vor:

1. *DOS-Dienstprogramme...* aktivieren.
2. Den Cursor auf *Formatieren* als den zu kopierenden Menüpunkt
   bewegen.
3. Über *F10/Programm/Return* das Pull-Down-Menü herunterklap-
   pen.

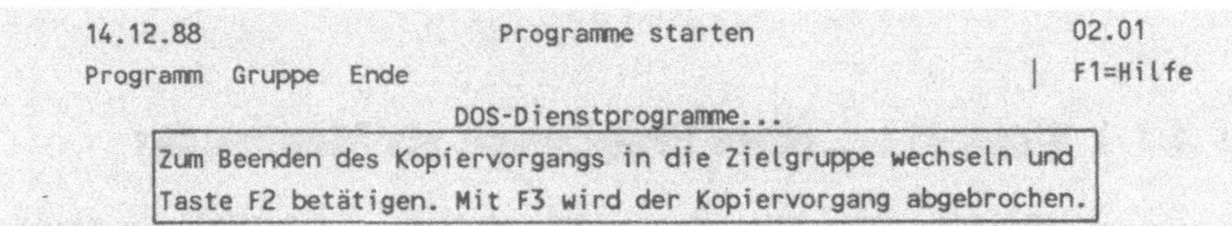

Pull-Down-Menü von Programm

4. *Kopieren...* als letzte Wahlmöglichkeit aktivieren. Auf dem Bildschirm erscheint folgendes Fenster:

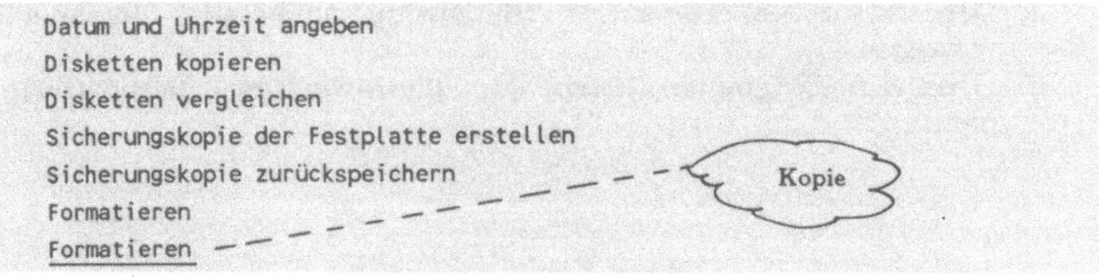

Mit den Tasten Esc, F10 und Return die Zielgruppe aktivieren und mit F2
bzw. F3 den Kopiervorgang auslösen bzw. abbrechen

5. Man könnte nun über F10 eine andere Menügruppe als Kopierziel
   anwählen und dann F2 tippen. Um (wie hier) innerhalb derselben
   Menügruppe *DOS-Dienstprogramme...* zu kopieren. tippt man sofort F2.
6. In der Menügruppe *DOS-Dienstprogramme...* erscheint nun zweimal untereinander der Menüpunkt *Formatieren*:

Der Menüpunkt Formatieren wurde einmal nach unten kopiert

3.4.1.2 Ändern... eines Programms als Menüpunkt

Änderungsdienst allgemein: Mit dem Menüpunkt *Ändern...* kann der akti-
vierte Menüpunkt einer Menügruppe geändert werden. Am Bildschirm er-
scheint ein Fenster mit den folgenden vier Bestandteilen:
- *Titel:*   Text für die Titelzeile
- *Befehle:*   Auszuführende Befehle
- *Hilfetext:*   Text, der mit F1 zu zeigen ist
- *Kennwort:*   Zugang zum Menüpunkt sichern

Beispiel zum Ändern: Der in Abschnitt 3.4.1.1 kopierte Menüpunkt *Formatieren* soll so geändert werden, daß nicht die in A:, sondern immer die
in B: einliegende Diskette formatiert wird.
1. Über *F10/Programm/Ändern...* das Fenster anzeigen lassen.
2. Änderungen vornehmen:
    - Titel *Formatieren* in *Formatieren in B:* ändern.
    - Mit Tab-Taste in die Befehle-Zeile gehen.
    - */d"A: "* in */d"B: /v "* ändern (d=Default), damit in B: forma-
      tiert und ein Diskettenname (v=Volume Name) eingetragen wird.
    - Hilfetext ändern.
3. Mit F2 das *Ändern...*-Fenster verlassen, um den geänderten Menü-
    punkt zu sichern.

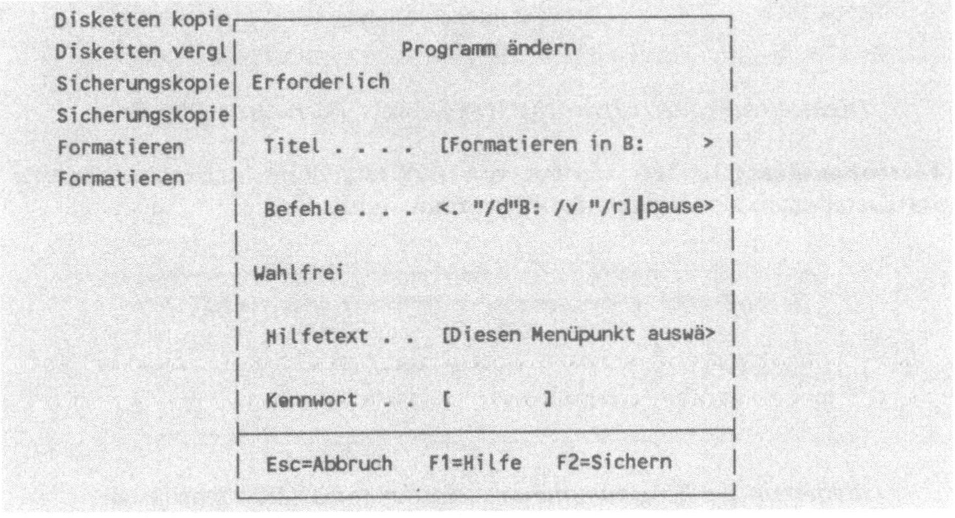

*"Ändern..."-Fenster mit den vier Bestandteilen Titel, Befehle, Hilfetext
und Kennwort*

3.4.1.3 Starten eines Programms als Menüpunkt

Programmstart allgemein: Ein Programm startet man, in dem man es mit dem Cursor markiert und dann Return drückt. Eine andere Möglichkeit besteht darin, über den Menüpunkt *Starten* der Menüleiste zu gehen.

Beispiel zum Starten: Der in Abschnitt 3.4.1.2 geänderte Menüpunkt *Formatieren in B:* ist zu starten.

1. *Formatieren in B:* als letzten Menüpunkt aktivieren.
2. Über *F10/Programm/Starten* das Programm aufrufen. Die Gegenüberstellung des nun erscheinenden Fensters mit dem *Ändern...*-Fenster in Abschnitt 3.4.1.2 verdeutlicht den Aufbau.
3. Die Parameter *B: /v* könnten nun geändert werden. Drückt man sofort Return, wird mit dem Formatieren begonnen.

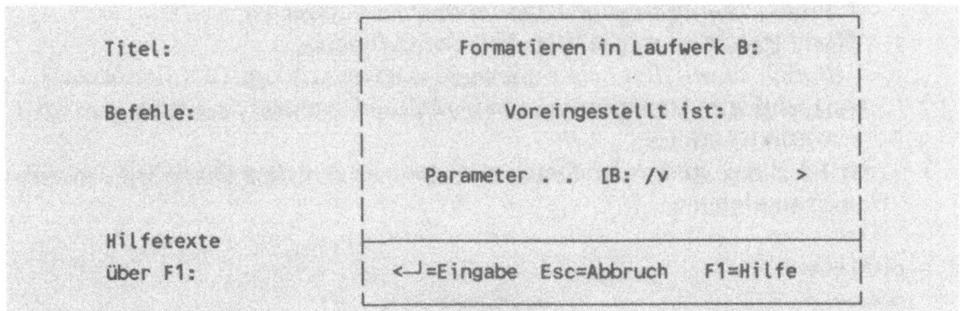

Fenster beim Aufrufen des Menüpunkts "Formatieren in B:"

Fehlerbehandlung: Fehler werden von DOS erst beim Starten, nicht aber beim Erstellen bzw. Ändern des Programms entdeckt.

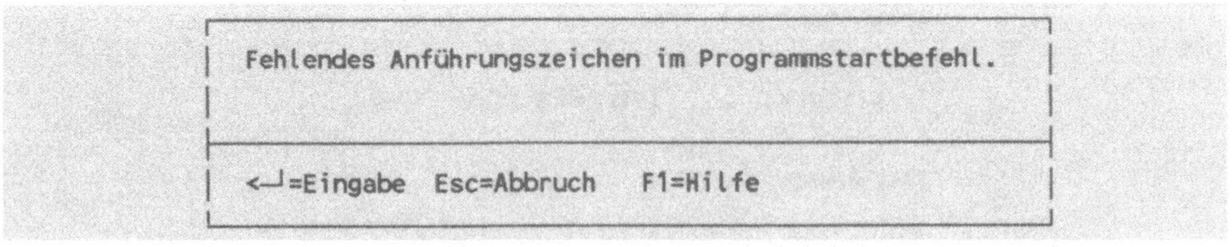

Fehler in der Programmierung werden von DOS abgewiesen

3.4.1.4 Hinzufügen... eines Programms als Menüpunkt

Hinzufügen allgemein: Über den Menüpunkt *Hinzufügen...* kann man ein zusätzliches Programm in die aktive Menügruppe einfügen.
- In eine Menügruppe können bis zu 16 Menüpunkte hinzugefügt werden.
- Vor dem Hinzufügen ist die entsprechende Menügruppe zu aktivieren.

Beispiel zum Hinzufügen: In die Menügruppe *DOS-Dienstprogramme...* soll ein zusätzlicher Menüpunkt namens *Verzeichnis kopieren* hinzugefügt werden, über den mithilfe des Befehls XCOPY (vgl. Abschnitt 2.2) alle Verzeichnisse einschließlich der in ihnen abgelegten Dateien von A: nach B: kopiert werden können.
1. Menügruppe *DOS-Dienstprogramme...* aktivieren.
2. Über *F10/Programm/Hinzufügen.../Return* das *Hinzufügen...*-Fenster anfordern und die folgenden Eintragungen vornehmen:

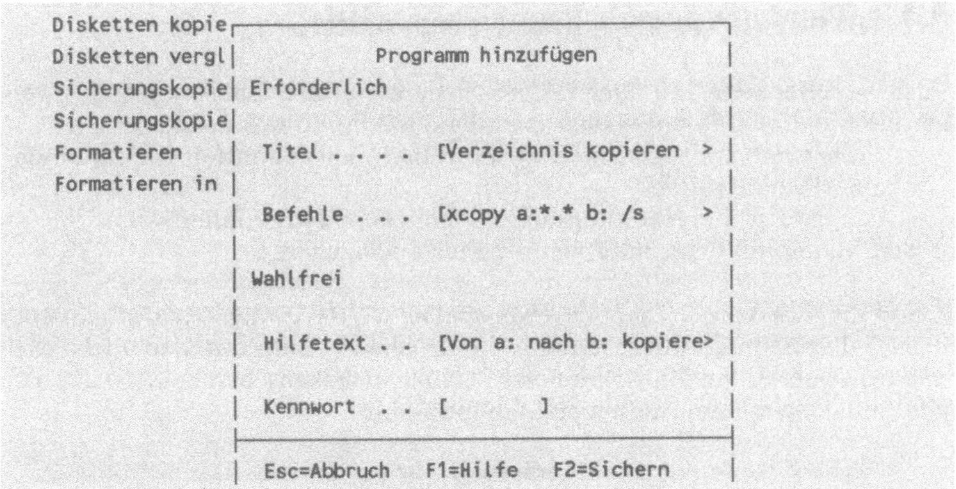

Titel, Befehle und Hilfetext für den zusätzlichen Menüpunkt "Verzeichnis kopieren" im "Hinzufügen..."-Fenster eintragen

3. Fenster mit F2 verlassen: Der Menüpunkt wird gesichert und in DOS-Dienstprogramme erscheint *Verzeichnis kopieren* als zusätzlicher Menüpunkt unter *Formatieren in B:*.
4. Ruft man den Menüpunkt *Verzeichnis kopieren* mit *F10/Starten* auf, so wird - ohne vorherige Fensterausgabe - sofort mit dem Kopieren begonnen.

3.4.1.5 Löschen ... eines Programms als Menüpunkt

Über den Menüpunkt *Löschen...* kann der aktive Menüpunkt aus der aktiven Menügruppe entfernt werden.

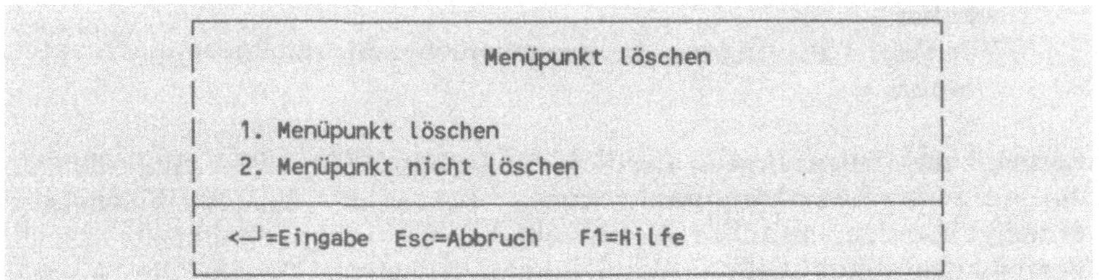

Fenster zum Löschen des aktiven Menüpunkts

3.4.2 Menügruppe als Einheit verarbeiten

In der waagrechten Menüleiste des Programmstartmenüs werden zwei mächtige Menüpunkte angeboten (siehe auch Abschnitt 3.1.3):
- *Programm* zur Verarbeitung einzelner, ausgewählter Menüpunkte einer Menügruppe
- *Gruppe* zur Verarbeitung einer Menügruppe als Einheit.

Auf den Menüpunkt *Gruppe* ist nun näher einzugehen.

Mit der Eingabe von *DOS-Dienstprogramme / F10 / Gruppe / Return* (Cursor auf DOS-Dienstprogramme, dann F10 drücken, dann mit der Pfeiltaste *Gruppe* markieren und abschließend Return drücken) erscheint das folgende Pull-Down-Menü mit vier Menüpunkten:

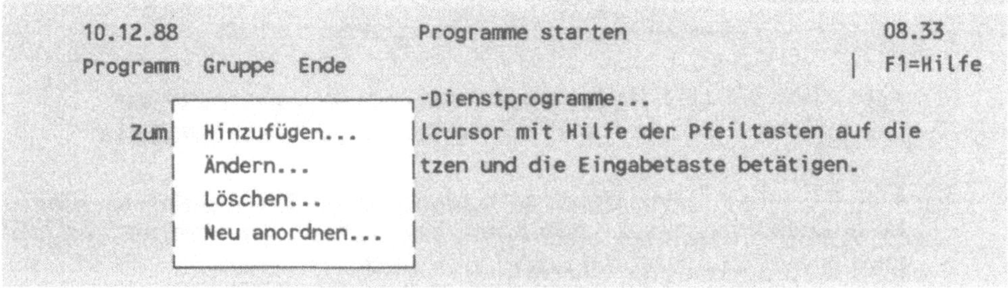

Pull-Down-Menü zum Menüpunkt "Gruppe"

3.4.2.1 Hinzufügen... einer neuen Menügruppe

Benutzerdefinierte Menügruppen: Im Programmstartmenü wird zunächst mit einer Menügruppe namens *Hauptgruppe* gearbeitet, in der neben den Menüpunkten *Systemanfrage*, *Dateisystem* und *Farben ändern* eine weitere Menügruppe angeboten wird: *DOS-Dienstprogramme....* DOS umfaßt somit standardmäßig die beiden Menügruppen *Hauptgruppe...* und *DOS-Dienstprogramme...*; mit "..." wird angezeigt, daß sich hinter einer Menügruppe weitere Menüpunkte verstecken können. Der Benutzer kann weitere eigene Menügruppen definieren.

Eine Menügruppe zum Aufrufen von Tools hinzufügen: Eine Menügruppe namens *Tools aufrufen...* soll in die *Hauptgruppe...* aufgenommen werden. In diese Menügruppe sollen später (vgl. Abschnitt 3.4.3.3) Menüpunkte zum Aufrufen einzelner Software-Tools wie Word, Framework, dBASE, Pagemaker, Quattro usw. aufgenommen werden.

    1. Mit *F10/Gruppe/Return/Hinzufügen...* wird das Fenster *Gruppe hinzufügen* angezeigt.

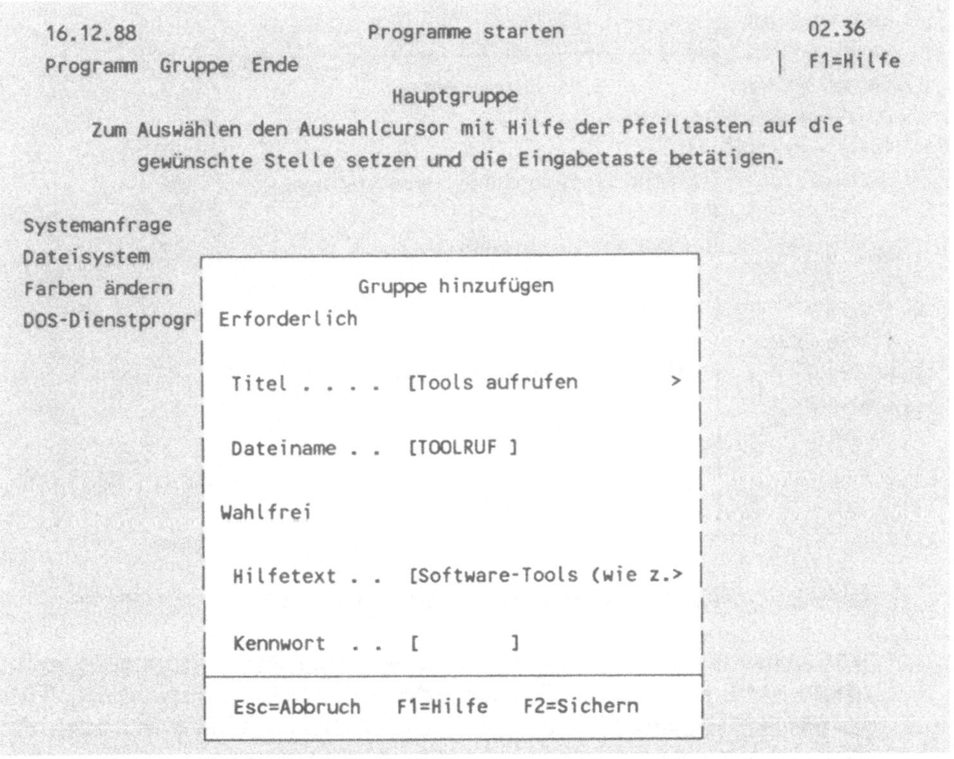

"Hinzufügen..."-Fenster zum Editieren der Menügruppe "Tools aufrufen"

2. Als Titel wird "Tools aufrufen" und als Hilfetext "Software-Tools (wie z.B. Word, dBASE) aufrufen" eingegeben (Zeilenwechsel mit Tab). Als Dateiname wird TOOLRUF eingegeben. Zweck: Unter dem Namen TOOLRUF.MEU werden die Angaben zu dieser Menügruppe auf Diskette bzw. Festplatte gespeichert.

3. Mit F2 die neue Menügruppe in der Hauptgruppe sichern.

3.4.2.2 Ändern... einer Menügruppe

Eine Menügruppe editieren: Alle benutzerdefinierten Menügruppen sowie die standardmäßige Menügruppe *DOS-Dienstprogramme...* lassen sich über den Menüpunkt *Ändern...* ändern bzw. editieren.

Standard-Menügruppe DOS-Dienstprogramme... editieren:
1. *DOS-Dienstprogramme...* mit dem Cursor markieren.
2. Über *F10/Gruppe/Return/Ändern...* das folgende Fenster rufen.

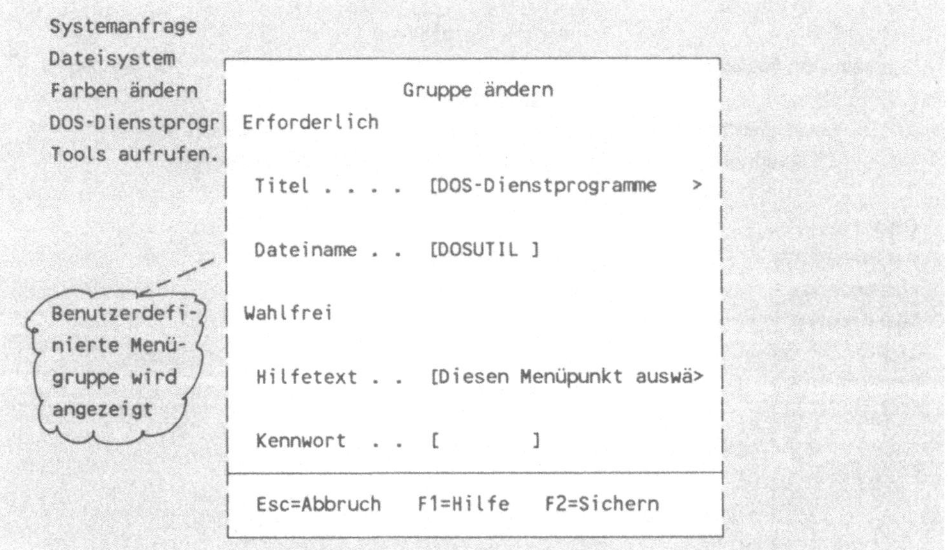

"Ändern..."-Fenster zum Editieren der DOS-Dienstprogramme

3. Im Fenster werden die Voreinstellungen der Menügruppe gezeigt; diese sind unter dem Namen DOSUTIL.MEU gespeichert. Falls gewünscht, können Sie nun die Hilfetexte, den Titel wie auch den Dateinamen ändern bzw. Ihren Wünschen anpassen.

4. Mit F2 oder (wie hier) mit Esc das Fenster verlassen.

3.4.2.3 Löschen... einer Menügruppe

Mit dem Menüpunkt *Löschen...* können alle Menügruppen außer *System-anfrage*, *Dateisystem* und *Farbe ändern* gelöscht werden.

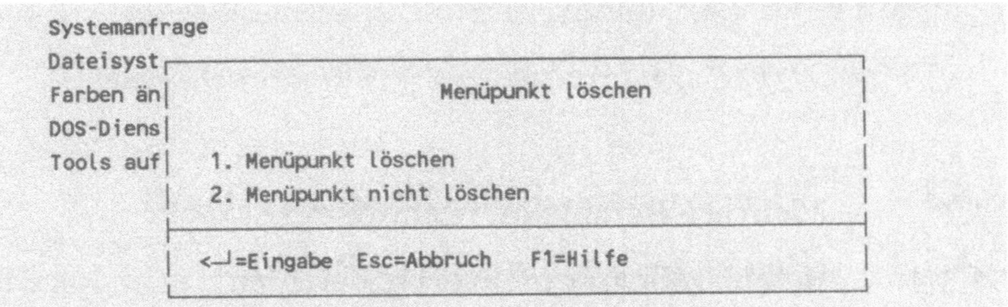

"Löschen..."-Fenster zum Löschen einer Menügruppe

3.4.2.4 Neu anordnen... einer Menügruppe

Über den Menüpunkt *Neu anordnen...* kann der Benutzer die Reihenfolge der Menüpunkte einer Gruppe beliebig ändern. Um z.B. die *DOS-Dienst-programme...* an die erste Position zu rücken, gibt man folgendes ein:
1. *DOS-Menüprogramme...* mit der Pfeiltaste aktivieren.
2. Über *F10/Gruppe/Neu anordnen.../Return* wird gezeigt:

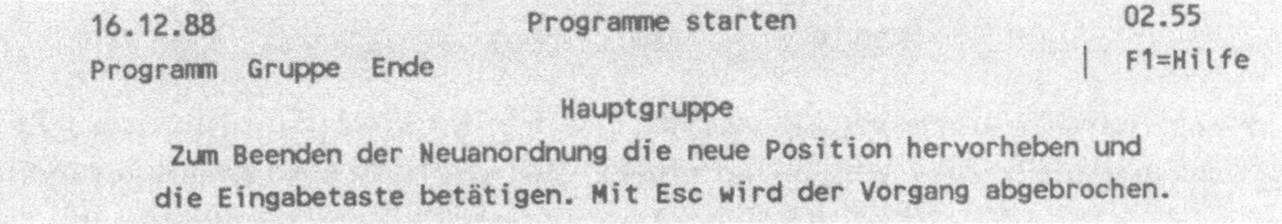

Aufforderung, mit dem Cursor zur Zielposition zu gehen

3. Über F10 und die Cursorsteuérung ist nun die Zielposition für die aktivierte Menügruppe zu markieren. In unserem Beispiel wird der Cursor auf *Systemanfrage* gesetzt und dann Return gedrückt.
4. DOS zeigt *DOS-Dienstprogramme...* ab jetzt an erster Stelle an.

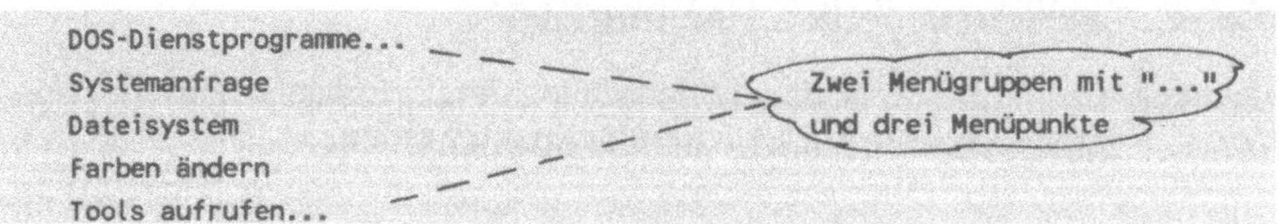

Nach der Neuordnung: "DOS-Dienstprogramme..." an erster Stelle

3.4.3   Mehrere Befehle im Menüpunkt stapeln

3.4.3.1   Befehlszeile mit mehreren Befehlen

Befehlszeile mit einem Befehl: Der Menüpunkt *Verzeichnis kopieren* (Abschnitt 3.4.1.4) enthält nur einen Befehl, den XCOPY-Befehl:

```
| Befehle . . .  [xcopy a:*.* b: /s      >  |
```

Das bedeutet, daß nach dem Starten des Menüpunktes ohne Warten sofort mit dem Kopieren begonnen wird.

Befehlszeile mit mehreren durch   getrennten Befehlen: Soll vor dem Kopieren eine Pause eingelegt werden, um erst nach Tastendruck fortzufahren, schreibt man in der Befehlszeile:

```
| Befehle . . .  [pause | xcopy a:*.* b: /s     >  |
```

Die zwei Befehle *PAUSE* und *XCOPY A:*.* B:/S* werden durch das Zeichen ‖ getrennt, das man über F4 oder über Alt-186 (bei gedrückter Alt-Taste die Zahl 186 tippen) erreicht. Um auch nach dem Kopieren auf eine beliebige Taste zu warten, schreibt man:

```
| Befehle . . .  [pause | xcopy a:*.* b: /s | pause    >  |
```

Die drei Befehle PAUSE, XCOPY und PAUSE werden nun in der Reihenfolge abgearbeitet, in der sie in der Befehlszeile mit ‖ aufgelistet sind.

Anmerkung für die Befehlszeilen-Oberfläche von DOS: Das Zeichen ‖ (Alt-186) darf nicht mit dem Pipe-Zeichen | (Alt-124) verwechselt werden.

3.4.3.2 Befehlszeile mit Parametern

Erstes Beispiel anhand des DIR-Befehls: Mit dem DIR-Befehl wird das Inhaltsverzeichnis der Dateien des aktiven Laufwerks angezeigt (siehe Abschnitt 2.2). Mit DIR werden alle Dateien gezeigt, mit DIR *.TXT alle TXT-Dateien und mit DIR KUND*.PAS alle PAS-Dateien, sofern sie mit den vier Zeichen "KUND" beginnen. Soll die Entscheidung durch den Benutzer über ein Fenster vorgenommen werden, schreibt man DIR []. Die eckigen Klammern (Alt-91 für "[" und Alt-93 für "]") symbolisieren ein Eingabefenster und bedeuten: *"Die über das Fenster eingetippten Werte sind als Parameter an den Befehl DIR zu übergeben."*

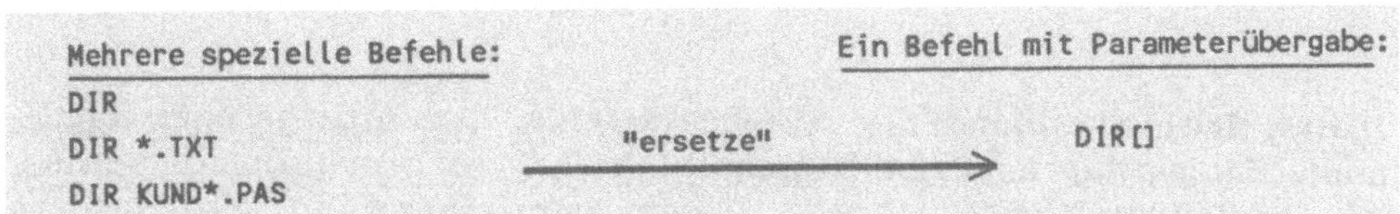

Parameterübergabe über [ ] als Fenster zur flexiblen Benutzereingabe

Zweites Beispiel anhand des FORMAT-Befehls: Eine Eingabe ohne vorherige Eingabeaufforderung bzw. -hinweise ist wenig sinnvoll; der Benutzer muß wissen, welche Parameter einzugeben sind. Aus diesem Grunde stellt DOS zahlreiche Befehle bereit, die in das []-Fenster zum Zweck der Benutzerinformation geschrieben werden können. Ein anschauliches Beispiel hierzu bietet die Menügruppe *DOS-Dienstprogramme...* mit *Formatieren* als Standard-Menüpunkt. Hier wird nicht einfach FORMAT [] pro-grammiert, sondern man schreibt ins []-Eingabefenster die fünf Befehle /t, Ti, /p, /d und /r (siehe Referenz in Abschnitt 2.1).

In der Befehlszeile Befehle FORMAT und PAUSE programmiert:

```
format [/t"Formatieren" /i"Zu formatierendes Laufwerk angeben:"
/p"Parameter . .  " /d"A: " /r] | pause
```

Bei Ausführung angezeigt:

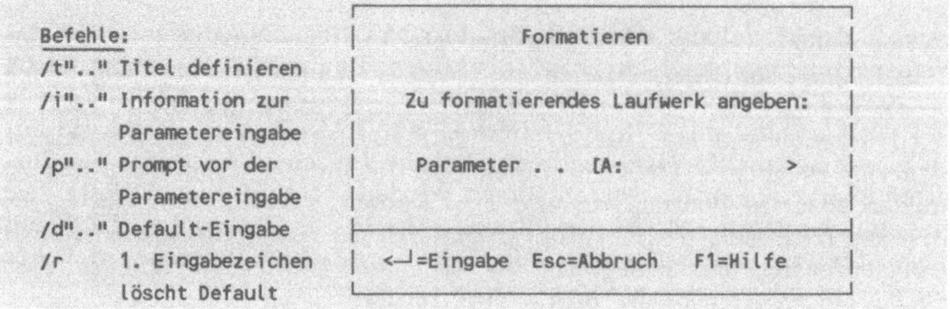

Programmierung und Ausführung von FORMAT [...Befehlsliste...

Drittes Beispiel anhand des XCOPY-Befehls: Der hinzugefügte Menüpunkt *Verzeichnis kopieren* (Abschnitt 3.4.1.4) soll so geändert werden,
daß der Befehl *XCOPY A:*.* B:/S* nicht sofort ausgeführt wird, sondern
daß über ein Fenster die als Default angezeigten Parameter *A:*.* B:/S*
entweder vom Benutzer übernommen oder aber neu eingegeben werden
können.

1) In der Befehlszeile Befehle XCOPY und PAUSE programmiert:

```
xcopy [/t"Verzeichnis kopieren" /i"Quellen- und Ziellaufwerk angeben:"
/p"Parameter . .  " /d"A:*.* B: /S" /r] | pause
```

2) Im "Ändern..."-Fenster programmiert:

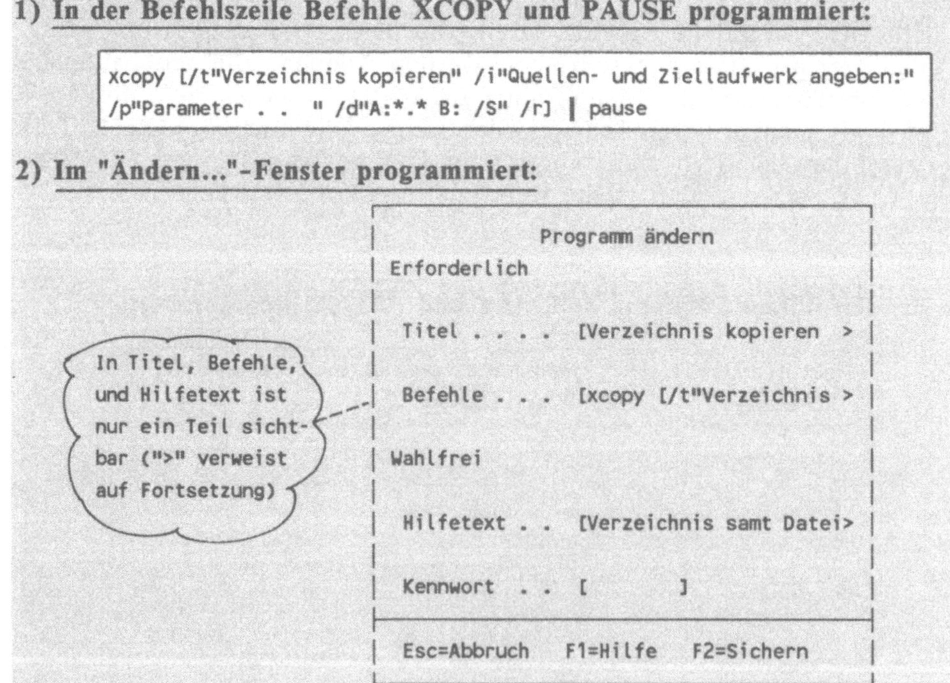

3) Bei Ausführung von "Verzeichnis kopieren" im Fenster angezeigt:

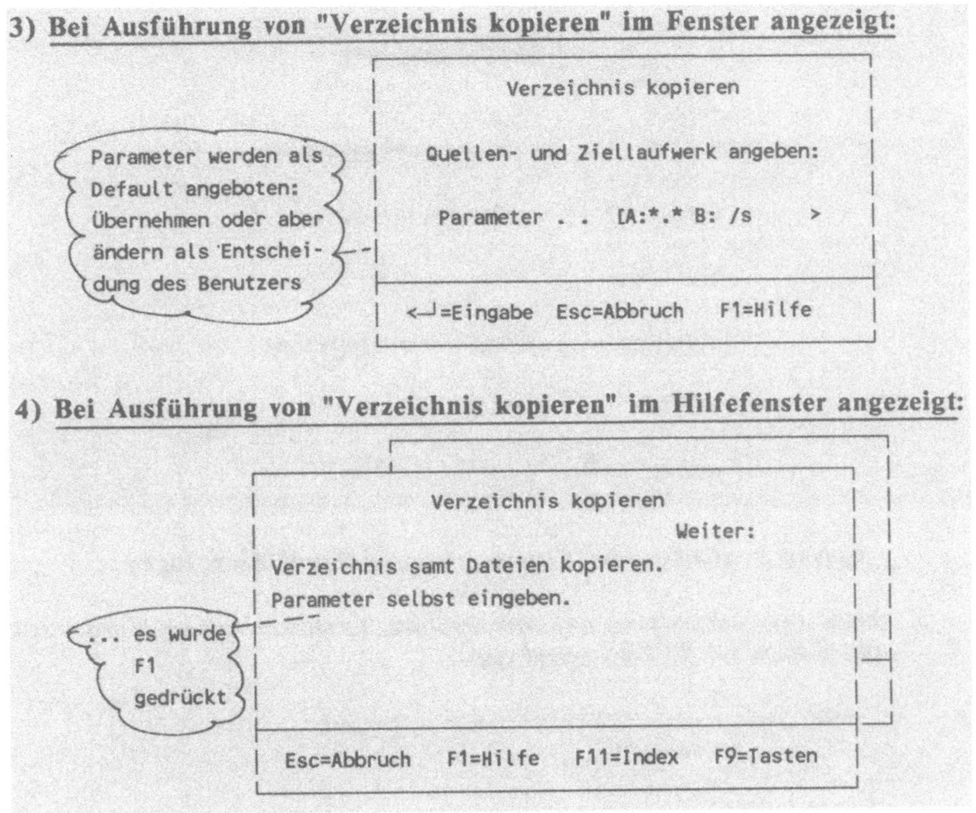

4) Bei Ausführung von "Verzeichnis kopieren" im Hilfefenster angezeigt:

Vier Darstellungen zum Menüpunkt "Verzeichnis kopieren"

3.4.3.3 Kennwort und Stapeldatei aufrufen

In Abschnitt 3.4.2 wurde *Tools aufrufen...* als benutzerdefinierte Menügruppe abgespeichert. Die Menügruppe ist noch leer. In diese Menügruppe soll jetzt der Menüpunkt *Textverarbeitung Word* hinzugefügt werden
1. Menügruppe Tools aufrufen... aktivieren.
2. Über *F10/Programm/Hinzufügen...* den Menüpunkt mit dem Titel
   Textverarbeitung Word, das Kennwort TEXT1 und folgende Befehlszeile eingeben:

```
echo Laufwerk: /# | echo Verzeichnis: /\@ |
pause Zum Starten von Word Taste | call c:\hilfe\stapel\w.bat
```

Abschließend die Menügruppe mit F2 sichern.

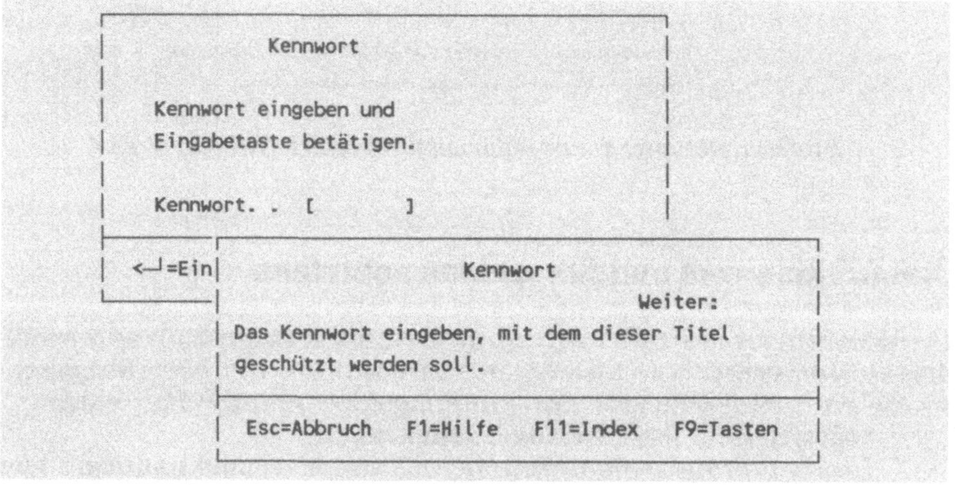

Schritt 2: Menüpunkt "Textverarbeitung Word" hinzufügen

3. Nach dem Aktivieren des Menüpunkts *Textverarbeitung Word* wird
   das Kennwort TEXT1 abgefragt.

Schritt 3: Kennwort TEXT1 abfragen (auch F1=Hilfe gibt keinen Hinweis)

4. Nach Eingabe des Kennwortes wird die Stapeldatei W.BAT mit
   dem Befehl CALL W.BAT aufgerufen, um über diese Stapeldatei
   dann die Textverarbeitung Word zu starten.

```
Laufwerk: C:                          Befehl /#
Verzeichnis: \HILFE\DOSBEF            Befehl /\@
Weiter mit beliebiger Taste . . .
```

Befehle /# und /@ für Befehlszeile bzw. Programmstartbefehl:
- Mit /# wird das aktive Laufwerk anzeigt.
- Mit /@ wird das aktive Verzeichnis angezeigt.

Stapeldatei in der Befehlszeile mit CALL aufrufen: Von einer Stapeldatei aus kann man eine andere Stapeldatei nur über den CALL-Befehl aufrufen. Da die in der Befehlszeile eines Menüpunktes mit ‖ aufgelisteten Befehle einen Stapel (Batch) darstellen, muß der Befehl CALL verwendet werden. Anstelle von CALL W.BAT kann man einfacher auch CALL W schreiben.

Kennwort in der Datei TOOLRUF.MEU nachsehen: Die Einrichtung eines Kennwortes darf nicht als strenge und zuverlässige Sicherheitsmaßnahme verstanden werden, sondern als "Vorsichtssignal". Grund:
- Die Daten jeder Menügruppe werden von DOS jeweils in einer gesonderten MEU-Datei abgelegt.

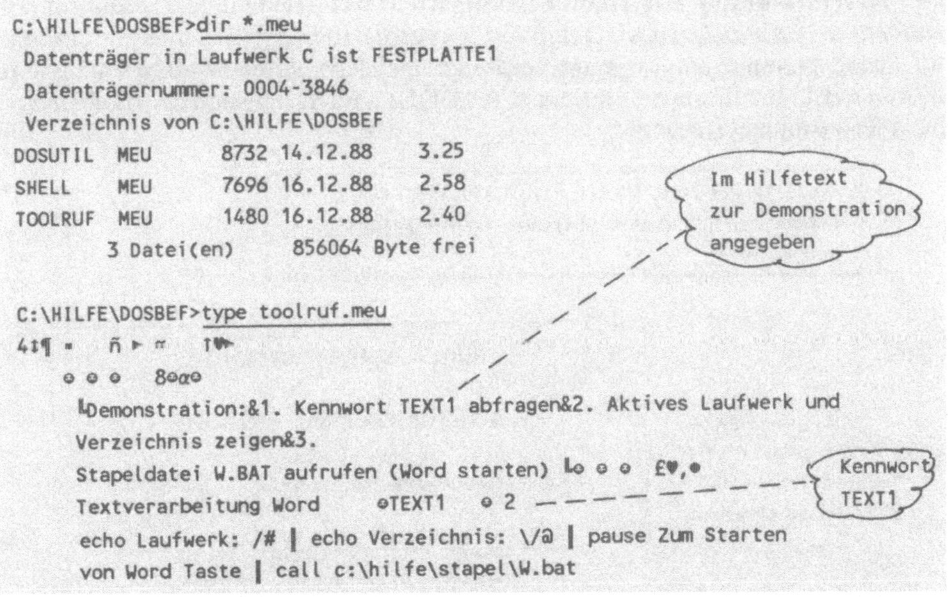

Kennwort TEXT1 über die Textdatei TOOLRUF.MEU anzeigen lassen

- Standardmäßig sind die Dateien SHELL.MEU (für die *Hauptgruppe...*) und DOSUTIL.MEU (für die *DOS-Dienstprogramme...*) vorhanden.
- Die Datei TOOLRUF.MEU informiert über die benutzerdefinierte Menügruppe *Tools aufrufen*. Durch einen TYPE-Befehl läßt sich das Kennwort TEXT1 somit leicht "knacken".

3.4.3.4 Eingabebegrenzung und Existenzprüfung

Über den folgenden Menüpunkt *Datei mit Word editieren* wird ein Dateiname als Tastatureingabe angefordert. Dazu kann man die Länge und die Existenz der Eingabe wie folgt prüfen:
- **Eingabebegrenzung mit /l:** Mit dem Befehl *$/l".."$* wird sichergestellt, daß nur die angegebene Anzahl von Zeichen eingegeben werden kann. Beispiele: *$/l"8"$* begrenzt auf 8 und *$/l"12"$* auf 12 Eingabestellen.
- **Existenzprüfung mit /m:** Mit dem Befehl *$/m"e"$* werden alle Dateinamen abgewiesen, die im aktiven Verzeichnis nicht zu finden sind. Man kann damit sicherstellen, daß die als Parameter eingegebene Datei auch tatsächlich vorhanden ist.

Die Textverarbeitung mit einer bestimmten Datei starten: Der Menüpunkt *Datei mit Word editieren* startet die Textverarbeitung Word mit einer Datei, deren Name zuvor eingetippt und als Parameter übergeben wird. Word wird im Unterverzeichnis C:\TOOL\WORD gesucht. Befehlszeile bzw. Programmstartbefehl:

```
c:\tool\word\word [/t"Eine Textdatei bearbeiten"
/i"Name der TXT-Datei eingeben:" /p "Dateiname? "
/l"16" /m"e"]
```

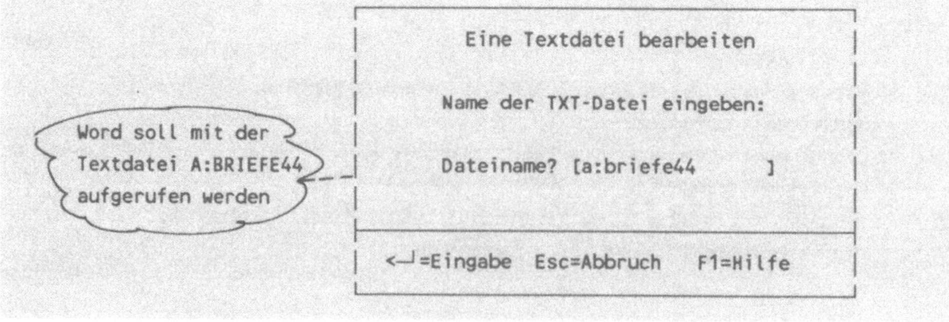

Menüpunkt "Datei mit Word editieren" aktivieren

3.4.3.5 Befehlszeile mit beliebiger Eingabe

Der folgende Menüpunkt *Beliebiges Tool aufrufen* soll als dritter Eintrag
in die benutzerdefinierte Menügruppe *Tools aufrufen* aufgenommen werden:

```
Textverarbeitung Word              (Abschnitt 3.4.3.3)
Datei mit Word editieren           (Abschnitt 3.4.3.4)
Beliebiges Tool aufrufen           (Abschnitt 3.4.3.5)
```

Befehlszeile mit []: Die Befehlszeile enthält nur ein Eingabefenster [] und
keinen weiteren Befehl. Über die Befehle /T, /I und /P wird der Benutzer aufgefordert, den Namen einer ausführbaren Datei einzugeben (vgl.
auch Abschnitt 2.1):

```
[/t"Ein Software-Tool Ihrer Wahl aktivieren"
 /i"Name mit Pfad eingeben" /p"Dateiname? ..."]
```

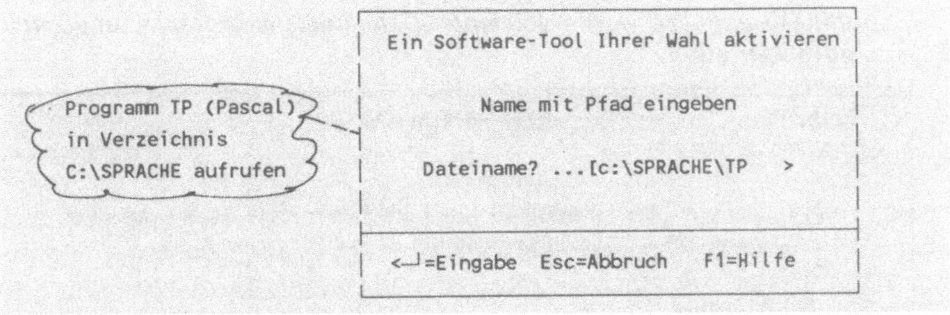

Menüpunkt "Beliebiges Tool aufrufen" aktivieren

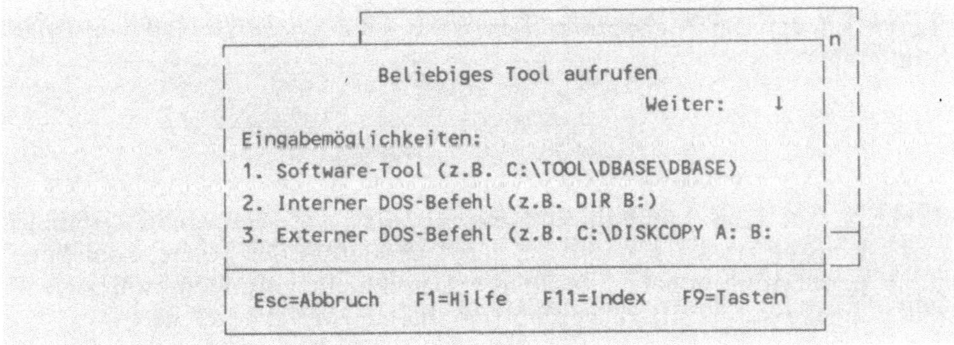

Hilftexte zum Menüpunkt "Beliebiges Tool aufrufen"

Zeilenumbruch mit "&" im Hilfetext: Hilfetext wird mit 44 Zeichen je Zeile umbrochen und am Bildschirm gezeigt. Mit dem Zeichen "&" kann man einen Zeilenumbruch erzwingen. Im Hilfetext zu *Beliebiges Tool aufrufen* wurde somit eingegeben:

```
Eingabemöglichkeiten:&1. Software-Tool (z.B. C:\TOOL\DBASE\DBAE)&2. Int...
```

Aufgabe 3.4/1: Eine neue Menügruppe mit drei Menüpunkten einrichten.
 a) Ergänzen Sie die von MS-DOS vorgegebenen Menügruppen *Systemanfrage, Dateisystem, Farben ändern* und *DOS-Dienstprogramme...* um eine eigene Menügruppe *Verschiedenes....* Dateiname sei VERSCH, Hilfetext sei "Verschiedene Dienste."
 b) Richten Sie in dieser Menügruppe die drei (noch leeren) Menüpunkte *Laufwerk + Verzeichnis, Dateiexistenz testen* und *Datei ausdrucken* ein.

```
26.01.89                 Programme starten                  00.44
Programm  Gruppe  Ende                             |  F1=Hilfe
                        Verschiedenes...
    Zum Auswählen den Auswahlcursor mit Hilfe der Pfeiltasten auf die
        gewünschte Stelle setzen und die Eingabetaste betätigen.


Laufwerk + Verzeichnis
Dateiexistenz testen
Datei ausdrucken
```

Aufgabe 3.4/2: Der Menüpunkt *Laufwerk + Verzeichnisse* soll wie folgt informieren:

```
Aktives Laufwerk : C:
Aktives Verzeichnis : HILFE\DOSBEF
Weiter mit beliebiger Taste . . .
```

Aufgabe 3.4/3: Der Menüpunkt *Dateiexistenz testen* soll einen Dateinamen als Eingabe erwarten und über den DIR-Befehl den Name, Speicherumfang und Datum angeben. Wird die Datei nicht gefunden, soll zu erneuter Eingabe aufgefordert werden (Parameter /M verwenden).

Aufgabe 3.4/4: Der Menüpunkt Datei ausdrucken soll eine über Tastatur benannte Datei suchen und im Hintergrund drucken (PRINT-Befehl).

4
Befehlszeilen-Oberfläche von MS-DOS

Das Betriebssystem MS-DOS bietet dem Benutzer ab der Version 4.0 zwei Oberflächen zum Arbeiten an:

1. *Menüorientierte Oberfläche*, DOS-Shell
   (siehe Abschnitt 3)
2. *Befehlszeilenorientierte Oberfläche*, Promptzeichen "A>"
   (siehe Abschnitt 4)

Die befehlszeilenorientierte Oberfläche ist als Default voreingestellt. Das heißt: startet man einen PC unter MS-DOS ab Version 4.0, dann erscheint - sofern man in Anpassungsdateien wie AUTOEXEC.BAT keine besonderen Angaben einträgt - das Promptzeichen "A>" in der Befehlszeile. Auf diese Oberfläche wird im vorliegenden Abschnitt 4 eingegangen.

4.1.1 MS-DOS von der Systemdiskette starten

MS-DOS-Systemdiskette: Das Betriebssystem MS-DOS besteht aus zahlreichen Programmen bzw. Programmdateien, die vom Hersteller auf einer *Systemdiskette* geliefert werden. Zum Starten geht man wie folgt vor:

1. Systemdiskette in Diskettenlaufwerk A: einlegen und verriegeln.
2. Angeschlossene Geräte einschalten (z.B. Drucker).
3. Computer einschalten.
4. MS-DOS startet sich selbst.

Standardlaufwerk A: Nach dem Einschalten des PC wird das Ladeprogramm im ROM aufgerufen, um das System zu überprüfen (Selbsttest) und dann im Diskettenlaufwerk A nach dem Betriebssystem zu suchen. Das Laufwerk A: ist vom Hersteller willkürlich als Standardlaufwerk eingestellt worden. Nun wird der hauptspeicherresidente Teil (d.h. die internen Befehle) von MS-DOS von Laufwerk A: in den RAM kopiert und die Steuerung an MS-DOS übergeben. Nach einigen Meldungen bzw. Eingaben (z.B. Datum), die sich je nach der Version von MS-DOS unterscheiden können, erscheint das Bereitschaftszeichen "A>" (auch Prompt genannt) am Bildschirm.

Booten: Den Startvorgang bezeichnet man als Booten, da sich MS-DOS entsprechend dem "pulling yourself by your bootstrap" beim Starten sozusagen "alleine an den eigenen Haaren aus dem Sumpf emporzieht"; der erste Ladeimpuls kommt natürlich vom ROM.

Aktives Laufwerk: Das Prompt "A>" besagt, daß das Diskettenlaufwerk A: als aktives Laufwerk bzw. Standardlaufwerk eingestellt ist. Der Cursor

steht hinter dem ">"-Zeichen. MS-DOS wartet auf eine Eingabe des Benutzers und bezieht diese auf A: als derzeit aktives Laufwerk. Das Laufwerk A: wird auch als Bootlaufwerk bezeichnet, da es MS-DOS enthält.

```
Systemdatum: Di,  1.01.1980
Neues Datum eingeben (tt.mm.jj): 30.11.88
Zeit ist:  18.30.03,08
Neue Zeit eingeben (hh.mm.ss): 20.15
A>
```

Möglicher Bildschirmdialog beim Booten: Nach Eingabe von Datum und
Uhrzeit meldet sich MS-DOS mit "A>" als Prompt

Zustand des Systems nach dem Booten: In Laufwerk A: befindet sich die
Bootdiskette, in Laufwerk B: eine beliebige Anwenderdiskette. Ein Teil
des RAM ist mit den internen Befehlen von MS-DOS belegt.

```
|Laufwerk|E/A|CPU|ROM|  RAM (Arbeitsspeicher) |
|--------|---|---|---|                        |
|A:      |   |   | L |  ----------------------
|System- |   |   | a | |Interne Befehle MS-DOS|
|Diskette|   |   | d | |______________________|
|MS-DOS  |   |   | e |                          
|--------|   |   | p |                          
|B:      |   |   | r |                          
|Anwender|   |   | o |                          
|Diskette|   |   | g |                          
|        |   |   | r |         freier          
|--------|   |   | a |         RAM             
|C:      |   |   | m |                          
|        |   |   | m |                          
|        |   |   |   |                          
|        |   |   |   |                          
```


Zustand des PCs nach dem Booten

MS-DOS von einer bootfähigen Diskette starten: Eine bootfähige Diskette
ist eine startfähige Diskette. Sind z.B. auf einer dBASE-Diskette oder
einer Turbo Pascal-Diskette die zum Booten erforderlichen Teile von MS-

DOS gespeichert, kann diese als Bootdiskette verwendet werden. Nach dem Booten kann das System wie folgt reagieren:

- Erste Möglichkeit: MS-DOS meldet sich mit seinem Prompt "A>". Dieses Prompt kann auch in abgewandelter Form am Bildschirm auftauchen, wie z.B. als "A:\>".
- Zweite Möglichkeit: MS-DOS lädt automatisch das entsprechende Programm wie z.B. dBASE, das sich dann mit seinem Prompt "." meldet.

4.1.2 MS-DOS von der Festplatte starten

Um von der Festplatte aus zu booten, geht man in vier Schritten vor:

1. Standardlaufwerk A: entriegeln.
2. Angeschlossene Geräte einschalten (z.B. Drucker).
3. PC einschalten.
4. MS-DOS wird von Festplattenlaufwerk C: gebootet.

Nach dem Einschalten des PCs wird stets im Standardlaufwerk A: gesucht. Befindet sich darin keine Diskette bzw. ist das Laufwerk entriegelt, wird automatisch auf der Festplatte von Laufwerk C: nach dem Bootprogramm gesucht. Wichtig:

> *Soll das Betriebssystem von der Festplatte in C: gebootet werden, so muß das (Boot-)Laufwerk A: leer bzw. entriegelt sein.*

Nach Abschluß des Bootvorgangs sind wiederum zwei Möglichkeiten denkbar:

- MS-DOS meldet sich z.B. mit "C>" als seinem Prompt.
- MS-DOS aktiviert automatisch ein anderes Programm wie z.B. dBASE oder Word, das sich dann mit seinem Prompt (z.B. "." bei dBASE) bzw. seiner Benutzeroberfläche (z.B. Word mit dem Befehlsmenü am unteren Bildschirmrand) meldet.

4.1.3 Von der Menü-Oberfläche zur Befehlszeile

Die Menü-Oberfläche meldet sich: Meldet sich MS–DOS nach dem Booten
nicht mit der Befehlszeile und dem Promptzeichen A> bzw. C>, sondern
mit dem Hauptmenü der Menü-Oberfläche (vgl. Abschnitt 3), dann hat
dies folgende Ursachen:

   a) In der Datei CONFIG.SYS wird der Befehlsprozessor mit dem Befehl
      SHELL=C:\COMMAND.COM geladen und gestartet (Abschnitt 2.1.1.3).
   b) In der Datei AUTOEXEC.BAT wird mit SET COMSPEC=C:\COMMAND.COM in der
      Umgebaungsvariablen COMSPEC angegeben, daß der Befehlsprozessor im
      Stammverzeichnis \ der Festplatte C: gespeichert ist.
   c) Als letzter Befehl der Datei AUTOEXEC.BAT wird mit DOSSHELL die Stapeldatei
      DOSSHELL.BAT aufgerufen, die wiederum die Menü-Oberfläche aufruft.

Menü-Oberfläche mit Ende verlassen: Über den Ende-Befehl bzw. F3 das
Menü verlassen; am Bildschirm erscheint das DOS-Promptzeichen. Man
kann nun so lange am Prompt arbeiten, bis EXIT eingegeben wird.

**Keine Rückkehr aus der Befehlszeilen-Oberfläche zur Menü-Oberfläche
mit EXIT möglich:** Wird der EXIT-Befehl nicht ausgeführt, so kann dies
folgende Ursachen haben:
   - In der Datei DOSSHELL.BAT fehlen die entsprechenden Parame-
     ter im SHELLC-Befehl (vgl. Abschnitt 2.1.2.1).
   - In der Datei CONFIG.SYS fehlt der SET COMSPEC-Befehl (vgl.
     Abschnitt 4.5.3.5), DOS kann den Befehlsprozessor nicht finden.

**Nach dem Booten soll automatisch die Befehlszeilen-Oberfläche aktiviert
werden:** Dazu ist von den obigen drei Punkten nur c) zu ändern; der Befehl DOSSHELL muß aus der Datei AUTOEXEC.BAT entfernt werden.
Aktivieren Sie ein Textverarbeitungsprogramm und speichern Sie AUTO-
EXEC.BAT ohne DOSSHELL (natürlich unformatiert) ab (vgl. Abschnitt
5.6.1.1).

Aufgabe 4.1/1: Starten von MS-DOS in der Befehlszeilen-Ebene.
   a) Beschreiben Sie den Vorgang des Bootens bei Ihrem PC.
   b) Wieviele Dateien liegen vor?
      PRO1, pro1, pRo1, Pro 1 und pr01
   c) Welche Information gibt das Promptzeichen?
   d) Welche DOS-Befehle befinden sich nach dem Booten im RAM?
   e) Welche Bezeichnung hat das Standardlaufwerk von MS-DOS?

MS-DOS-Befehle sind MS-DOS-Programme: Auf der Systemdiskette oder der Festplatte sind die Programme des Betriebssystem MS-DOS gespeichert. Jedes Programm hat einen Namen und kann vom Benutzer wie ein Befehl durch Eingabe seines Namens aufgerufen und aktiviert werden. Anders ausgedrückt: Jedes Befehlswort von MS-DOS stellt gleichzeitig den Namen eines Systemprogramms von MS-DOS dar.

Interne Befehle: Interne Befehle wurden beim Booten von der Systemdiskette in den RAM geladen. Rufen Sie solche Befehle auf, dann muß die Systemdiskette nicht im aktiven Laufwerk einliegen. Der Befehl befindet sich ja bereits im RAM. Man spricht von *internen Befehlen*, da diese im RAM als Internspeicher präsent sind.

Externe Befehle: Ruft man einen *externen Befehl* durch Angabe seines Namens auf, dann muß das betreffende MS-DOS-Programm zunächst von der Systemdiskette in den RAM geladen werden, bevor es ausgeführt werden kann. Aus diesem Grunde erhält es eine Fehlermeldung, wenn zum Zeitpunkt des Eintippens eines externen Befehls keine Systemdiskette im aktiven Laufwerk gefunden wird.

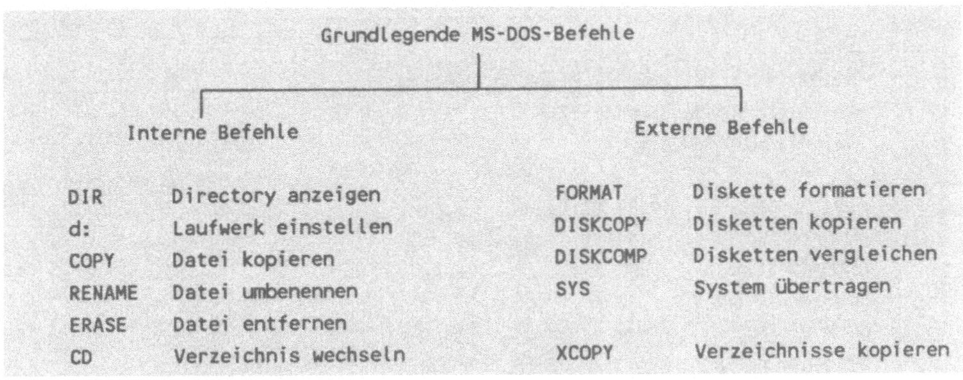

Wichtige interne und externe Befehle von MS-DOS

4.2.1 Inhaltsverzeichnis der Platte anzeigen mit DIR

Aufgabe des Befehls DIR: Mit dem Befehl DIR kann man sich das Inhaltsverzeichnis (engl. Directory) einer Platte am Bildschirm anzeigen

Format des Befehls DIR:
Die einfachste Form des Befehlsaufrufs lautet DIR. Die in eckige Klammern gesetzten Angaben sind optional und können auch weggelassen werden.

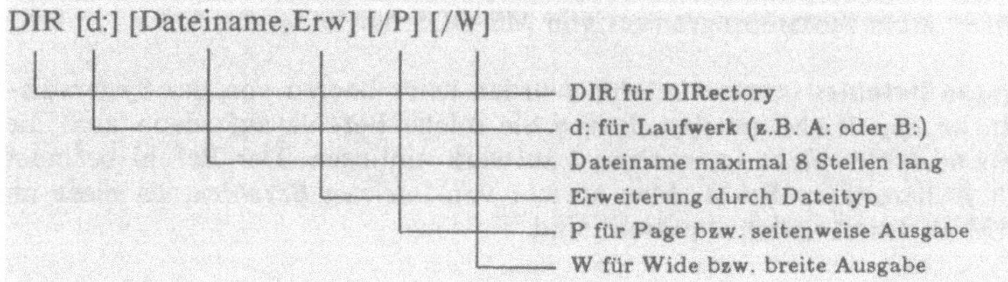

Format des Befehls DIR

Beispiel zum Befehl DIR: Im wiedergegebenen Bildschirmdialog ist DIR als Eingabe des Benutzers durch Unterstreichen gekennzeichnet. Die rechts angegebenen Ziffern 1) bis 4) wurden nicht vom PC ausgegeben, sie markieren Erklärungen

```
A:>dir                                              1)
   Datenträger in Laufwerk B ist DOS_WEGWEIS        2)
   Datenträgernummer: 2442-32C4
   Verzeichnis von B:\


ANSI     SYS    9149 29.08.88    8.00
AUTOEXEC BAT      31 30.11.88   19.13
COMMAND  COM   38523 29.08.88    8.00               3)
CONFIG   SYS      82 30.11.88   19.09
COUNTRY  SYS   12838 29.08.88    8.00
DISKCOPY COM   10540 29.08.88    8.00
FORMAT   COM   23211 29.08.88    8.00
KEYB     COM   14899 29.08.88    8.00
KEYBOARD SYS   23360 29.08.88    8.00
SYS      COM   11600 29.08.88    8.00
VDISK    SYS    6443 29.08.88    8.00
XCOPY    EXE   17279 29.08.88    8.00
       12 Datei(en)     117760 Byte frei            4)
```

Inhaltsverzeichnis der Systemdiskette mit Befehl DIR anzeigen

1) Da MS-DOS jede Eingabe in Großbuchstaben umsetzt, kann man auch auch dIR, dIr, DIR usw. eintippen. DIR befiehlt "Zeige das

Directory der Diskette im aktiven Laufwerk an".
2) MS-DOS findet eine Diskette im aktiven Laufwerk und meldet, daß sie als Datenträger den Namen DOS_WEGWEIS und die Nummer 2442-32C4 hat.
3) Die Dateien werden aufgelistet. Zu jeder Datei werden folgende Angaben angezeigt (Beispiel: COMMAND als 3. Datei):
   - Dateiname COMMAND
   - Dateityp COM
   - Speicherplatz 38523 Zeichen (Bytes)
   - Datum der letzten Speicherung 29. August 1988
   - Zeitangabe 8 Uhr
   COMMAND.COM ist der Befehlsprozessor von MS-DOS und umfaßt u.a. die internen Befehle.
4) 12 als Anzahl der derzeit auf Platte abgelegten Dateien.
   117760 Zeichen als derzeit noch freier Speicherplatz.

Dateibezeichnung: Die Dateibezeichnung besteht aus dem Dateinamen, dem Dateityp als Erweiterung und ggf. einer vorangestellten Laufwerksangabe:
- Der Dateiname ist maximal 8 Zeichen lang.
- Der Dateityp ist maximal drei Zeichen lang. Wichtige Dateitypen: BAT (Batch bzw. Stapel), SYS (System), COM (Command), EXE (Executable bzw. ausführbare Datei), BAK (Back-Up bzw. Kopie), BAS (BASIC), DBF (DBASE File bzw. dBASE-Datei), DOC (Documentation), PAS (Pascal), PRG (Programm), SIK (Sicherungskopie), TXT (Text).
- Laufwerksangabe A:, B:, C:, ... zur Kennzeichnung des Laufwerks, in dem die Datei zu suchen ist. Bei fehlender Angabe wird im aktiven Laufwerk gesucht.
- Der DIR-Befehl trennt Dateiname und Dateityp durch Leerzeichen. Bei der Eingabe durch den Benutzer jedoch muß man den "." zur Trennung angeben. Beispiele: AUTOEXEC.BAT, SYS.COM.

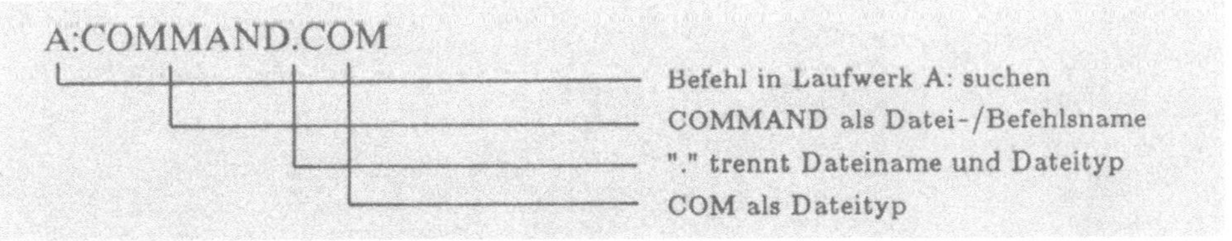

Dateibezeichnung mit Laufwerk, Dateiname und Dateityp

Breite Anzeige des Inhaltsverzeichnisses mit DIR/W: Durch Eingabe von DIR/W werden jeweils drei Dateien nebeneinander verkürzt angezeigt.

```
A:>dir/w
 Datenträger in Laufwerk B ist DOS_WEGWEIS
 Datenträgernummer: 2442-32C4
 Verzeichnis von B:\


 ANSI      SYS     AUTOEXEC BAT     COMMAND  COM     CONFIG   SYS     COUNTRY  SYS
 DISKCOPY  COM     FORMAT   COM     KEYB     COM     KEYBOARD SYS     SYS      COM
 VDISK     SYS     XCOPY    EXE
          12 Datei(en)       117760 Byte frei
```

Inhaltsverzeichnis der Systemdiskette mit Befehl DIR/W anzeigen

Dateigruppenzeichen "*" und "?": Das Zeichen "*" dient als Ersetzungs-
bzw. Globalzeichen für mehrere Zeichen, während das Zeichen "?" ein
Einzelzeichen ersetzt.
  - Die Befehle DIR und Dir *.* sind identisch.
  - DIR *.COM zeigt alle Dateien mit dem Dateityp COM an.
  - DIR AUTO*.* zeigt alle mit "AUTO" beginnenden Dateien an.
  - DIR F??MASCH.EXE zeigt alle acht Zeichen lange EXE-Dateien
    mit beliebigem 2. und 3. Zeichen an, sofern sie mit "F" beginnen.

4.2.2 Plattenlaufwerk wechseln mit d:

Aufgabe des Befehls d: Nach dem Booten ist z.B. A: als aktives Laufwerk
eingestellt. Durch Eingabe des Namensbuchstabens eines Laufwerkes und
anschließendem ":" wechselt man zum entsprechenden Laufwerk; ab jetzt
ist dann dieses Laufwerk aktiv.

Beispiel zum Befehl d: Der Befehl DIR wird zweimal identisch eingegeben, bezieht sich aber auf verschiedene (gerade aktive) Laufwerke.

```
 A>c:
 C>dir
   Datenträger in Laufwerk C ist FESTPL1
   .......
 C>b:
 B>dir
   Datenträger in Laufwerk B hat keinen Namen

   .......
 B>a:
 A>
```

Von Laufwerk A: zu C:, zu B: und wieder zu A: wechseln

Die beiden folgenden DIR-Befehle bewirken dasselbe: Directory der Diskette in B: anzeigen. Der Unterschied besteht darin, daß nach der Befehlsausführung A: (links) oder aber B: (rechts) aktiv ist.

```
A>dir b:
   Datenträger in Laufwerk B ist ...

   ...

A>
```

```
A>b:
B>dir b:
   Datenträger in Laufwerk B ist ...

   ...

B>
```

4.2.3 Besondere Tasten bei der Befehlseingabe

Bildschirmausgabe abbrechen durch Strg-C: Durch Eingabe von

```
Strg-C     oder     Strg-Ende
```

(Strg-Taste drücken, kurz "C" oder "c" tippen und beide Tasten loslassen) wird der gerade in Ausführung befindliche MS-DOS-Befehl abgebrochen.

Bildschirmausgabe stoppen und starten mit Strg-S: Ist das Directory länger als der Bildschirm, verschwindet der Text nach oben. Mittels

```
Strg-S     oder     Strg-Num
```

stoppt man dieses "Nach-oben-Abrollen". Die nochmalige Eingabe von Strg-S läßt die unterbrochene Befehlsausführung fortsetzen. Strg-S wirkt somit wie ein Stop-/Start-Schalter.

Bildschirminhalt ausdrucken mit Umschalt-Druck: Mit der Eingabe von

```
Umschalt-Druck
```

(Umschalt-Taste zur Großschreibung gedrückt halten und kurz die Druck-Taste tippen) wird der aktuelle Inhalt des Bildschirms Zeile für Zeile ausgedruckt (Hardcopy).

Bildschirmausgabe auf dem Drucker protokollieren mit Strg-Druck: Diese Tastenkombination wirkt wieder wie ein Ein-/Ausschalter: Nach dem Drücken von Strg-Druck wird der Drucker zur Protokollierung der Bildschirmausgaben zugeschaltet; alle am Bildschirm erscheinenden Zeichen werden gleichzeitig ausgedruckt. Diese Protokollierungs- bzw. Echofunktion gilt so lange, bis Sie erneut Strg-Druck betätigen.

Warmstart durchführen mit Strg-Alt-Entf: Kann MS-DOS - aus welchem Grunde auch immer - nicht mehr ordnungsgemäß weiterarbeiten, bleibt häufig nichts anderes übrig, als das System neu zu starten. Durch

```
Strg-Alt-Entf
```

erzeugt man einen Warmstart: MS-DOS wird neu gebootet. Beim **Kaltstart** (siehe Abschnitt 4.1.1) wird der PC aus- und dann wieder eingeschaltet.

Eingegebene Befehlszeile zurücknehmen mit Esc-Taste: Nach dem Drücken der Esc-Taste (Esc für Escape bzw. Entkommen) erscheint das Zeichen "\". Betätigt man nun die Return-Taste, verschwindet die Textzeile.

Eingegebene Befehlszeile abschließen mit Return-Taste: Jeder eingetippte Befehl wird erst dann von MS-DOS ausgeführt, wenn am Zeilenende die Return-Taste (auch als Eingabe- bzw. Enter-Taste bezeichnet) gedrückt wurde. Die Return-Taste ist das Gegenstück zu Esc-Taste.

Deutsche Tastaturen:	Englische Tastatur:
Abbr (Abbruch)	Break (Unterbrechung)
Alt	Alt (Alternate)
Bild hoch	PgUp (Page Up)
Bild runter	PgDn (Page down)
Einfg (Einfügen)	Ins (Insert)
Ende	End
Esc (Escape)	Esc
Druck	PrtSc (Print Screen)
Entf, Lösch	Del (Delete)
Num (Numerisch)	Num
Pos1 (Position 1)	Home
Strg (Steuerung)	Ctrl (Control)
Return	Return (Neuer Zeilenanfang)
Umschalt	Shift (Großschreibung)

MS-DOS-Funktionstasten bei deutscher und englischer Tastatur

Tastatur "Deutschland MF":

Tastatur "Deutschland AT":

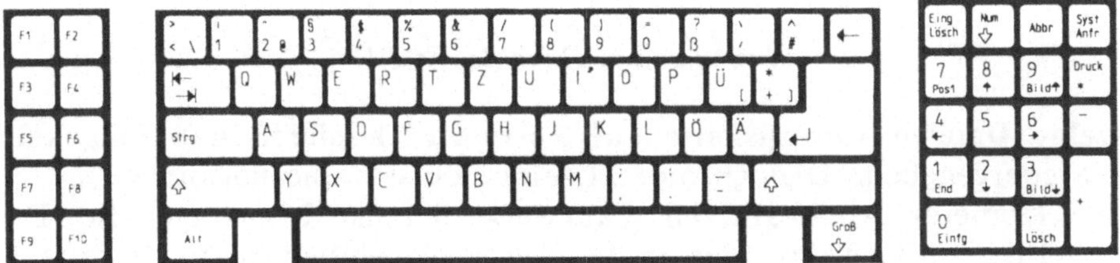

Tastatur "Deutschland XT":

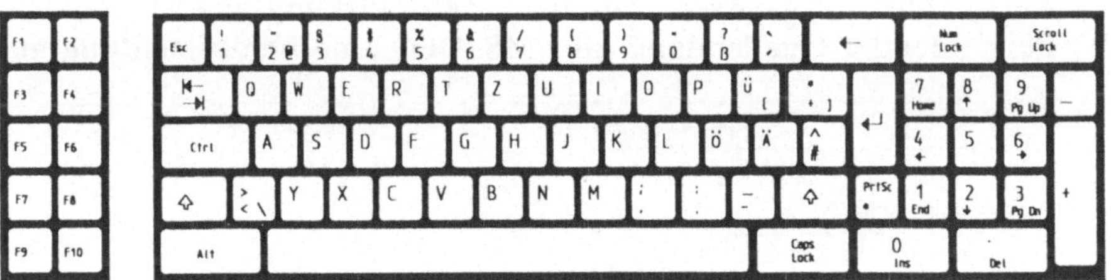

4.2.4 Dateien auf Platte kopieren mit COPY

Aufgaben des Befehls COPY: Mit dem Befehl COPY werden eine einzelne Datei (z.B. BRIEF1.TXT), eine Gruppe von Dateien (z.B. alle Dateien mit dem dem Dateityp TXT) oder sämtliche Dateien kopiert. Dabei wird zwischen Disketten und/oder Festplatten oder aber auf auf demselben Externspeicher kopiert. Darüberhinaus kann man mit COPY auch Dateien zusammenfügen, an Ausgabegeräte übertragen bzw. von Eingabegeräten empfangen.

Format des Befehls COPY: Der Befehl erwartet die Angabe zweier Plattenspeicher:

- Zuerst die *Quellenplatte*, d.h. die Diskette oder Festplatte, auf der sich die zu kopierenden Datei(en) befinden.
- Dann die *Zielplatte*, d.h. die Diskette oder Festplatte, auf die die Datei(en) kopiert werden sollen.

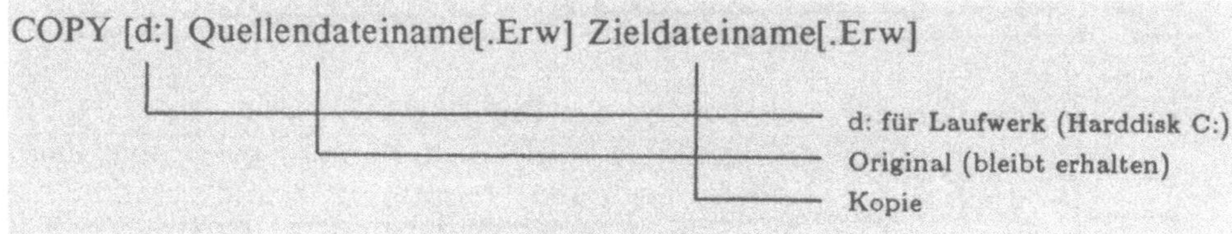

Format des Befehls COPY

Einzelne Dateien von Diskette auf Festplatte kopieren und umgekehrt. Das wiedergegebene Dialogprotokoll zeigt sieben Kipierbeispiele:
1) Kopieren vom aktiven Laufwerk heraus: Übertrage die Datei BRIEF1.TXT von der in Laufwerk A: einliegenden Diskette auf die Festplatte C: und speichere sie dort unter dem gleichen Namen ab.
2) Bei unverändertem Dateinamen kann die Angabe des Zieldateinamens auch entfallen. Befehlswirkung wie 1).
3) Die Bezeichnung des aktiven Laufwerks (hier A: als Quellenlaufwerk) kann weggelassen werden. Befehlswirkung wie 1).
4) Bei fehlender Quellendatei gibt MS-DOS eine Fehlermeldung aus.

```
A>copy a:brief1.txt c:brief1.txt          1)
        1 Datei(en) kopiert        .
A>copy a:brief2.txt c:                     2)
        1 Datei(en) kopiert
A>copy brief2.txt c:                       3)
        1 Datei(en) kopiert
A>copy brief6.txt c:                       4)
A:BRIEF6.TXT nicht gefunden
        0 Datei(en) kopiert
A>copy c:kunden13.dbf a:                   5)
        1 Datei(en) kopiert
A>copy c:versuch4.pas                      6)
        1 Datei(en) kopiert
A>copy c:kunden15.dbf                      7)
Nicht genug Platz auf Dskt./Platte
        0 Datei(en) kopiert
```

Einzelne Dateien kopieren

5) Kopieren ins aktive Laufwerk: Die Datei KUNDEN13.DBF (Dateityp DBF z.B. für eine dBASE-Datenbankdatei) wird auf der Festplatte C: gesucht und ins Laufwerk A: kopiert.
6) Die Bezeichnung des aktiven Laufwerks (hier Ziellaufwerk A:) kann entfallen.
7) Der freie Speicherplatz im Ziellaufwerk A: ist zu klein für die Datei KUNDEN15.TXT.

Zwei Möglichkeiten der Speicherung der Zieldatei:
- Wird im Ziellaufwerk eine Datei gleichen Namens gefunden, dann wird diese durch die kopierte Datei überschrieben und gelöscht.
- Ist der Name der zu kopierenden Datei im Ziellaufwerk noch nicht vorhanden, dann wird er durch MS-DOS ins Inhaltsverzeichnis zusätzlich eingetragen.

Dateien beim Kopieren umbenennen: Soll die Zieldatei unter einem anderen Namen als die Quellendatei abgelegt werden, so ist dieser bei COPY anzugeben. Der folgende Befehl z.B. kopiert den Inhalt der Datei KUNEN13.DBF und legt ihn unter dem Namen KD13SICH.DBF auf der Diskette A: ab:

```
A>copy c:kunden13.dbf a:kd13such.dbf
        1 Datei(en) kopiert
```

Dateigruppen kopieren: Durch die Dateigruppenzeichen "*" (Zeichenkette) bzw. "?" (Einzelzeichen) werden mit einem COPY-Befehl mehrere Dateien übertragen. Das Dialogbeispiel zeigt dazu drei Beispiele:
1) Alle Dateien mit dem Dateityp TXT von Diskette auf die Festplatte C: kopieren.
2) Alle Dateien mit acht Zeichen langem und mit KUNDEN beginnnenden Dateinamen von der Festplatte auf die Diskette kopieren.
3) Alle auf Diskette in A: gespeicherten Dateien nach C: kopieren.

```
A>copy a:*.txt c:                        1)
        7 Datei(en) kopiert
A>copy c:kunden??.* a:                   2)
        9 Datei(en) kopiert
A>copy a:*.* c:                          3)
       44 Datei(en) kopiert
```

Kopieren auf derselben Platte: Ziel- und Quellenlaufwerk können identisch sein. So wird durch den Befehl

```
A>copy brief1.txt brief1a.txt
```

eine Kopie von BRIEF1.TXT unter dem Namen BRIEF1A.TXT zusätzlich auf der Diskette A: ablegt.

Kopieren zwischen Disketten bei nur einem Diskettenlaufwerk: Um die Datei BRIEF1.TXT von einer Diskette auf eine andere Diskette zu kopieren, geht man wie folgt vor:
1. Quellendiskette ins aktive Laufwerk A: einlegen.
2. Befehl COPY A:BRIEF1.TXT B: eintippen. MS-DOS lädt nun die Datei BRIEF1.TXT von Diskette A: in den RAM (Hauptspeicher) und fordert zum Diskettenwechsel auf:

```
Diskette in Laufwerk B: einlegen
anschließend eine Taste betätigen
```

3. Quellendiskette aus dem Laufwerk A: entnehmen und die Zieldiskette ins gleiche Laufwerk einlegen. Eine beliebige Taste drücken.
4. MS-DOS kopiert die Datei BRIEF1.TXT jetzt vom RAM auf die Zieldiskette und meldet:

```
1 Datei(en) kopiert
A>
```

Das eine (physische) Diskettenlaufwerk wird somit von MS-DOS mit den verschiedenen (logischen) Namen A: und B: bezeichnet. Bei großen Dateien kann der Benutzer zu mehrmaligem Diskettenwechsel aufgefordert werden.

Befehlszusatz /v zum COPY-Befehl: "v" steht für "verify". MS-DOS überprüft jede Zieldatei auf mögliche, während des Kopierens auftretende Aufzeichnungsfehler. Mit dem folgenden Befehl werden sieben Dateien geprüft kopiert:

```
A>c:auftrag?.* a: /v
7 Datei(en) kopiert
```

4.2.5 Dateien auf Platte umbenennen mit RENAME

Format des Befehls RENAME: Mit dem Befehl RENAME kann man eine einzelne Datei oder eine Dateigruppe auf Diskette oder Festplatte umbenennen. MS-DOS trägt im entsprechenden Inhaltsverzeichnis dann den neuen Namen ein. Mit RENAME kann beim Umbenennen nicht zwischen verschiedenenen Datenträgern kopiert werden.

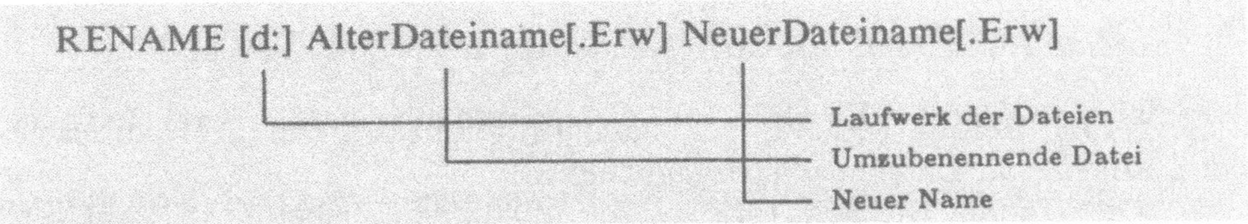

Format des Befehls RENAME

Beispiel zum Befehl RENAME. Im wiedergegebenen Dialogprotokoll werden die drei grundlegenden Formen des Umbenennens aufgezeigt:
1) Die Datei BRIEF2.DAT im aktiven Laufwerk wird in BRIEF2XX.DAT umbenannt. Der Dateiname ändert sich, nicht aber der Dateiinhalt.
2) Alle Dateien mit dem Dateityp DAT werden in TXT-Dateien umbenannt. Der Dateiname bleibt, nur der Dateityp ändert sich; aus der Datei BESTELL1.DAT z.B. wird die Datei BESTELL1.TXT.
3) Den Versuch, die Dateien von Laufwerk B: beim Umbenennen ins Laufwerk A: zu kopieren, weist MS-DOS mit einer Fehlermeldung ab. RENAME benennt nur im gleichen Laufwerk um: alle Dateien erhalten - unabhängig vom bisherigen Dateityp - den neuen Dateityp DOC.

```
A>rename brief2.txt brief2xx.txt      1)
A>rename b:*.dat *.txt                2)
A>rename b:*.* a:*.doc                3)
Ungültiger Parameter
```

4.2.6 Dateien von der Platte entfernen mit ERASE

Aufgaben des Befehls ERASE:
1. Die betreffend(e) Datei(en) werden von der Platte entfernt. Der freie Speicherplatz erhöht sich dadurch.
2. Die betreffenden Dateinamen werden aus dem Inhaltsverzeichnis (Directory) entfernt.

Besonders wichtige Dateien kann man mit dem Befehl ATTRIB gegen
versehentliches Überschreiben bzw. Löschen schützen.

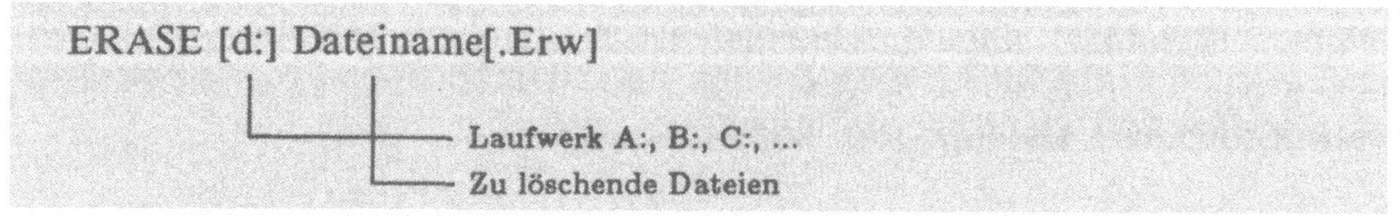

Format des Befehls ERASE (identisches Befehlswort DELETE)

Beispiel zum Befehl ERASE. Im Dialogprotokoll werden drei Beispiele
zum Löschen von Dateien wiedergegeben:
1) Die Datei BRIEF1.TXT wird auf der Diskette im aktiven
   Laufwerk A: gelöscht. Wie das Beispiel zeigt, quittiert MS-DOS
   das erfolgreiche Löschen nicht. Zur Kontrolle kann man jedoch
   anschließend DIR eingeben.
2) MS-DOS meldet, wenn kein Löschen möglich ist.
3) Beim Versuch, sämtliche Dateien zu löschen, fragt MS-DOS zur
   Sicherheit nach. Nur bei Eingabe von "j" bzw. "J" wird der gesamte Disketteninhalt gelöscht.

```
A>erase brief1.txt                                    1)
A>erase brief99.txt                                   2)
Datei nicht gefunden
A>erase a:*.*                                         3)
Sind Sie sicher (J/N)j
A>
```

4.2.7 Inhalt einer Datei anzeigen lassen mit TYPE

Aufgabe des Befehls TYPE: Unter den auf Platte gespeicherten Dateien
gibt es solche, deren Inhalt die in Form von Zeichen bzw. Text abgelegt
sind, d.h. in einer vom Menschen lesbaren Form. Diese Dateien nennt
man Textdateien oder ASCII-Dateien (jedes Zeichen gemäß ASCII-Code
verschlüsselt). Textdateien kann man sich mit dem Befehl TYPE auf dem
Bildschirm anzeigen lassen. Zu unterscheiden sind dabei zwei Dateiarten:
- Texte, wie z.B. ein mit einem Textverarbeitungsprogramm erstell-
  tes Mahnschreiben, eine Rechnung bzw. eine Terminliste.
- Anweisungen und Befehle von Programmen, die noch nicht in
  Maschinensprache übersetzt sind. Beispiel: Quelltext eines Pascal-
  oder dBASE-Programmes.

Nur Textdatei anzeigen, nicht aber Binärdatei: Soll mit dem TYPE-Befehl ein bereits in Maschinensprache übersetztes Programm (Binärdatei) auf den Bildschirm gebracht werden, erhält man zumeist eine vollkommen unleserliche Ausgabe. Der Inhalt einer Binärdatei läßt sich nicht mit TYPE ausdrucken.

Nur eine Datei anzeigen: Die Jokerzeichen "*" und "?" sind hier nicht zulässig. Falls ein Dateityp existiert, muß dieser angegeben werden.

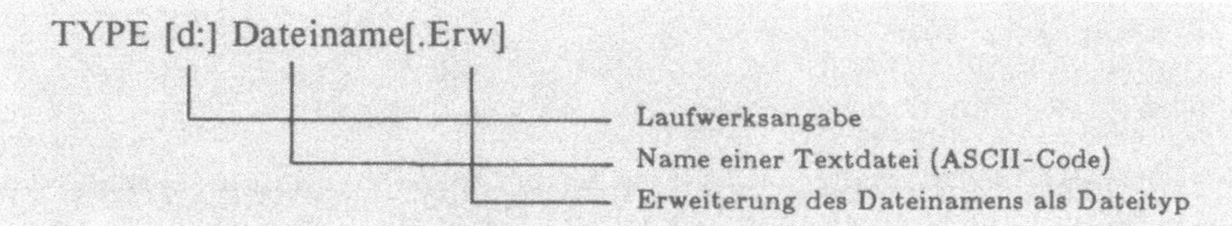

Format des Befehls TYPE

Beispiele zum Befehl TYPE:
1) Soll ein in BASICA bzw. GWBASIC geschriebenes Programm mit TYPE angezeigt werden, muß es zuvor (im BASIC-SYSTEM) mit dem Befehl *SAVE "Dateiname",A* gespeichert worden sein (A für ASCII-Code).
2) Bei der Ausgabe eines mit einem Textverarbeitungsprogramm wie Wordstar oder Word erstellten Textes erscheinen ggf. unleserliche (Formatierungs-)Zeichen.
3) Dateityp bei TYPE angeben: Ein unter dBASE mit RECHNUNG eingegebenes Programm wird mit TYPE RECHNUNG.PRG angezeigt. Ein unter Word mit AUFTRAG3 editierter Text kann unter MS-DOS nur mit TYPE AUFTRAG3.TXT angezeigt werden.
4) Die Ausgabe längerer Texte stoppt man mit Strg-S bzw. Strg-Num (Ctrl-S bzw. Ctrl-Num Lock).

```
A>type versuch1.bas                           1)
100 REM Programm Versuch1
110 ...
A>type brief6.txt                             2)
Sehr geehrte Damen und Herren,
...
A>TYPE RECHNUNG                               3)
Datei nicht gefunden
A>
```

Dateiinhalt ausdrucken lassen. Der TYPE-Befehl leitet den Inhalt der angegebenen Datei zur die aktive Ausgabeeinheit; voreingastellt ist der Bildschirm. Durch Strg-Druck läßt sich der Drucker zusätzlich aktivieren:

1) Drucker mit Strg-Druck (Ctrl-PrtSc) zuschalten (Echo- bzw. Protokollierfunktion an).
2) Inhalt der Textdatei AUFTRAG3.TXT wird gedruckt.
3) Echofunktion des Druckers wieder ausschalten.

```
A>type auftrag3.txt                Strg-Druck         1)

Auftrag vom 4.3.1988                                  2)

Sehr geehrter Damen und Herren,

........

A>                                 Strg-Druck         3)
```

Der Drucker bleibt solange aktiviert, bis er über das erneute Tippen von Strg-Druck ausgeschaltet wird. Kleinere Dateien, die auf eine Bildschirmseite passen, kann man sich natürlich mit der Druck-Taste anzeigen lassen:

- *Druck-Taste bzw. Shift-PrtScr:* Den Inhalt des Bildschirms ausdrucken lassen
- *Strg-Druck bzw. Ctrl-PrtScr:* Den Drucker aktivieren, um jede Eingabe bis zum nächsten Strg-Druck auszudrucken. Auch die mit TYPE AUFTRAG3.TXT befohlene Ausgabe wird gedruckt.

Aufgabe 4.2/1: Zu den internen Befehlen von MS-DOS.
   a) Nennen Sie Format und Aufgaben der internen Befehle.
   b) Beschreiben Sie die Bezeichnung B:TEST1.PAS.
   c) Wann kann man für A:DATE4.PRG auch DATE4.PRG schreiben?

Aufgabe 4.2/2: Was bewirken die folgenden Befehle?
   a) B: f) ERASE C:*.TXT
   b) DIR B: g) TYPE C:ERKL.TXT
   c) DIR VERSUCH?.PROG/W   h) COPY *.* C:
   d) COPY V1.PRG V1a.PRG   i) RENAME N3 N4
   e) COPY A:V1*.PRG B:V1*.PRG

Aufgabe 4.2/3: Unter welcher Voraussetzung sind die Befehle COPY C:P.PAS und COPY P.PAS A: identisch?

Aufgabe 4.2/4: Nennen Sie die Befehle zur Lösung folgender Probleme:
   a) Den Disketteninhalt dateiweise von A: nach B: kopieren.
   b) Die mit "K" anfangenden Dateien von C: nach A: kopieren.
   b) Alle BAK-Dateien mit 4 Zeichen langen Dateinamen löschen.
   d) Den Dateiinhalt von DD.PAS in Laufwerk A: ausdrucken.
   e) Prüfen, ob die PRG-Dateien auf Diskette B: vorhanden sind.
   f) Die Datei INF7.TXT in INF7NEU.DOC umbenennen.

4
Befehlszeilen-Oberfläche von MS-DOS

4.3.1 Platte formatieren mit FORMAT

Aufgaben des Befehls FORMAT: Beim Formatieren wird die Diskette bzw. Festplatte in eine dem Betriebssystem MS-DOS gemäße Form gebracht:
- Während des Formatierens werden - falls vorhanden - alle Daten der Diskette oder Festplatte unwiderruflich gelöscht.
- FORMAT ist ein externer Befehl, da er das gleichnamige Systemprogramm FORMAT.COM aufruft, das auf einem Externspeicher (Diskette, Festplatte) abgelegt ist. Zum Zeitpunkt der Befehlseingabe von FORMAT muß MS-DOS deshalb im aktiven Laufwerk verfügbar sein.

```
FORMAT [d:] [/S] [/V] [/1] [/4] [/N:xx] [/T:yy]

   d:                     Laufwerk A:, B:, C:, ..., in dem formatiert wird
   /S                     Betriebssystemdateien auf Diskette übertragen
   /V                     Name für den Datenträger eintragen
   /1                     Nur eine Diskettenseite formatieren (nur 5.25")
   /4                     In 5.25"-Laufwerk mit hoher Kapazität mit
                          360 KB anstelle von 1.2 MB formatieren
   /N:xx                  Anzahl der Sektoren je Spur verringern
   /T:yy                  Anzahl der Spuren verringern
```

Format des Befehls FORMAT

Formatieren einer Diskette bei einem Diskettenlaufwerk:
1) Systemdiskette in Laufwerk A: einlegen und FORMAT aufrufen. Aus Sicherheitsgründen stets B: angeben (d.h. von A: zum logischen Dateinamen B: wechseln). Nach dem Formatieren soll mit /S Betriebssystem übertragen und mit /V ein Datenträgername aufgezeichnet werden.
2) Systemdiskette entnehmen und leere bzw. zu formatierende Diskette einlegen. Taste drücken
3) MS-DOS 4.0 formatiert und meldet, wieviel Prozent der Speicherfläche bereits formatiert ist. Bis DOS 3.3 werden die gerade formatierten Nummern von Schreib-/Lesekopf (z.B. 0 - 1) und Zylinder (z.B. 0 - 39) gemeldet.
4) Diese Meldung erscheint nur, wenn der Parameter /S angegeben wurde: Die Systemdateien IO.SYS, MSDOS.SYS (bei IBM-PC IBMBIO.SYS, IBMDOS.COM) und COMMAND.COM wurden auf die Diskette übertragen, damit diese später als Bootdiskette

verwendet werden kann. Zum Formatieren einer nicht bootfähigen Anwenderdiskette dient FORMAT B:/V.

5) Da der Parameter /V angegeben wurde, kann auf die Diskette der Datenträgername RECHNUNGEN eingetragen werden. Dieser Name wird bei jedem späteren Aufruf des Befehls DIR angezeigt.
6) Hier werden ggf. fehlerhafte Sektoren angegeben.
7) Die Meldung erscheint aufgrund Parameter /S.
8) Bei Eingabe von "j" könnte man weitere Disketten formatieren.

```
A>format b: /s /v                                          1)
Neue Diskette in Laufwerk B: einlegen                      2)
und anschließend Eingabetaste betätigen...


100 Prozent formatiert                                     3)
Formatieren beendet
Systemdateien übertragen                                   4)


Name (max. 11 Zeichen, kein Name: EINGABE)? rechnungen     5)


    362496 Byte Gesamtspeicherbereich                      6)
    109568 Byte vom System verwendet                       7)
    252928 Byte auf Diskette/Platte verfügbar


      1024 Byte in jeder Zuordnungseinheit
       247 Zuordnungseinheiten auf Diskette/Platte verfügbar


Datenträgernummer: 1332-07E2
Weitere Dskt./Platte formatieren (j/n)? n                  8)
A>
```

Formatieren einer Diskette bei zwei Diskettenlaufwerken: Der Ablauf des Formatierens vereinfacht sich insofern, als sich der Diskettenwechsel erübrigt: Systemdiskette in Laufwerk A:, die zu formatierende Diskette in Laufwerk B: einlegen und z.B. FORMAT B: eintippen.

Formatieren einer Diskette von der Festplatte aus: Das Verzeichnis (siehe Abschnitt 4.4) aktivieren, in der der Befehl FORMAT abgelegt ist, und dann den Befehl FORMAT B: eingeben.

Formatieren verschiedener Diskettenarten:
Die folgende Tabelle bezieht sich auf IBM Personalcomputer und zeigt, welche FORMAT-Parameter für welche Diskettenarten anzugeben sind (jeweils 512 Bytes/Sektor):

```
Größe:  Diskettenart:  Spur/Seite:  Seiten:  Sektoren/Spur:     Parameter:
5.25"      180 KB          40           1           9          /S, /V, /1, /4
5.25"      360 KB          40           2           9          /S, /V, /1, /4
5.25"      1.2 MB          80           2          15          /S, /V, /N, /T
3.5"       720 KB          80           2           9          /S, /V, /N, /T
3.5"      1.44 MB          80           2          18          /S, /V,
           Festplatte                                          /S, /V
```

"Kleinere" Diskette in einem Laufwerk formatieren: Die Parameter /N:xx (Anzahl Sektoren) und /T:yy (Anzahl Spuren) sind anzugeben, wenn eine Diskette weniger als die vom Laufwerk unterstützte Maximalkapazität aufweisen soll. Drei Beispiele:

1) In einem 3.5"-1.44 MB-Laufwerk wird eine doppelseitige Diskette mit 1.44 MB formatiert.

2) In einem 3.5"-1.44 MB-Laufwerk soll eine doppelseitige Diskette mit nur 720 KB formatiert werden (N=18 auf N=9 verringert).

3) In einem 5.25"-1.2 MB-Laufwerk soll eine doppelseitige Diskette mit nur 360 KB formatiert werden.

```
A> format b:                      1)
...
A> format b: /n:9 /t:80           2)
...
A> format a: /4                   3)
...
```

4.3.2 System später auf Platte übertragen mit SYS

Problem: Man arbeitet mit dem Betriebssystem MS-DOS in der Version 3.3, wobei das System auf der Festplatte C: untergebracht ist. Nun möchte man nachträglich MS-DOS 4.0 auf die Festplatte abspeichern. Mit dem Befehl SYS wird MS-DOS z.B. wie folgt übertragen.

1) Neue Systemdiskette mit MS-DOS 4.0 ins aktive Laufwerk A einlegen.
2) SYS C: überträgt MS-DOS 4.0 von der Systemdiskette in A: auf die Festplatte. Genauer: Die unsichtbaren Systemdateien IO.SYS

und MSDOS.SYS (bei IBM heißen sie IBMBIO.SYS und IBM-
DOS.COM) werden auf die ersten freien Spuren der Festplatte kopiert.

3) COPY COMMAND.COM C: überträgt den neuen Befehlsprozessor
    auf die Festplatte.

4) Andere externe Befehle wie COUNTRY.COM, KEYB.COM,
    KEYBOARD.SYS müssen später natürlich gesondert von A: nach
    C: kopiert werden.

```
C>a:                                    1)

A>sys c:                                2)

Systemdateien übertragen

A>copy command.com c:                   3)

A>copy keyb.com c:                      4)

A>copy .....
```

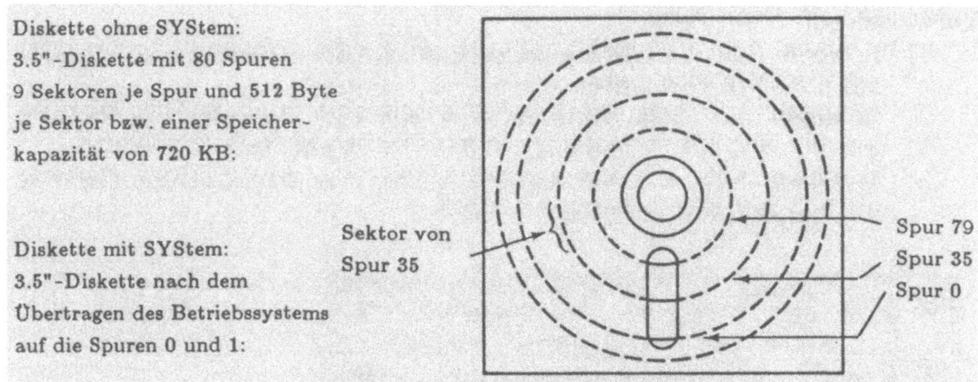

Diskette mit Spuren und Sektoren

4.3.3 Diskette kopieren mit DISKCOPY

Aufgaben des Befehls DISKCOPY: Mit dem Befehl COPY wird *Datei für
Datei* übertragen. Mit dem Befehl DISKCOPY hingegen wird der gesamte
Inhalt einer Diskette auf eine andere Diskette kopiert; dabei wird *Spur
für Spur* übertragen.

- DISKCOPY überträgt den Inhalt der Quellendiskette auf eine Zieldiskette.
- Sind auf der Zieldiskette bereits Daten abgelegt, dann werden sie
   gelöscht bzw. überschrieben.
- Findet DISKCOPY eine unformatierte Zieldiskette, dann wird diese formatiert.

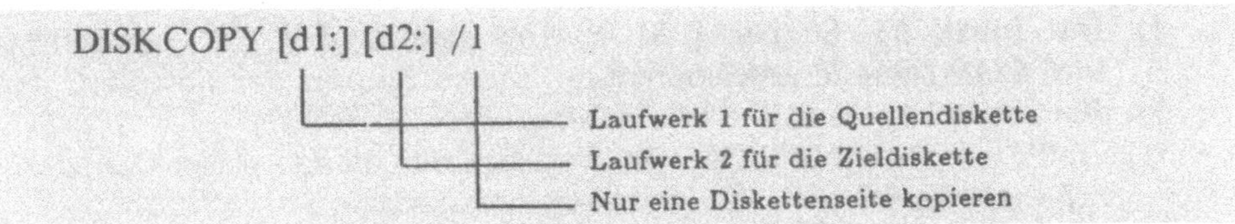

Format des Befehls DISKCOPY

Zwei Disketten bei nur einem Diskettenlaufwerk kopieren:
1) Systemdiskette in Laufwerk A: einlegen und DISKCOPY A: B: als externen Befehl von der Diskette aufrufen.
2) Die zu kopierende Quellendiskette in Laufwerk A: einlegen und eine Taste drücken.
3) Der Inhalt dieser Diskette wird nun in den RAM eingelesen.
4) Quellendiskette entnehmen und die Zieldiskette ins Laufwerk einlegen. Eine Taste drücken. Der im RAM zwischengespeicherte Inhalt der Quellendiskette wird nun auf die Zieldiskette übertragen.
5) Je nach Speicherumfang von Quellendiskette bzw. Speichergröße des RAM fordert das System ggf. mehrmals zum Wechseln von Quellen- und Zieldiskette auf.

```
A>diskcopy a: b:                                      1)

Quellendiskette in Laufwerk A: einlegen              2)
Anschließend eine Taste betätigen ...
Kopiert werden 40 Spuren                             3)
9 Sektoren/Spur, 2 Seite(n)

Zieldiskette in Laufwerk A: einlegen                 4)
Anschließend eine Taste betätigen ...
Eine weitere Kopie erstellen (J/N)?n                 5)
A>
```

Zwei Disketten bei zwei Diskettenlaufwerken kopieren:
1) Systemdiskette in Laufwerk A: einlegen und DISKCOPY A: B: als externen Befehl von der Diskette aufrufen.
2) Ihre zu kopierende Quellendiskette in Laufwerk A: und die Zieldiskette in Laufwerk B: einlegen; dann eine Taste drücken.
3) Diese Meldung erscheint nur, wenn der DISKCOPY-Befehl eine unformatierte Zieldiskette vorfindet.

4) Der Inhalt des Originals in A: wird nun in den RAM eingelesen und dann nach B: geschrieben.

5) Bei Bedarf kann man Mehrfachkopie(en) anfertigen.

```
A>diskcopy a: b:                                          1)


Quellendiskette in Laufwerk A: einlegen                   2)
Zieldiskette in Laufwerk B: einlegen
Anschließend eine Taste betätigen ...  ___
Formatieren während Kopieren                              3)
Kopiert werden 40 Spuren                                  4)
9 Sektoren/Spur, 2 Seite(n)
Eine weitere Kopie erstellen (J/N)?n_                     5)
A>
```

DISKCOPY-Befehl von der Festplatte aufrufen: Ist das Betriebssystem auf der Festplatte installiert worden, muß DISCOPY als externer Befehl natürlich von C: aufgerufen werden.

DISKCOPY verlangt gleichartige Quellen- und Ziellaufwerke: Man kann mit DISKCOPY somit nicht von einem 3.5"-Laufwerk auf ein 5.25"-Laufwerk oder von einem Festplattenverzeichnis auf ein 3.5"-Laufwerk kopieren. Hierzu sind die Befehle COPY bzw. XCOPY vorgesehen.

Gegenüberstellung von COPY und DISKCOPY:
- COPY kopiert dateiweise und DISKCOPY kopiert spurweise.
- COPY kopiert auch zwischen verschiedenartigen Diskettenlaufwerken (z.B. von 5.25" auf 3.5"), DISKCOPY hingegen nicht.
- COPY kopiert auch zwischen Festplatte und Diskette, DISKCOPY hingegen ist ein reiner Diskettenbefehl.
- Ist eine Diskette zu kopieren, die zahlreiche Lücken bzw. gestreut abgelegte Dateien enthält, so kann COPY vorteilhaft sein. Grund: COPY überträgt jede Datei einzeln und speichert sie auf die Zieldiskette hinter die zuvor kopierte Datei ab. Der verfügbare freie Speicherplatz kann auf der Zieldiskette nun beträchtlich über dem der Quellendiskette liegen.

4.3.4 Datensicherung mit BACKUP und RESTORE

Aufgaben der Befehle BACKUP und RESTORE: BACKUP erstellt Sicherungskopieren von Dateien. Neben XCOPY (vgl. Abschnitt 4.4.6) bietet sich BACKUP insbesondere an, um die Daten der Festplatte auf Disketten zu sichern. BACKUP-Dateien können nur mit RESTORE wieder (einzeln oder gesamt) zurückgespeichert werden (Format vgl. Abschnitt 2.2.2).

```
A:\>c:\hilfe\dosbef\backup a: b: /s /l:diskback.txt          1)


Sicherungsquellendiskette in Laufwerk A: einlegen
Weiter mit beliebiger Taste . . .


Sicherungsdiskette 01 in Laufwerk B: einlegen               2)
ACHTUNG! Dateien im Stammverzeichnis
B:\ des Ziellaufwerks werden gelöscht.
Weiter mit beliebiger Taste . . .


*** Dateisicherung nach Laufwerk B: ***
Diskette Nummer: 01                                         3)


Protokoll wird in Datei A:\DISKBACK.TXT geschrieben


\KEYB.COM              4)        A:\>type diskback.txt       5)
\KEYBOARD.SYS                    24.12.1988  0.16.08
\012345.678                      001  \KEYB.COM
\PCIBMDRV.MOS                    001  \KEYBOARD.SYS
\SHELLC.EXE                      001  \012345.678
\SHELL.MEU                       001  \PCIBMDRV.MOS
\SHELL.CLR                       001  \SHELLC.EXE
\SHELLB.COM                      001  \SHELL.MEU
\COUNTRY.SYS                     001  \SHELL.CLR
\DOSSHELL.BAT                    001  \SHELLB.COM
\DISKCOPY.COM                    001  \COUNTRY.SYS
\CONFIG.SYS                      001  \DOSSHELL.BAT
\AUTOEXEC.BAT                    001  \DISKCOPY.COM
\ANSI.SYS                        001  \CONFIG.SYS
\SHELL.ASC                       001  \AUTOEXEC.BAT
                                 001  \ANSI.SYS
                                 001  \SHELL.ASC
A:\>dir b:                                                  6)
 Datenträger in Laufwerk B ist BACKUP  001
 Verzeichnis von B:\
BACKUP   001    242064 24.12.88   0.17
CONTROL  001       719 24.12.88   0.17
        2 Datei(en)      118784 Byte frei
```

Inhalt einer Diskette sichern: Zur Demonstration soll der Inhalt der Diskette von A: komplett nach B: gesichert werden (das Kopieren der Festplatte von C: nach B: läuft genau entsprechend ab).

1) BACKUP ist im Verzeichnis HILFE\DOSBEF abgelegt. Mit /S werden auch alle in den Unterverzeichnissen enthaltenen Dateien kopiert. Mit /L wird eine Logdatei DISKBACK.TXT (Default wäre BACHUP.LOG) im Ziellaufwerk erstellt.

2) BACKUP formatiert - falls erforderlich - die Zieldiskette(n).

3) Beim Sichern einer Festplatte werden hier die Nummern 01, 02, ... gezeigt.

4) Dateinamen werden im Zuge des Kopierens am Bildschirm gezeigt.

5) Inhalt der Logdatei DISKBACK.TXT zwecks Kontrolle. Dies ist wichtig, da BACKUP in einem speziellen Format kopiert, das nur durch RESTORE lesbar ist.

6) Sicherungsdiskette 01 mit Dateien in dem speziellen BACKUP-Format.

Eine Datei zurückkopieren mit RESTORE: Die Datei DOSSHELL.BAT soll von der Sicherungsdiskette in B: wieder nach A: geschrieben werden.

1) Der RESTORE-Befehl ist im Unterverzeichnis HILFE\DOSBEF abgelegt.

2) Die Datei DOSSHELL.BAT überschreibt die (defekte) Datei auf der Originaldiskette.

```
A:\>c:\hilfe\dosbef\restore b: a:dosshell.bat /s                    1)


Sicherungsdiskette 01 in Laufwerk B einlegen
Weiter mit beliebiger Taste . . .
Zieldiskette zum Zurückspeichern in Laufwerk A: einlegen
Weiter mit beliebiger Taste . . .


*** Dateien gesichert am 24.12.1988 ***
*** Dateien werden von Laufwerk B:  zurückgespeichert ***
Diskette: 01
\DOSSHELL.BAT                                                       2)
```

Aufgabe 4.3/1: Zu den externen Befehlen von MS-DOS.

a) Unter welcher Voraussetzung sind die Befehle FORMAT A: und C:FORMAT A: identisch?

b) "Unter MS-DOS wird die Zieldatei als erste und die Quelldatei als zweite Datei angegeben." Nehmen Sie Stellung zu dieser Aussage.

c) Eine in Laufwerk B: befindliche Leerdiskette soll zweiseitig formatiert und mit einem Namen versehen werden. Befehl?

d) Wann ist der COPY A:*.* B: dem Befehl DISKCOPY A: B: vorzuziehen (nennen Sie zwei grundlegende Fälle)?

4.4.1 Modell einer einfachen Verzeichnisstruktur

Der Speicherraum der Diskette bzw. Festplatte ist groß und kann zahlreiche Dateien aufnehmen. Um die Übersicht zu behalten, ist es sinnvoll, den Speicherraum in Verzeichnisse zu unterteilen, wobei jedem Verzeichnis eine Nutzungsart des PCs zugewiesen wird. Die Verzeichnisse der Platte lassen sich mit den Abschnitten eines Buches vergleichen. Im folgenden Verzeichnisbaum sind neun Verzeichnisse in drei Ebenen angeordnet:

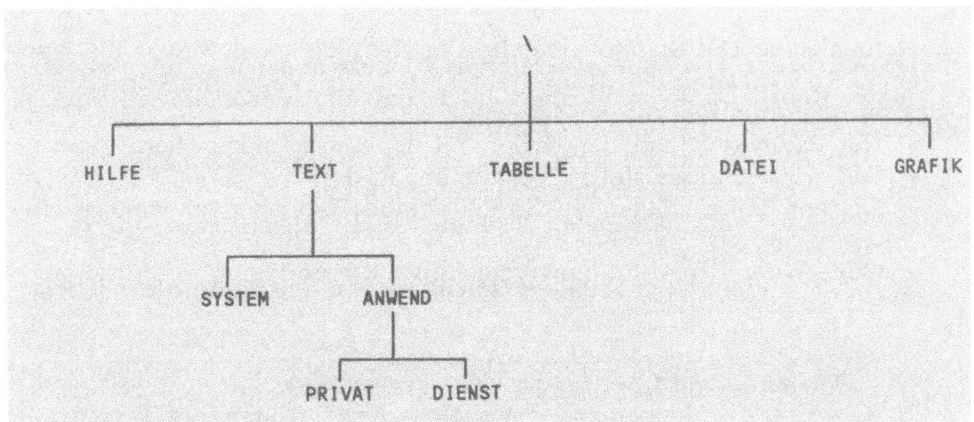

Modell einer Verzeichnisstruktur mit neun Unterverzeichnissen

Stammverzeichnis "\": Mit dem umgekehrten Schrägstrich (engl. Backslash) wird das Stamm- bzw. Hauptverzeichnis bezeichnet. In dieses Verzeichnis werden alle Dateien eingetragen, wenn kein Unterverzeichnis eingerichtet wurde. Beim Formatieren erhält die Platte automatisch ein Stammverzeichnis. Diesem Stammverzeichnis werden die Unterverzeichnisse HILFE, TEXT, TABELLE, DATEI und GRAFIK untergeordnet:

- **Unterverzeichnis HILFE:** In diesem Verzeichnis sollen alle Dateien gespeichert werden, die bei der Arbeit mit dem PC helfen. Dazu gehören die Dateien des Betriebssystems, die verfügbaren Utilities (spezielle Dienstprogramme, z.B. zum Kopieren) und die Stapeldateien.
- **Unterverzeichnis TEXT:** Hier legt man alle Dateien ab, die etwas mit der Textverarbeitung (z.B. Word, WordStar, Word Perfect) zu tun haben. Zu Text werden weitere Verzeichnisse eingerichtet: Verzeichnis SYSTEM für die Systemprogramme des jeweiligen Textverarbeitungssystems, also z.B. für die auf der(n) Word-Systemdiskette(n) gelieferten Dateien.

Verzeichnis ANWEND dient zur Aufnahme der eigenen Anwenderlösungen, wie Briefe, Mahnschreiben, Rechnungen, Berichte usw. Um eine Übersicht zu behalten, unterteilt man ANWEND weiter in die Verzeichnisse PRIVAT (private Korrespondenz) und DIENST (dienstlicher Briefverkehr).
- **Unterverzeichnis TABELLE** für die Tabellenkalkulation (z.B. Multiplan).
- **Unterverzeichnis DATEI** für das Datei- bzw. Datenbankverwaltungssystem (z.B. dBASE, RBASE).
- **Unterverzeichnis GRAFIK** für Grafiktools wie Chart, PaintBrush.

Verzeichnisbaum: Das Stammverzeichnis "\" bezeichnet man auch als Wurzel (engl. Root). Damit wird angedeutet, daß die Verzeichnisstruktur als Verzeichnisbaum aufgefaßt werden kann:
- Der Baum steht auf dem Kopf mit der Wurzel nach oben.
- Die Verzeichnisse stellen Verästelungen dar.
- Die am Baum hängenden "Früchte" sind Dateien oder weitere Unterverzeichnisse.
- Ohne Wurzel bzw. Stammverzeichnis kann der Baum nicht leben.

1. Übersichtlichkeit des Plattenverzeichnisses.
2. Größere Anzahl von Dateien speicherbar (im Stammverzeichnis einer Diskette können nur 112 bzw. 224 Dateinamen eingetragen werden).
3. Größere Zugriffsgeschwindigkeit (in *einem* Unterverzeichnis ist eine relativ kleine Anzahl von Dateien gespeichert).

Drei Vorteile von strukturierten Verzeichnissen

4.4.2 Unterverzeichnisse einrichten mit MD

Aufgaben des Befehls MD: Mit diesem Befehl kann man ein neues Unterverzeichnis auf Diskette bzw. Festplatte erstellen. MD ist die Abkürzung für das Befehlswort MKDIR (Make Directory). MD prüft, ob der angegebene Verzeichnisname (z.B. TEXT) in der jeweiligen Verzeichnisebene nicht bereits schon vorhanden ist und richtet - falls noch kein Verzeichnis mit dem Namen existiert - das Verzeichnis neu ein.

Format des Befehls MD: Hinter dem Befehlswort MD kann man den Laufwerksbuchstaben (z.B. C: für die Festplatte) angeben. Ist dieses Laufwerk bereits aktiv, kann diese Angabe entfallen. Anschließend wird der

Pfad angegeben. Der *Pfad* beschreibt den gesamten Weg vom aktiven
bzw. genannten Verzeichnis bis zum neu einzurichtenden Verzeichnis.
Aus diesem Grunde bezeichnet man den *Pfad als Zugriffs-, Verzeichnis-
bzw. Suchpfad.*

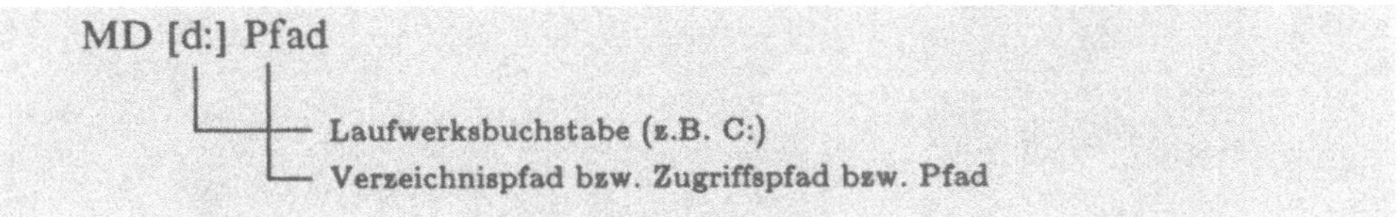

Format des Befehls MD

Das Verzeichnis HILFE mit dem Befehl MD neu einrichten. Das Dialogprotokoll zeigt folgendes Drei-Schritte-Vorgehen zum Einrichten des
neuen Verzeichnisses HILFE:
1) Mit DIR wird das Inhaltsverzeichnis der Diskette in Laufwerk A:
   angezeigt. Auf dieser Diskette befindet sich nur die eine Datei
   COMMAND.COM, jedoch kein Unterverzeichnis. Anmerkung: Der
   Diskettenname DISK1 wurde zuvor mit dem LABEL-Befehl eingetragen.
2) Durch Eintippen des Befehls
   ```
   MD \HILFE
   ```
   wird das Verzeichnis HILFE eingetragen. Der Pfad lautet \HILFE
   (der "\" ist wichtig) und besagt: Richte das neue Verzeichnis
   HILFE als Unterverzeichnis zum Stammverzeichnis "\" ein.
3) DIR zeigt nun zwei Einträge im Directory: Den Dateinamen
   COMMAND.COM und den Verzeichnisnamen HILFE.

```
A:\>dir                                                    1)
 Diskette/Platte, Laufwerk A:, hat den
 Namen DISK1
Verzeichnis von A:\
COMMAND  COM    25979  18.03.87  12.00
        1 Datei(en)     282624 Byte frei


A:\>md \hilfe                                              2)


A:\>dir                                                    3)
 Diskette/Platte, Laufwerk A:, hat den
 Namen DISK1
Verzeichnis von A:\
COMMAND  COM    25979  18.03.87  12.00
HILFE           <DIR>        2.01.88   1.11
        2 Datei(en)     281600 Byte frei
```

Die Verzeichnisse TEXT, TABELLE, DATEI und GRAFIK einrichten:
1) Durch vier MD-Befehle werden diese Verzeichnisse eingerichtet:
2) Das Directory zeigt nun eine Datei- und fünf Verzeichnisnamen.

```
A:\>md \text                                                    1)
A:\>md \tabelle
A:\>md \datei
A:\>md \grafik


A:\>dir                                                         2)
 Diskette/Platte, Laufwerk A:, hat den
 Namen DISK1
 Verzeichnis von A:\
COMMAND  COM    25979  18.03.87   12.00
HILFE          <DIR>          2.01.88    1.11
TEXT           <DIR>          2.01.88    1.11
TABELLE        <DIR>          2.01.88    1.11
DATEI          <DIR>          2.01.88    1.11
GRAFIK         <DIR>          2.01.88    1.11
        6 Datei(en)     277504 Byte frei
```

Unterverzeichnisse zu Verzeichnis TEXT einrichten: Zu TEXT sollen die
beiden Unterverzeichnisse SYSTEM und ANWEND eingerichtet werden.

```
A:\>md \text\system
A:\>md \text\anwend
```

Der Pfad \TEXT\SYSTEM bedeutet: Gehe vom Stammverzeichnis "\" aus
zum Unterverzeichnis TEXT und richte zu TEXT ein neues Unterver-
zeichnis namens SYSTEM ein.
Der Backslash "\" hat somit zwei Bedeutungen:
-   Der erste "\" bezeichnet das Stammverzeichnis.
-   Der zweite (und alle nachfolgenden) "\" dienen als Trennungszei-
    chen und trennen Verzeichnisnamen bzw. Dateinamen innerhalb
    eines Pfades.

Unterverzeichnisse zu Verzeichnis TEXT\ANWEND einrichten. Durch die
beiden Befehle

```
A:\>md \text\anwend\privat
A:\>md \text\anwend\dienst
```

werden die Verzeichnisse PRIVAT (private Korrespondenz) und DIENST
(dienstlicher Briefverkehr) eingerichtet. Die Suchpfade nennen nun vier
Verzeichnisebenen.

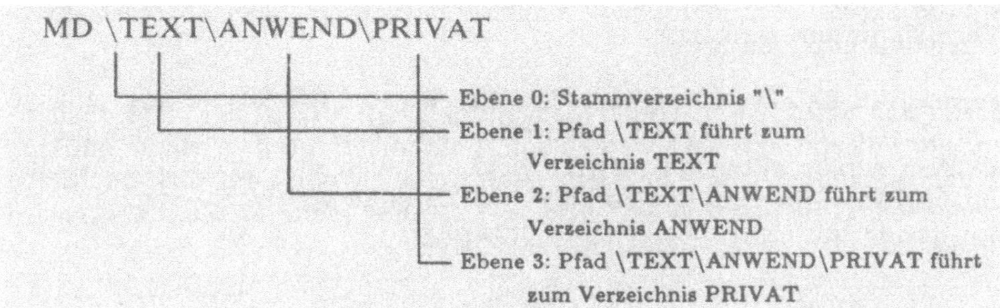

Pfad mit vier Verzeichnisebenen

Ausbau der Verzeichnisstruktur: Das "Modell einer Verzeichnisstruktur"
hat nun das in Abschnitt 4.4.1 angegebene Aussehen. Dieses Modell soll
nun durch Erweiterung der Verzeichnisse HILFE, TABELLE, DATEI
und GRAFIK komplettiert werden.

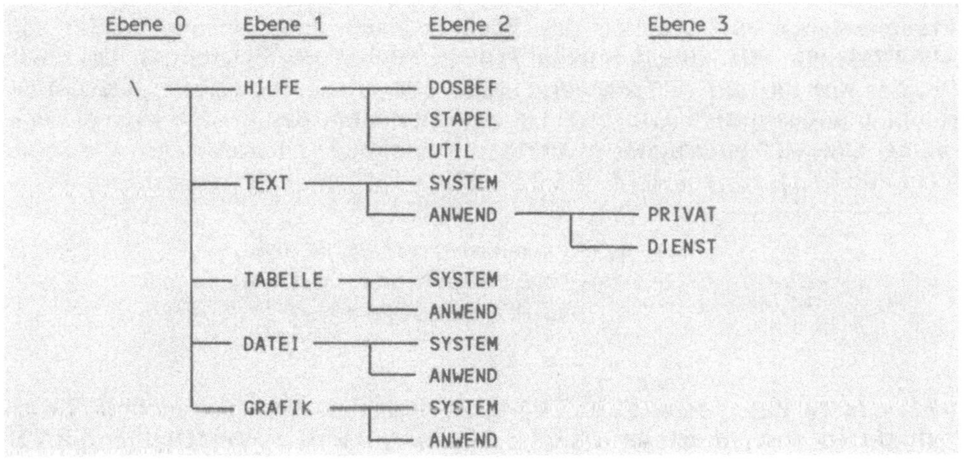

Modell einer Verzeichnisstruktur (erweitert)

4.4.3 Unterverzeichnisse aktivieren mit CD

Aufgaben des Befehls CD: CD ist eine Abkürzung für das Befehlswort CHDIR (Change Directory, Wechseln des Verzeichnisses). Mit CD kann man das aktive Verzeichnis bzw. Laufwerk wechseln, oder aber das aktive Verzeichnis anzeigen lassen.

Format des Befehls CD: Hinter dem Befehlswort CD ist der Pfad anzugeben, der ab jetzt aktiviert werden soll. Falls dieser Pfad in einem anderen als dem gerade aktiven Laufwerk liegt, ist auch der Laufwerksbuchstabe einzugeben. Gibt man das Befehlswort CD ohne weiteren Zusatz an, wird nur das derzeit aktive Verzeichnis angezeigt.

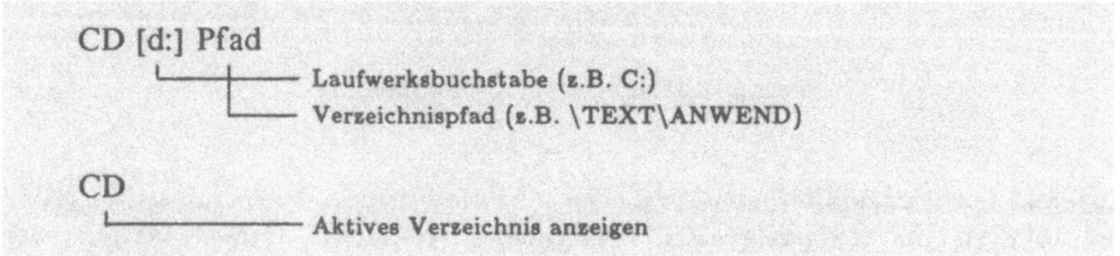

Zwei Formate des Befehls CD

Promptzeichen mit Angabe des Pfades: Nach dem Starten meldet sich MS-DOS z.B. mit A> als seinem Prompt (Bereitschaftszeichen). Da dieses Prompt nur das aktive Laufwerk, nicht aber auch das gerade aktive Verzeichnis anzeigt, ändern wir es bei den Dialogbeispielen ab jetzt wie folgt ab (im Vorgriff zu Abschnitt 4.5.3):

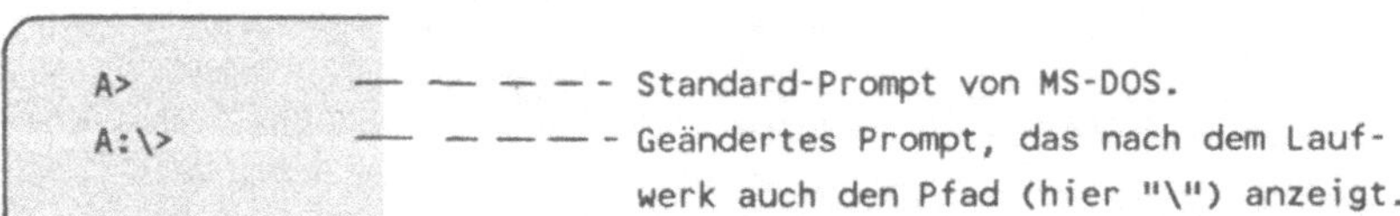

Wechseln in das Verzeichnis TEXT als Beispiel. Das Verzeichnis TEXT aoll aktiviert werden, um dann darin zu arbeiten. Das Dialogprotokoll zeigt folgendes 6-Schritte-Vorgehen:

1) Nach der Eingabe des Befehlswortes CD (ohne weiteren Zusatz) werden das aktive Laufwerk und Verzeichnis angezeigt.
2) Mit dem Befehl CD \TEXT wechselt man in das Unterverzeichnis TEXT. Am Bildschirm wird dies durch das Prompt A:\TEXT> quittiert (wir nehmen nun das erweiterte Proptzeichen an (siehe oben).

3) Der DIR-Befehl bezieht sich jetzt auf das aktive Verzeichnis TEXT. Vier Verzeichnisse werden angezeigt.

4) Der Einzelpunkt "." steht für das aufgelistete Verzeichnis (also für TEXT), während die beiden Punkte ".." auf das unmittelbar übergeordnete Verzeichnis verweisen - in diesem Falle also auf das Stammverzeichnis "\". Befindet man sich im Verzeichnis TEXT, dann sind die zwei Befehle

    CD \   und   CD ..

identisch, da sie jeweils ins Stammverzeichnis zurückführen.

5) Mit CD \TEXT\ANWEND wird das Verzeichnis ANWEND aktiviert. Der DIR-Befehl bezieht sich nun auf dieses Verzeichnis.

6) Mit dem Befehl CD \ kehrt man ins Stammverzeichnis zurück.

```
A:\>cd                                                          1)
A:\>cd \text                                                    2)
A:\TEXT>dir                                                     3)
 Diskette/Platte, Laufwerk A:, hat den
 Namen DISK1
Verzeichnis von A:\TEXT
 .              <DIR>      2.01.88    1.11                       4)
 ..             <DIR>      2.01.88    1.11
 SYSTEM         <DIR>      2.01.88    1.22
 ANWEND         <DIR>      2.01.88    1.22
         4 Datei(en)      264192 Byte frei


A:\>cd \text\anwend                                             5)
A:\TEXT\ANWEND>dir
Verzeichnis von A:\TEXT\ANWEND
 .              <DIR>      2.01.88    1.22
 ..             <DIR>      2.01.88    1.22
 PRIVAT         <DIR>      2.01.88    1.24
 DIENST         <DIR>      2.01.88    1.25
         4 Datei(en)      264192 Byte frei


A:\TEXT\ANWEND>cd \                                             6)
A:\>
```

Vom Stammverzeichnis oder vom aktiven Verzeichnis an suchen: Der Pfad bzw. Suchpfad kann beim Stammverzeichnis (Angabe "\") oder aber beim derzeit aktiven Verzeichnis (Angabe von "\" entfällt) beginnen. Das Dialogprotokoll zeigt dazu drei in ihrer Wirkung identische CD-Befehle:

1) Vom Stammverzeichnis in das Verzeichnis ANWEND wechseln.
2) Vom aktiven Verzeichnis in das Verzeichnis ANWEND wechseln.
3) Vom Stammverzeichnis in das Verzeichnis ANWEND wechseln.

```
A:\>cd \TEXT\ANWEND                                         1)

A:\TEXT>cd ANWEND                                           2)
A:\TEXT>cd \TEXT\ANWEND                                     3)
```

4.4.4 Unterverzeichnisse löschen mit RD

Aufgaben des Befehls RD: Als Gegenstück zum Befehl MD dient der Befehl RD zum Löschen eines früher mittels MD eingerichteten Unterverzeichnisses. RD ist die Abkürzung für das Befehlswort RMDIR (Remove Directory). Ein Verzeichnis kann nur dann von Diskette oder Festplatte entfernt werden, wenn es leer ist, d.h. wenn es keine weiteren Verzeichnisse bzw. Dateien enthält (diese sind zuvor mit ERASE zu löschen). Ebenso kann das aktive Verzeichnis nicht entfernt werden.

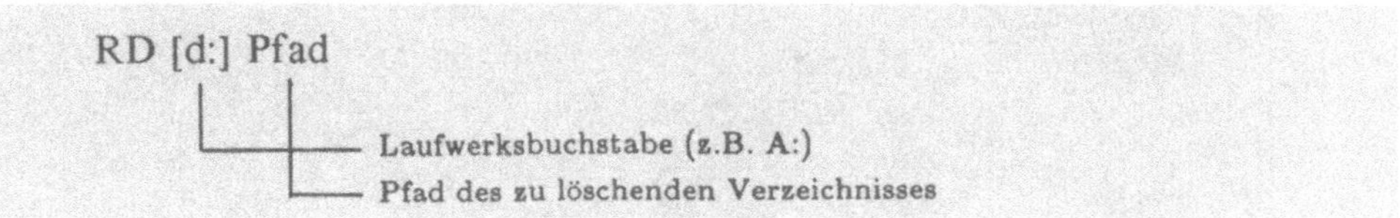

Format des Befehls RD

Beispiel zum Löschen eines Verzeichnisses. Das komplette Verzeichnis TEXT\ANWEND\DIENST ist von der Diskette A: zu entfernen. Man geht dazu wie folgt in zwei Schritten vor:
1) Alle Dateien mit dem Befehl ERASE löschen.
2) Befehl RM löscht das Verzeichnis ohne Bestätigungsmeldung.

```
A:\>erase \text\anwend\dienst\*.*                           1)
   Sind Sie sicher (J/N)?  j
A:\>rd \text\anwend\dienst                                   2)
A:\>
```

4.4.5 Verzeichnisse anzeigen mit TREE

Aufgaben des Befehls TREE: Mit dem TREE-Befehl kann man sich das
aktive oder alle Verzeichnisse als Baum anzeigen lassen. Mit /F werden
auch die Namen der gespeicherten Dateien angezeigt.

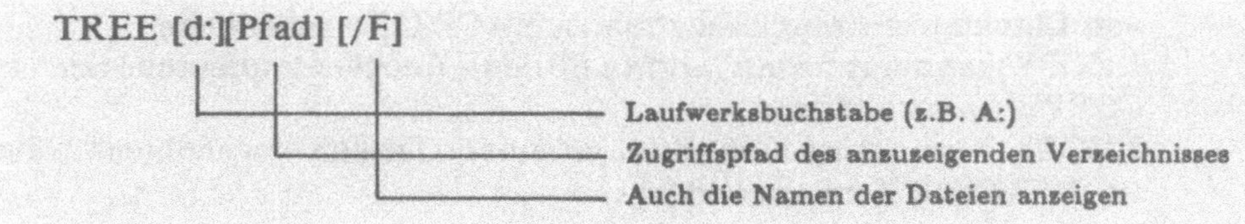

Format des Befehls TREE

Gesamten Verzeichnisbaum anzeigen: Durch den Befehl TREE /F werden
die Namen der Verzeichnisse und Dateien angezeigt.

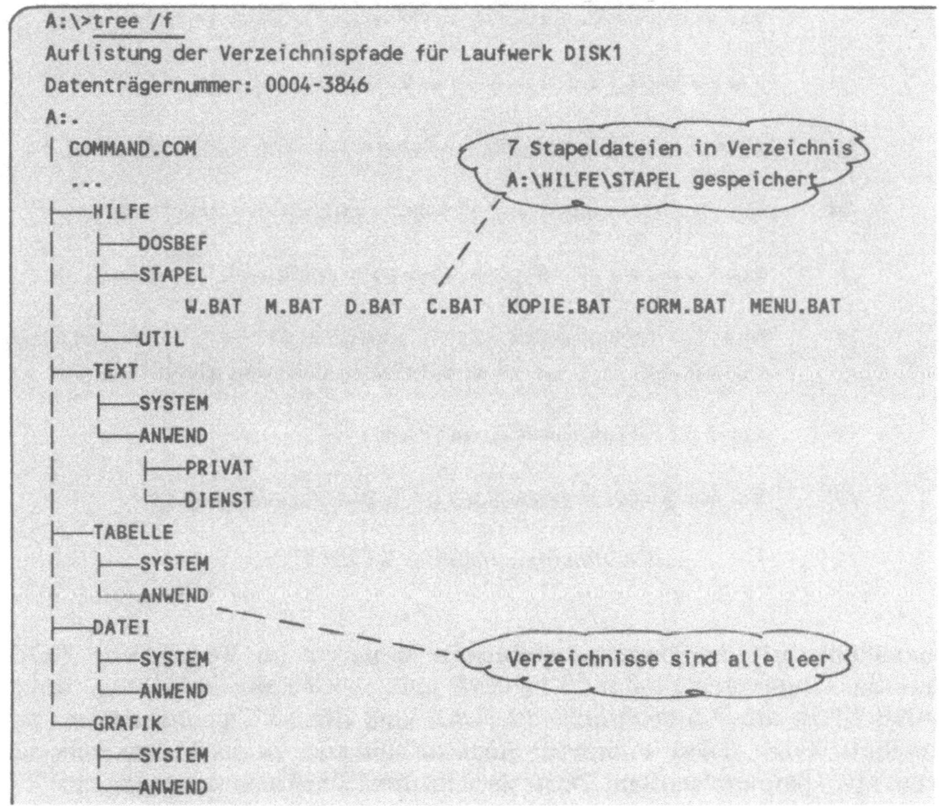

Mit TREE (ohne Parameter) wird der Baum im aktiven Laufwerk gezeigt.
Mit TREE B:\ /F > PRN wird der Verzeichnisbaum ausgedruckt.

4.4.6 Unterverzeichnisse kopieren mit XCOPY

Aufgaben des Befehls XCOPY: Im Gegensatz zu COPY kann man mit XCOPY auch Verzeichnisse samt Dateiinhalt kopieren.
- Wie bei BACKUP und RESTORE kann der Archiv-Flag beim kopieren getestet und zurückgenommen werden. Nur beim Kopieren von Dateien mehrerer Disketten ist BACKUP vorzuziehen.
  XCOPY kann auf kein Gerät (z.B. den Drucker) kopieren. Hier ist COPY zu verwenden.
- XCOPY kann keine Gesamtkopie einer Diskette vornehmen. Hier ist DISKCOPY zu verwenden.

XCOPY Quelle Ziel [/A] [/D] [/E] [/M] [/P] [/S] [/V] [/W]

/A	Nur die seit dem letzten XCOPY oder BACKUP veränderten Dateien werden kopiert. Im Gegensatz zu /M bleibt das *Archiv-Flag* erhalten.
/D	Nur die Dateien kopieren, die jünger als /D:tt.mm.jj sind.
/E	Auch leere (empty) Verzeichnisse werden kopiert (/E setzt /S voraus).
/M	Wie /A, aber Archiv-Flags der kopierten Dateien zurücknehmen.
/P	Bestätigung vor dem Kopieren einer Datei erforderlich (Prompting).
/S	Nicht nur das Verzeichnis, sondern auch die nicht-leeren Unterverzeichnisse kopieren. Mit /S/E werden auch die leeren Unterverzeichnisse kopiert.
/V	Kopie auf Fehlerlosigkeit testen (Verify).
/W	Vor dem Kopieren warten, bis z.B. die Diskette gewechselt ist.

Format des Befehls XCOPY

Verzeichnis mit vier Unterverzeichnissen kopieren: Im Verzeichnis TEXT sind die Unterverzeichnisse SYSTEM und ANWEND enthalten, wobei ANWEND in die Verzeichnisse PRIVAT und DIENST gegliedert ist (vgl. Abschnitt 4.4.5). Diese komplette Struktur soll nun in ein Verzeichnis namens NEU kopiert werden. Dazu wird in drei Schritten vorgegangen:

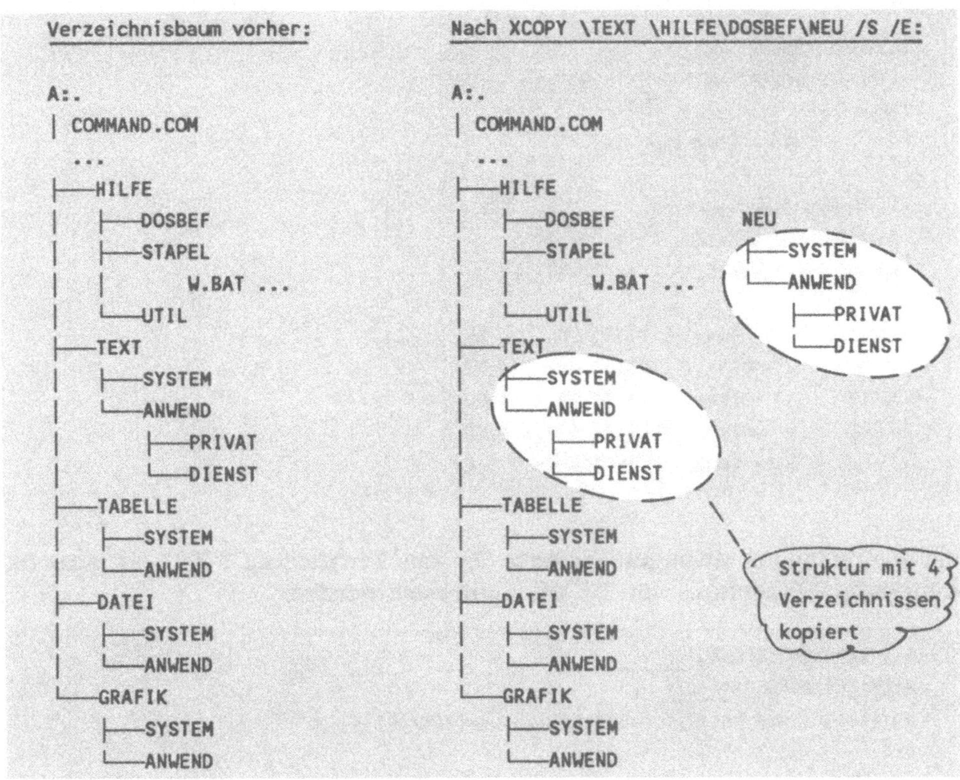

Verzeichnis NEU anlegen (Schritt 1): Nachdem NEU als Verzeichnis im Verzeichnis HILFE\DOSBEF von Laufwerk A: angelegt ist, zeigt das Directory drei Eintragungen

```
A:\>cd hilfe\dosbef
A:\HILFE\DOSBEF>md neu
A:\HILFE\DOSBEF>dir
 Datenträger in Laufwerk B ist DISK1
 Verzeichnis von B:\HILFE\DOSBEF

.            <DIR>      02.01.88     1.18
..           <DIR>      02.01.88     1.18
NEU          <DIR>      23.12.88     2.50
      3 Datei(en)     198656 Byte frei
```

```
A:\HILFE\DOSBEF\NEU>dir
 Datenträger in Laufwerk B ist DISK1
 Verzeichnis von B:\HILFE\DOSBEF\NEU

.            <DIR>      23.12.88     2.50
..           <DIR>      23.12.88     2.50
      2 Datei(en)     198656 Byte frei
```

Verzeichnis TEXT in Verzeichnis kopieren (Schritt 2): Die Meldung "0 Datei(en) kopiert" zeigt an, daß die kopierten Verzeichnisse leer sind. Anstelle von XCOPY \TEXT /S/E (Zielverzeichnis NEU ist aktiv) kann man auch XCOPY \TEXT \HILFE\DOSBEF\NEU /S/E (beliebiges Verzeichnis von A: ist aktiv) eingeben.

```
A:\HILFE\DOSBEF>cd neu
A:\HILFE\DOSBEF\NEU>xcopy \text /s /e
Datei nicht gefunden - ????????.???
        0 Datei(en) kopiert


A:\HILFE\DOSBEF\NEU>dir
 Datenträger in Laufwerk B ist DISK1
 Verzeichnis von B:\HILFE\DOSBEF\NEU


.              <DIR>      23.12.88     2.50
..             <DIR>      23.12.88     2.50
SYSTEM         <DIR>      23.12.88     3.00
ANWEND         <DIR>      23.12.88     3.00
        4 Datei(en)        194560 Byte frei
```

Verzeichnisbaum anzeigen (Schritt 3): Im Verzeichnis NEU ist nun das komplette Verzeichnis von TEXT einkopiert worden.

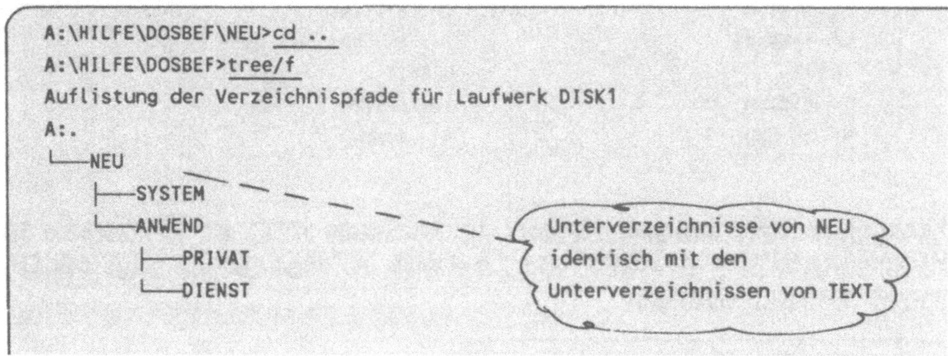

Aufgabe 4.4/1: Zu den Verzeichnisbefehlen von MS-DOS.
- a) Wozu dienen die Befehle MD, CD und RD?
- b) Geben Sie alle Befehle an, um die in Abschnitt 4.4.2 angegebene erweiterte Verzeichnisstruktur aufzubauen.
- c) Wann immer sind die Befehle CD TEXT und CD\TEXT gleich?
- d) Welcher Befehl muß mit dem RD-Befehl vorausgehen (Grund)?
- e) Warum lassen sich in einem strukturierten Verzeichnis mehr Dateien als in einem unstrukturierten Verzeichnis speichern?
- f) Unterscheiden Sie P.PRG, C:P.PRG, C:\P.PRG und C:\D\P.PRG.
- g) Grenzen Sie ab: Stammverzeichnis, aktives Verzeichnis und übergeordnetes Verzeichnis.

4.5.1 Konfiguration und Anpassung des Systems

Nach dem Einschalten des PCs führt das System einen Kaltstart durch (siehe Abschnitt 4.1), der in fünf Schritten wie folgt abläuft:

Schritt 1: Betriebssystem booten
- Die versteckten Dateien MSDOS.SYS und IO.SYS (bei IBM-PC: IBMDOS.COM und IBMIO.COM) werden vom Bootlaufwerk A: bzw. C: in den RAM geladen.

Schritt 2: Konfigurationsdatei CONFIG.SYS ausführen
- Im Bootlaufwerk wird nach einer Datei namens CONFIG.SYS gesucht und (falls gefunden) ausgeführt: CONFIG.SYS dient der System-Konfiguration, d.h. der Zusammenstellung der verschiedenen Geräte bzw. Einheiten des PCs (z.B. Drucker, Tastatur, usw.) zu einem funktionsfähigen System. Die Datei CONFIG.SYS enthält deshalb Befehle, mit denen dem System die speziellen Anforderungen der angeschlossenen Geräte mitgeteilt werden. Dazu ein Beispiel: Ist ein besonders großer Bildschirm (etwa in DIN-A4-Größe) angeschlossen, so muß die spezielle Form der Zeichendarstellung auf dem Bildschirm dem System in jedem Fall mitgeteilt werden.
- Wird keine Datei CONFIG.SYS gefunden, erhalten die Konfigurationsparameter die jeweiligen Standardwerte zugeordnet.

Schritt 3: Befehlsprozessor COMMAND.COM laden
- Die Datei COMMAND.COM enthält alle internen Befehle des Betriebssystems, wie z.B. die Befehle COPY und DIR. Diese Datei wird nun in den RAM geladen.

Schritt 4: Anpassungsdatei AUTOEXEC.BAT ausführen
- Im Bootlaufwerk wird jetzt nach einer Datei namens AUTO-EXEC.BAT gesucht. Wird keine Datei AUTOEXEC.BAT gefunden, so fragt MS-DOS den Benutzer nach dem Datum und der Zeit. Andernfalls werden die in der Datei gestapelten Befehle ausgeführt. Ein solcher Befehl kann z.B. dafür sorgen, daß die deutschen Umlaute korrekt eingegeben werden können.
- Über die Befehle der Datei AUTOEXEC.BAT kann der Benutzer das System seinen eigenen Wünschen und Vorstellungen anpassen.

Schritt 5: Betriebsbereitschaft durch Promptzeichen melden
- Falls in der Datei AUTOEXEC.BAT keine diesbezüglichen Änderungen vorgenommen wurden, erscheint am Bildschirm das Promptzeichen "A>" bzw. "C>".

CONFIG.SYS und AUTOEXEC.BAT als Stapeldateien: In den beiden Dateien sind Befehle gestapelt, die beim Dateiaufruf Befehl für Befehl ausgeführt zu werden. Die Befehlsstapel sind nicht fest vorgegeben. Der Benutzer kann den Typ und die Reihenfolge der Befehle selbst angeben.

4.5.2   Konfigurationsdatei CONFIG.SYS

4.5.2.1 Konfigurationsbefehle

Wird das Systen von der Festplatte C: gebootet, muß die Konfigurationsdatei CONFIG.SYS im Stammverzeichnis C:\ gespeichert sein. MS-DOS stellt ganz spezielle Befehle bereit, die in CONFIG.SYS gestapelt werden können; man bezeichnet sie als *Konfigurationsbefehle*. Eine einfache Datei kann z.B. die Konfigurationsbefehle BREAK, BUFFERS, COUNTRY und DEVICE enthalten:

1) Durch Eingabe des TYPE-Befehls kann man sich den Inhalt der Datei CONFIG.SYS anzeigen lassen.
2) Fünf Konfigurationsbefehle sind als Befehlsstapel abgelegt.
3) MS-DOS meldet sich wieder mit seinem Promptzeichen.

```
C:\> type config.sys                         1)
files=16                                      2)
buffers=20
country=049
device=c:\ansi.sys
device=c:\vdisk.sys 96 128 64
C:\>                                          3)
```

Konfigurationsdatei CONFIG.SYS mit fünf Befehlen

Von CONFIG.SYS aufgerufene Dateien: Die Datei CONFIG.SYS steht im Stammverzeichnis C:\ der Festplatte. Die von ihr aufgerufenen Dateien ANSI.SYS, COUNTRY.SYS und VDISK.SYS müssen ebenfalls im Verzeichnis C:\ gespeichert sein, da beim Aufruf dieses Verzeichnis genannt wird.

- Mit COUNTRY=049 bzw. C:\COUNTRY=049 wird die Datei COUNTRY.SYS im aktiven Verzeichnis gesucht, d.h. im Stammverzeichnis C:\.
- Beim Aufruf von C:\HILFE\DOSBEF\COUNTRY=049 würde die Datei COUNTRY.SYS in einem anderen Verzeichnis gesucht werden, nämlich in C:\HILFE\DOSBEF..

Zum Befehl INSTALL in CONFIG.SYS: vgl. Abschnitt 4.5.3.5.

Eingabe der Datei CONFIG.SYS: Über den Befehl COPY CON kann man Textdateien - so auch CONFIG.SYS - über die Tastatur eingeben; mit Strg-Z bzw. Ctrl-Z wird die Eingabe abgeschlossen.

```
copy con config.sys

...

...   Jede Textzeile mit Return-Taste abschließen

...

Strg-Z
```

Befehl COPY CON zur Tastatureingabe einer beliebigen Textdatei

Konfigurationsbefehl FILES: Die Höchstanzahl der unter MS-DOS gleichzeitig geöffneten Dateien wird auf 16 festgelegt. Als Standard voreingestellt ist FILES=8.

Konfigurationsbefehl BUFFERS: Mit BUFFERS=15 als Voreinstellung werden im RAM 15 Pufferspeicher für das Zwischenspeichern beim Zugriff auf die Festplatte bzw. Diskette reserviert. Arbeitet man z.B. mit dem Datenbanksystem dBASE, sollte BUFFERS=20 oder darüber eingestellt sein.

Konfigurationsbefehl COUNTRY: Mit COUNTRY=049 wird das deutsche Format für die Eingabe von Datum, Uhrzeit usw. eingestellt. 049 ist der Landescode für den deutschsprachigen Raum. COUNTRY=001 ist als Standard für den US-Landescode voreingestellt.

Konfigurationsbefehl DEVICE=ANSI.SYS: Mit dem DEVICE-Befehl wird ein Geräte- bzw. Einheitentreiber aktiviert, d.h. ein Programm, das ein bestimmtes Gerät (z.B. Tastatur, Bildschirm, Drucker) "antreibt", in dem es dafür sorgt, daß die Datenübertragung zwischen dem Gerät und dem PC reibungslos funktioniert. ANSI.SYS ist der erweiterte Bildschirmtreiber.

4.5.2.2 Einrichten einer RAM-Disk

Konfigurationsbefehl DEVICE=VDISK.SYS: Wird ein PC mit einer Festplatte betrieben, teilt MS-DOS folgende Laufwerksbuchstaben zu:
- A: für das erste Diskettenlaufwerk.
- B: für ein (später anzuschließendes) zweites Diskettenlaufwerk.
- C: für die Festplatteneinheit.
- D: für eine RAM-Disk als virtuelles Diskettenlaufwerk.
- E: für ein weiteres externes Laufwerk.
- F: ...

Unter einer RAM-Disk versteht man einen abgegrenzten Teil des RAMs, der wie ein Diskettenlaufwerk angesprochen und mit dem Einheitentreiber VDISK.SYS eingerichtet wird. Der Befehl

```
device = c:\vdisk.sys 96 128 64
```

bewirkt folgendes: Vom RAM wird ein Speicherbereich von 96 KByte Größe für eine RAM-Disk bereitgestellt. Die Sektorgröße beträgt 128 Byte (möglich: 128, 256, 512), und in die RAM-Disk können maximal 64 Namen (möglich zwischen 2 - 512) eingetragen werden. Die RAM-Disk erhält automatisch den Laufwerksbuchstaben D: als nächsten unbelegten Buchstaben zugewiesen.

Arbeiten mit der RAM-Disk. Das folgende Dialogprotokoll zeigt einige typische Zugriffe auf die RAM-Disk:
1) Alle Dateien der RAM-Disk löschen. DOS stellt zur Sicherhait die Frage "Sind Sie sicher (j/n)?".
2) Die RAM-Disk D: als aktives Laufwerk einstellen: alle nachfolgenden Befehle beziehen sich auf die RAM-Disk als Default-Laufwerk.
3) Alle Dateien von A: nach D: kopieren.
4) Alle Dateien von D: nach B: kopieren. 3) und 4) verwendet man, wenn bei einem PC mit nur einem Diskettenlaufwerklaufwerk eine Diskette mehrfach zu kopieren ist.
5) Alle Dateien auf der RAM-Disk löschen, deren Namen mit den drei Buchstaben "ART" beginnen.
6) Alle TXT-Dateien von der RAM-Disk in das Unterverzeichnis \HILFE\STAPEL der Festplatte C: kopieren.

```
C:\>erase d:*.*                      1)
C:\>d:                               2)
D:\>copy a:*.*                       3)
D:\>copy *.* a:                      4)
D:\>erase art*.*                     5)
D:\>d:*.TXT c:\HILFE\STAPEL          6)
```

Vor- und Nachteile der RAM-Disk: Die RAM-Disk eignet sich hervorragend zum Zwischenspeichern von Dateien. Ein Datenzugriff erfolgt wesentlich schneller als der Zugriff auf Daten, die sich auf der Festplatte oder Diskette befinden. Beim Abschalten des PCs jedoch geht der gesamte Inhalt der RAM-Disk verloren (flüchtiger Speicher). Aus diesem Grunde

ist stets zu überlegen, welche Dateien noch auf Permanentspeicher wie
Festplatte oder Diskette zu kopieren sind.

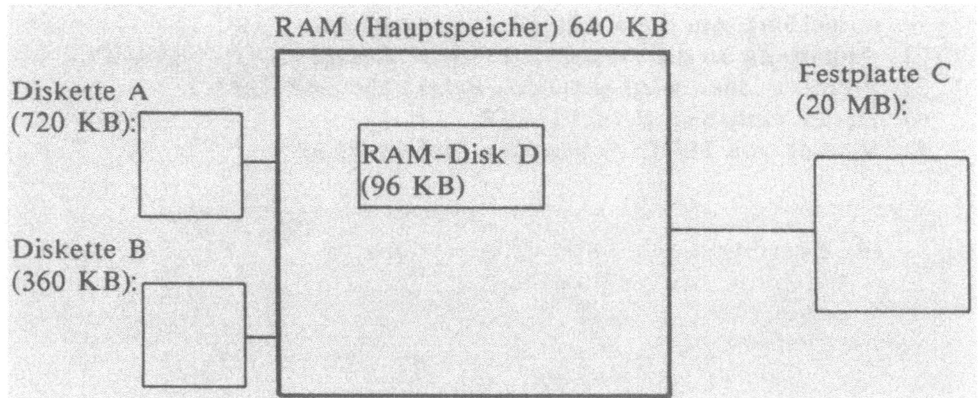

RAM-Disk D: als besonderer Teil des RAM

4.5.3   Anpassungsdatei AUTOEXEC.BAT

4.5.3.1 Stapeldatei

In der folgenden Anpassungsdatei sind die Befehle KEYB, PROMPT,
DATE und VER gestapelt:
   1) Die Datei AUTOEXEC.BAT ist eine Textdatei und wird - wie alle
      anderen Textdateien - durch den TYPE-Befehl angezeigt.
   2) KEYB GR als erster in der Datei gestapelter Befehl für die deut-
      sche Tastatur.
   3) Nach dem Anzeigen der acht Befehlszeilen erscheint das Prompt.

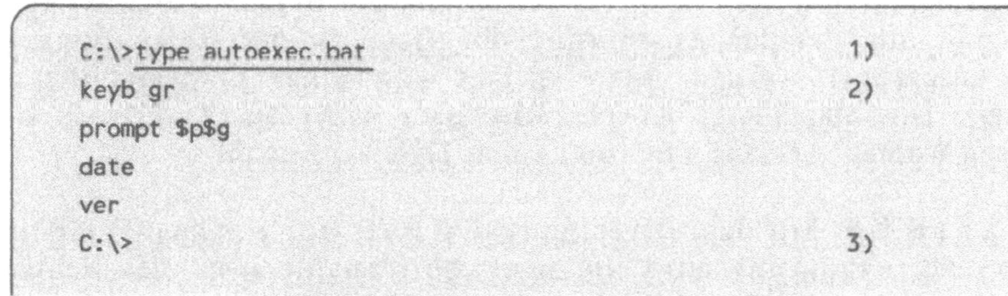

AUTOEXEC.BAT in einfacher Form

Beim Booten werden nacheinander die Dateien CONFIG.SYS (Abschnitt 4.5.2.1) und AUTOEXEC.BAT ausgeführt. Dabei erscheint am Bildschirm folgendes Protokoll:

1) Befehl DEVICE=C:\VDISK.SYS 96 128 64 von CONFIG.SYS wird ausgeführt, um die RAM-Disk einzurichten.
2) Anpassung an die Deutsche Tastatur. Befehl COUNTRY=049.
3) Promptzeichen wird geändert. Befehl PROMPT PG.
4) Datum eingeben; Befehl DATE.
5) Version von MS-DOS anzeigen; Befehl VER.

```
IBM DOS Version 4.00.   VDISK Virtuelle Platte D:        1)
   Puffergröße:         96 KByte
   Sektorgröße:         128
Verzeichniseinträge:    64


C:>keyb gr                                               2)


C:\>prompt $p$g                                          3)


C:\>date                                                 4)
Systemdatum: Mi. 30.11.1988
Neues Datum eingeben (tt.mm.jj): 30.11.88


C:\>ver                                                  5)
IBM DOS Version 4.00
C:\>
```

Bildschirmprotokoll bei Ausführung von CONFIG.SYS und AUTOEXEC.BAT

AUTOEXEC.BAT als Stapeldatei: Der Dateityp BAT (engl. Batch für Stapel) weist darauf hin, daß in dieser Datei mehrere Befehle gestapelt angeordnet sind, die bei der Ausführung der Datei in der Reihenfolge des Stapels ausgeführt werden. Man spricht von einer Stapeldatei (engl. Batchfile). Die Stapeldatei AUTOEXEC.BAT wird ausgeführt, in dem man ihren Namen AUTOEXEC (ohne den Dateityp) nennt.

Befehl KEYB GR: Mit dem Befehlsaufruf KEYB (für Keyboard) GR (für Germany als Argument) wird die deutsche Tastatur bzw. der deutsche Zeichensatz eingestellt.

- Ab MS-DOS Version 3.3: Die Dateien KEYB.COM und KEY-BOARD.SYS müssen im aktiven Verzeichnis gespeichert sein. Der externe Befehl KEYB.COM lädt die Tastaturdefinitionsdatei

KEYBOARD.SYS, aus der dann bei Angabe des Arguments GR die deutsche Tastaturbelegung ausgewählt wird.
- Bis MS-DOS Version 3.2: Die Datei KEYBGR.COM muß gespeichert sein; sie enthält den deutschen Zeichensatz.

Befehl DATE: Das Datum wird über die Tastatur abgefragt. Da in der Konfigurationsdatei CONFIG.SYS mit COUNTRY=049 die Nummer 49 für Deutschland angegeben wurde, kann das Datum im Format "tt,mm,jj" eingetippt werden.

Befehl VER: Die Versionsnummer des Betriebssystems wird angezeigt.

```
C:\>dir
 Datenträger in Laufwerk C ist FESTPLATTE
 Datenträgernummer: 2442-32C4                    aufgerufen in Datei:
 Verzeichnis von C:\
ANSI     SYS      9149 29.08.88    8.00          CONFIG.SYS
AUTOEXEC BAT        31 30.11.88   19.13
COMMAND  COM     38523 29.08.88    8.00
CONFIG   SYS        82 30.11.88   19.09
COUNTRY  SYS     12838 29.08.88    8.00          CONFIG.SYS
DISKCOPY COM     10540 29.08.88    8.00
FORMAT   COM     23211 29.08.88    8.00
KEYB     COM     14899 29.08.88    8.00          AUTOEXEC.BAT
KEYBOARD SYS     23360 29.08.88    8.00          AUTOEXEC.BAT
SYS      COM     11600 29.08.88    8.00
VDISK    SYS      6443 29.08.88    8.00          CONFIG.SYS
XCOPY    EXE     17279 29.08.88    8.00
HILFE            <DIR>
 ...
```

MS-DOS-Dateien im Stammverzeichnis von C:

4.5.3.2 Promptzeichen ändern mit PROMPT

Befehl PROMPT: Mit dem in der Datei AUTOEXEC.BAT genannten Befehl

```
prompt $p$g
```
wird das voreingestellte Promptzeichen A>, B>, C>, ... so geändert, daß nicht nur das Laufwerk, sondern der komplette Pfad vor dem ">"-Zeichen angezeigt wird. Dabei stehen *$p* für "aktive Pfade (engl. path) anzeigen" und *$g* für "Größer-Zeichen > anzeigen".

- Arbeitet man im Unterverzeichnis C:\TEXT\ANWEND\PRIVAT, dann meldet sich MS-DOS mit dem recht informativen Promptzeichen C:\TEXT\ANWEND\PRIVAT>, nicht aber mit dem standardmäßig vorgesehenen Promptzeichen C>.
- Bei den in Abschnitt 4.4 wiedergegebenen Dialogprotokollen wurde dieses erweiterte Promptzeichen zugrunde gelegt.

```
PROMPT = $z

         ├── p aktiver Pfad
         ├── g Größer-Zeichen ($n$g als Standard)
         ├── n aktive Laufwerksnummer
         ├── t Uhrzeit (time)
         └── d Datum
```

Format des Befehls PROMPT

4.5.3.3 Suchpfade einrichten mit PATH

Nach der Eingabe eines externen Befehls sucht MS-DOS normalerweise nur im aktiven Verzeichnis nach der zugehörigen Befehlsdatei. Mit dem PATH-Befehl kann man ein oder mehrere Verzeichnisse angeben, in denen MS-DOS zusätzlich suchen soll. Fügt man den Befehl

```
path c:\; c:\hilfe\dosbef
```

in die Datei AUTOEXEC.BAT ein, dann sucht das Betriebssystem bei jedem Befehlsaufruf automatisch auch im Pfad C:\ (Stammverzeichnis) und im Pfad C:\HILFE\DOSBEF. Die Suchpfade sind durch ";" zu trennen. Wird ohne Parameter

```
path
```

eingegeben, dann wird der aktive Suchpfad angezeigt. Mit

```
path ;
```

werden sämtliche aktiven Pfade gelöscht.

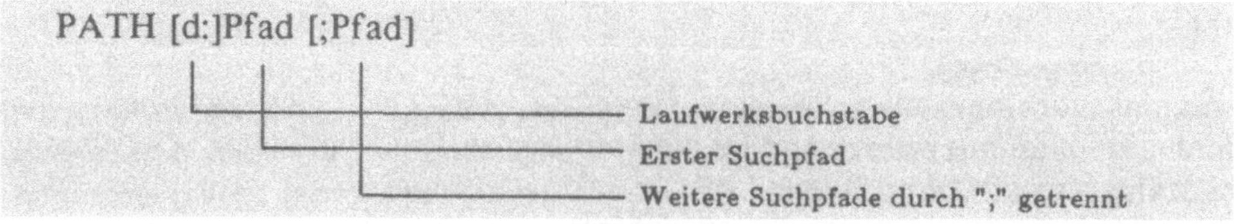

Format des Befehls PATH

4.5.3.4 AUTOEXEC.BAT erweitern

Die in Abschnitt 4.5.3.1 wiedergegebene Datei AUTOEXEC.BAT hat einige Mängel, die in der folgenden Datei behoben werden:

```
C:\>type autoexec.bat
@echo off                                                   1)
rem Anpassungsdatei autoexec.bat, 11.2.1989, Kai, Version 2 2)
rem 11.2.1989, Kai, Version 2
set comspec=c:\command.com                                  3)
keyb gr
prompt $p$g
path= c:\; c:\hilfe\dosbef
cls                                                         4)
date
ver
```

Datei AUTOEXEC.BAT in erweiterter Form

1) @ECHO OFF: Standardmäßig ist ECHO ON eingestellt, d.h. bei der Ausführung von AUTOEXEC.BAT wird jede ausgeführte Befehlszeile mit Bildschirmmeldungen kommentiert. Mit dem Befehl ECHO OFF wird die Ausgabe von Systemmeldungen unterdrückt. Mit dem @-Befehl gilt das Unterdrücken auch für den ECHO-Befehl selbst.

2) REM: Hinter dem Befehlswort REM kann man Kommentar angeben, der beim Anzeigen der Befehlszeilen mittels TYPE gezeigt wird, nicht aber bei der Ausführung der Stapeldatei.

3) SET COMSPEC=C:\HILFE\DOSBEF\COMMAND.COM: In die Umgebungs- bzw. Environment-Variable COMSPEC wird der Name des Befehlsprozessors (COMMAND.COM) samt Zugriffspfad (hier C:\HILFE\DOSBEF) gespeichert. Geht der Befehlsprozessor verloren, kann er über die Variable COMSPEC gefunden und geladen werden. COMSPEC wird auch gelesen, um nach dem Verlassen der Befehlszeilen-Oberfläche wieder zur Menü-Oberfläche zurückzugehen.

4) Befehl CLS zum Löschen des Bildschirmes (Clear Screen).

4.5.3.5 KEYB in CONFIG.SYS installieren

Ab MS-DOS 4.0 kann man den Befehl KEYB GR aus AUTOEXEC.BAT (Abschnitt 4.5.3.4) entfernen, wenn man die Tastaturbelegung mit IN-

STALL bereits in CONFIG.SYS definiert. Die Datei CONFIG.SYS (vgl.
Abschnitt 4.5.2.1) soll dazu wie folgt geändert werden:

```
files=16
buffers=20
country=049,,c:\hilfe\dosbef\country.sys                                    1)
shell=c:\hilfe\dosbef\command.com /p /E:256                                 2)
device=c:\hilfe\dosbef\ansi.sys
device=c:\hilfe\dosbef\vdisk.sys Kapazität=96 Sektoren=128 Dateinamen=64    3)
install=c:\hilfe\dosbef\keyb.com gr,,c:\hilfe\dosbef\keyboard.sys           4)
```

Datei CONFIG.SYS gegenüber Abschnitt 4.5.2.1 erweitert

1) COUNTRY.SYS ist in einem anderen als dem Stammverzeichnis zu suchen; aus diesem Grunde gibt man den Suchpfad (HILFE\DOSBEF) an.

2) SHELLC lädt den Befehlsprozessor aus dem Verzeichnis HILFE\DOS-
BEF, startet ihn und auch - durch /P veranlaßt - AUTOEXEC.BAT. Mit
/E:256 werden 256 Bytes für die Umgebungsvariablen reserviert.

3) VDISK.SYS erlaubt die Angabe von Kommentar (z.B. Kapazität=), der
bei der Befehlsausführung vom System ignoriert wird.

4) INSTALL lädt die Tastaturbelegung samt Zeichensatztabelle bereits
beim Konfigurieren in den RAM; KEYB.COM wird gestartet und im
RAM resident installiert, verbleibt also im Hauptspeicher. Dies ist von
Vorteil, da INSTALL die Datei KEYB.COM günstiger (da früher) im
RAM ablegen kann als später AUTOEXEC.BAT. Auch die über SELECT
erzeugten Dateien CONFIG.SYS verwenden INSTALL (Abschnitt 2.1.1.3).

Aufgabe 4.5/1: Zur Datei CONFIG.SYS.
    a) Die in CONFIG.SYS angegebenen Konfigurationsbefehle werden
       auch als Ersetzungsbefehle bezeichnet. Was wird ersetzt?
    b) Richten Sie eine RAM-Disk mit 256 KB ein. Wie gehen Sie vor?

Aufgabe 4.5/2: Zur Datei AUTOEXEC.BAT.
    a) Wie lautet der Prompt-Befehl, damit am Bildschirm
       C:\TEXT>,
       C:\> bzw.
       C:\TEXT\ANWEND\DIENST>
       als Prompt erscheinen.
    b) Geben Sie den PATH-Befehl an zur Suche
       in C:\DATEI\SYSTEM,
       in C:\TEXT\ANWEND\PRIVAT und
       im Stammverzeichnis von C:.

Aufgabe 4.5/3: "AUTOEXEC.BAT wird vom System und CONFIG.SYS
kann vom Benutzer aufgerufen werden." Beurteilen Sie diese Aussage.

4
Befehlszeilen-Oberfläche von MS-DOS

4.6.1 Stapelprogramme erstellen

In MS-DOS kann man wiederholt benötigte Befehlsfolgen in Dateien stapeln, um sie dann bei Bedarf aufzurufen und auszuführen. Die Dateien nennt man *Stapelverarbeitungsdateien*, *Stapeldateien* oder *Batchdateien* (engl. *batch* für Stapel). Man spricht auch von Batchprogrammen. MS-DOS stellt für Stapeldateien besondere Befehle zur Verfügung:

cls	Bildschirm löschen.
echo [on/off/Nachricht]	Bildschirmanzeige bei Ausführung.
for %%Variable in Satz	
do Befehl	Wiederholung in Stapeldatei
goto :Sprungziel	Verzweigung zu Sprungziel
if [not] Bedingung Befehl	Bedingte Befehlsausführung
pause [Bemerkung]	Unterbrechung der Stapelausführung
rem [Bemerkung]	Bemerkung am Bildschirm anzeigen
shift	Über 10 Parameter bereitstellen

Stapelverarbeitungsbefehle von MS-DOS

4.6.1.1 Eingabe einer Stapeldatei

Eine Stapeldatei namens STAP1.BAT soll eingegeben (editiert) werden. Man kann dazu wie folgt auf vier Arten vorgehen:

1.	EDLIN STAP1.BAT	Editor EDLIN nutzen
2.	Word, Wordstar usw.	Textverarbeitungsprogramm (aber ohne Formatierung eingeben)
3.	COPY CON STAP1.BAT	Direkteingabe MS-DOS über COPY
4.	TYPE CON > STAP1.BAT	Direkteingabe MS-DOS über TYPE

Die Direkteingabe durch COPY bzw. TYPE ist durch Strg-Z bzw. Ctrl-Z abzuschließen. Der Dateityp BAT kennzeichnet den Eingabetext als Batch- bzw. Stapeldatei:

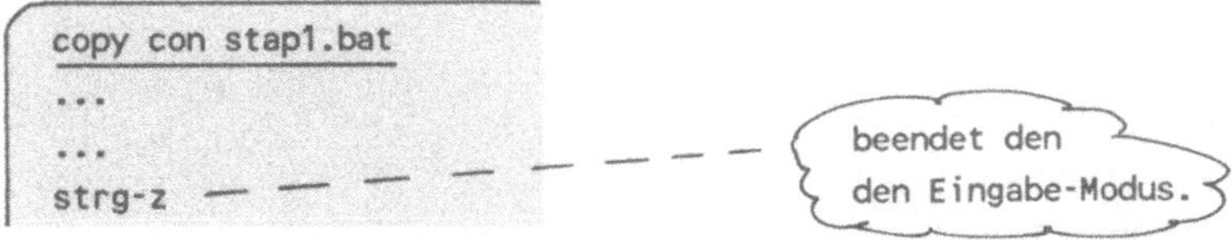

4.6.1.2 Ausführung einer Stapeldatei

Die Stapeldatei STAP1.BAT bringt zur Ausführung, indem man den
Dateinamen STAP1 über die Tastatur eintippt oder den Namen STAP1
von einer anderen (Stapel-)Datei aus aufruft.

Anzeigen/Ausdrucken einer Stapeldatei:
Zum Beispiel durch Eingabe von TYPE STAP1.BAT. Durch vorangestellte
Eingabe von Strg-P den Programmtext zum Drucker leiten.

4.6.2 Lineare Stapelprogramme

An einem Programm namens LINEAR1.BAT soll gezeigt werden, wie die
Befehle CLS, ECHO, PAUSE und REM in einem linearen Programm gestapelt werden. Bei ECHO OFF werden Bemerkungen durch REM nicht
angezeigt. ECHO (ohne Angabe eines Parameters) gibt den aktuellen
Status an (voreingestellt ist ON).

Quelltext zu Stapelprogramm LINEAR1.BAT:

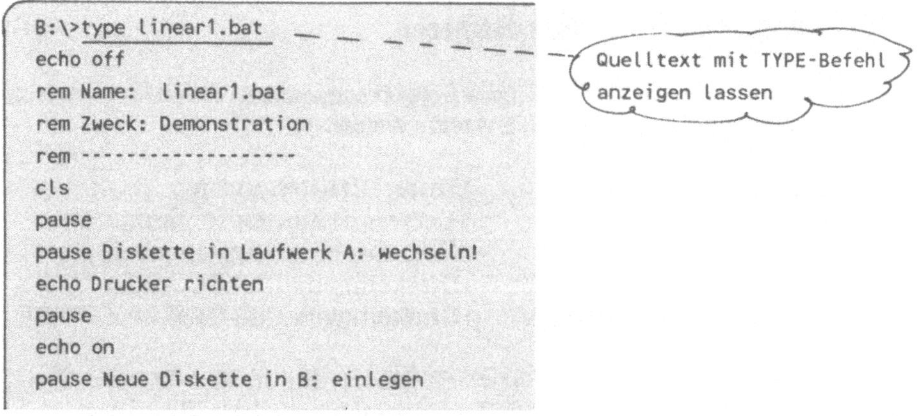

Ausführung zu Stapelprogramm LINEAR1.BAT:

```
B:\>linear1
B:\>echo off
Wenn bereit, eine Taste betätigen ...
Wenn bereit, eine Taste betätigen ...
Drucker richten
Wenn bereit, eine Taste betätigen ...
B:\>pause Neue Diskette in B: einlegen
Wenn bereit, eine Taste betätigen ...
```

4.6.3 Stapelprogramme mit Auswahl

Auswahlstrukturen werden durch den IF-Befehl kontrolliert. IF stellt drei
Nutzungsmöglichkeiten bereit:

1. **if exist Dateiname** oder **if not exist Dateiname**
   Bedingung: Existenz einer Datei prüfen

2. **if errorlevel1**
   Bedingung: Fehlercode 1 (1 als Beispiel) prüfen

3. **if String1==String2**
   Bedingung: Zwei Strings bzw. Zeichenfolgen vergleichen

Drei Formen des IF-Befehls

4.6.3.1 IF EXIST

IF EXIST-Befehl in Stapelprogramm AUSWAHL1.BAT:
Das Programm AUSWAHL1.BAT prüft seine eigene Existenz. Der Be-
fehlszusatz EXIST prüft die Existenz der angegebenen Datei. Mittels NOT
EXIST kann das Gegenteil geprüft werden.

Quelltext zu Stapelprogramm AUSWAHL1.BAT:

```
B:\>type auswahl1.bat
echo off
rem Name: auswahl1.bat
rem ------------------
if exist auswahl1.bat echo ... Programm AUSWAHL1.BAT ist gefunden
if not exist xx08.bat echo XX08.BAT im aktiven Laufwerk nicht vorhanden
```

Ausführung zu Stapelprogramm AUSWAHL1.BAT

```
B:\>auswahl1
... Programm AUSWAHL1.BAT ist gefunden
XX08.BAT im aktiven Laufwerk nicht vorhanden
```

4.6.3.2 IF ERRORLEVEL

IF-ERRORLEVEL-Befehl in Stapelprogramm AUSWAHL2.BAT:
Durch ERRORLEVEL kann man im Stapelprogramm einen Fehlercode
abfragen und entsprechend reagieren. Die Befehle BACKUP, FORMAT,
REPLACE und RESTORE können einen Fehlercode setzen. Das Stapelprogramm AUSWAHL2.BAT dient dem Formatieren einer Diskette.

Quelltext zu Stapelprogramm AUSWAHL2.BAT:

```
B:\>type auswahl2.bat
echo off
rem Name: auswahl2.bat
rem -------------------
format b: /v
if errorlevel 4 echo Hardwarefehler oder sonstiger Fehler
if errorlevel 3 echo Befehl wurde mit Strg-C abgebrochen
if not errorlevel 1 echo Diskette in B: wurde formatiert. Ok
if errorlevel 1 echo FORMAT-Befehl konnte nicht ausgeführt werden!
```

4.6.3.3 IF Stringvergleich

Parameter %1, %2, ...: Im Befehl IF Programm AUSWAHL3.BAT wird
IF mit einem Stringvergleich mit (Schein-)Parametern verwendet. In eine
Stapeldatei können beliebig viele *(Schein-)Parameter %1, %2, ...* geschrieben werden, um diese dann durch Werte zu ersetzen, die beim Aufruf des Stapels angegeben werden. Im Programm AUSWAHL3.BAT werden je nach Parametereingabe von A, T und P die gewünschten Dateien
angezeigt. Dabei wird der Wert des Parameters %1 mit einem Buchstaben
verglichen (z.B. %1==T); es wird also ein *Stringvergleich* durchgeführt.

Mit Parametern %1,... kann auch innerhalb der Befehlszeile eines Menüpunktes in der Menü-Oberfläche gearbeitet werden (vgl. Abschnitt 3.4).

Quelltext zu Stapelprogramm AUSWAHL3.BAT:

```
B:>\type auswahl3.bat
echo off
rem Name: auswahl3.bat
rem ------------------
echo Welche Dateien in Laufwerk B: anzeigen:
echo A)lle? T)exte? P)ascal? (A, T oder P eintippen)
echo if %1==A dir b:\*.*/w /p
echo if %2==T dir b:\*.txt
echo if %1==P dir b:\*.pas /w
```

Ausführung zu Stapelprogramm AUSWAHL3.BAT:

```
B:>\auswahl3
Welche Dateien in Laufwerk B: anzeigen:
A)lle? T)exte? P)ascal? (A, T oder P eintippen)
T


   Datenträger in Laufwerk B ist PASCAL_UEB
   Datenträgernummer: 2451-32C5
   Verzeichnis von B:\


BERICHT  PAS     12870 29.01.89     8.00
VERSUCH6 PAS       431 03.02.89    19.13
...
```

Parametereingabe überprüfen über Stapelprogramm AUSWAHL4.BAT:
Ruft man ein mit Parameter(n) aufzurufendes Stapelprogramm aus Versehen parameterlos auf, endet der Aufruf mit einem "Syntax Error". Zur Sicherheit sollte man eine Abfrage *IF NOT "%1==" GOTO WEITER* vorsehen, damit nur der korrekte Programmaufruf weiterverarbeitet wird (Verzweigung zu Label *:WEITER*). Zu beachten sind die Gänsefüßchen beim Befehl *IF NOT "%1=="*; mit *IF NOT %1==...* könnte man keinen Leerstring feststellen.

Zwei Ausührungen zu Stapelprogramm AUSWAHL4.BAT:

```
B:\>auswahl4                      B:\>auswahl4
echo off                         echo off
Programm mit Parameter aufrufen   ... Programm beginnt ... endet
Ende von Programm AUSWAHL4.BAT    Ende von Programm AUSWAHL4.BAT
```

Quelltext zu Stapelprogramm AUSWAHL4.BAT:

```
B:\>type auswahl4.bat
echo off
rem Name: auswahl4.bat
rem Zweck: Parametereingabefehler testen
rem ------------------------------------------------
if not "%1==" goto weiter
echo Programm mit Parameter aufrufen
goto ende
:weiter
echo ... Programm beginnt ... endet
:ende
echo Ende von Programm AUSWAHL4.BAT
```

5.6.4 Stapelprogramme mit Wiederholung

FOR-Befehl kontrolliert Schleife: Das Stapelprogramm WIEDER1.BAT
formatiert eine in B: einliegende Diskette, überträgt das Betriebssystem
(Parameterangabe /S) und kopiert bestimmte, nach drei Kriterien unter-
schiedene Dateien von C: nach B:. Die Einzeilen-Schleife wird durch den
FOR-Befehl kontrolliert und genau dreimal durchlaufen.

Quelltext zu Stapelprogramm WIEDER1.BAT:

```
B:\>type wieder1.bat
echo off
rem name: wieder1.bat
rem Zweck: Eine Systemdiskette für Turbo Pascal in B: erstellen
rem -------------------------------------------------------------
break=off
c:\format b: /s
for %%a in (turbo* tlist*.* *.pas) do copy c:\%%a b:
echo Pascal-Systemdiskette in B. erstellt.
```

Aufgabe 4.6/1: Zur Programmierung von Stapelprogrammen.
a)   Beschreiben Sie jeden Stapelverarbeitungsbefehle am Beispiel.
b)   Wie erstellt man eine Batchdatei (vier Möglichkeiten)?

Aufgabe 4.6/2: Was bezwecken die drei linearen Stapelprogramme (Festplatte C: und RAM-Disk D:)? Was ist wohl in MENUE.BAT gestapelt?:

```
rem stapel1              rem stapel2              rem stapel3
echo off                 c:                       echo off
c:                       cd\text\system           c:
cd\datei\system          copy wird.com d:         cd\hilfe\dosbef
dbase                    copy mw.pgm d:           diskcopy a: b:
c:                       copy mw.ini d:           menue
cd\                      d:
menue                    word
                         c:
                         cd\
                         copy d:mw.ini c:\text\system
                         menue
```

Aufgabe 4.6/3: Was bezwecken die folgenden Stapelprogramme mit Auswahl? Geben Sie je drei Beispiele für den Programmaufruf. Ändern Sie das Kopierprogramm STAPEL5.BAT so ab, daß die Abfragen von Programm STAPEL4.BAT berücksichtig werden.

```
rem stapel4                                 rem stapel5
echo off                                    echo off
if "%1==" if "%2==" goto meldung1           copy %1 %2
if "%2==" goto meldung2                      echo Dateien kopiert
echo zwei Parameter korrekt eingegeben
goto schluss
:meldung1
echo kein Parameter eingegeben
goto schluss
:meldung2
echo der zweite Parameter fehlt
:schluss
echo Ende von Stapelprogramm Stapel3.bat
```

Aufgabe 4.6/4: Wozu dient das Stapelprogramm mit Wiederholung?

```
rem stapel6
for %%a in (*.%1) do type %%a
```

5
Lösungen zu den Aufgaben

Aufgabe 3.1/1: Aufbau des Programmstartmenüs.
a) *Programm* (einzelne Menüpunkte der aktiven Menügruppe bearbeiten), *Gruppe* (eine Menügruppe bearbeiten) und *Ende* (Menü-Oberfläche endgültig verlassen).
b) *Systemanfrage* (temporärer Wechsel zur DOS-Befehlszeile), *Dateisystem* (Dateimanagement), *Farben ändern* und *DOS-Dienstprogramme* (vorgegebene und eigene Menüpunkte bereitstellen). Diese vier Menüpunkte können vom Benutzer durch eigene Punkte erweitert werden.
c) Taste F10.

Aufgabe 3.1/2: Zu einzelnen Menüpunkten.
a) *Systemanfrage* als Menüpunkt und *Exit* als Befehl.
b) "..." weist darauf, daß mit diesem Menüpunkt ein weiteres Untermenü mit erneuten Wahlmöglichkeiten angeboten wird.
c) *Ende*: Menü-Oberfläche endgültig zur Befehlszeilen-Ebene verlassen; Rückkehr mit DOSSHELL möglich.
Systemanfrage: Menü-Oberfläche kurzzeitig verlassen; Rückkehr mit *Exit*.

Aufgabe 3.2/1: Drei Menüpunkte von *DOS-Dienstprogramme*...
a) Formatieren: 1. *DOS-Dienstprogramme*... aktivieren, 2. Menüpunkt *Formatieren* aktivieren, 3. im Eingabefeld A: durch B: ersetzen, 4. Leerdiskette in B: einlegen und mittels Return-Taste mit dem Formatieren beginnen, 5. Diskettenname DISK1 tippen und 6. mit der Antwort "n" den Formatierungs-Menüpunkt verlassen.
b) Kopieren der Diskette in B: 1. Menüpunkt *Disketten kopieren* aktivieren, 2. das DOS-Angebot "A: B:" durch "B: B:" (von B: nach B:) ersetzen. 3. jeweils nach Aufforderung die Quelldiskette (zu kopierende Diskette) und die Zieldiskette in B: wechseln.
c) Datum eingeben: 1. Menüpunkt *Datum und Uhrzeit angeben* aktivieren, 2. neue Zeit in der Eingabezeile festlegen.

Aufgabe 3.2/2: Zuordnung von Menüpunkten zu DOS-Befehlen:

Menüpunkt in Menü-Oberfläche:	Befehl in Befehlszeilen-Oberfläche:
Datum und Uhrzeit angeben	DATE und TIME
Disketten kopieren	C:\DISKCOPY A: B:
Disketten vergleichen	C:\DISKCOMP A: B:
Sicherungskopie der Festplatte erstellen	C:\BACKUP C:*.* A: /S
Sicherungskopie zurückspeichern	C:\RESTORE A: C:*.* /S
Formatieren	C:\FORMAT A:

Aufgabe 3.3/1: Zu dem in Abschnitt 3.3.1.1, Seite 95 wiedergegebenen *Hauptmenü des Dateisystems.*

   a) 1. Mit Tab-Taste ins Laufwerks-Fenster und das Laufwerk C: aktivieren, 2. mit Tab-Taste ins Verzeichnisstruktur-Fenster und mit dem Cursor das Verzeichnis C:\SPRACHE\TURBOP aktivieren.

   b) 1. Mit Tab-Taste ins Dateiübersichtsfenster und mit der Cursor- sowie Leertaste die Datei KUNDEN2.PAS aktivieren (das heißt markieren), 2. mit F10 die waagrechte Menüleiste aktivieren, 3. mit Return den *Gruppe*-Dateipunkt aktivieren und 4. mit der Cursor- sowie Return-Taste den Menüpunkt *Anzeigen* aktivieren: der Inhalt der Datei KUNDEN2.PAS erscheint am Bildschirm. Die Schrittfolge 2/3/3 schreibt man auch kurz wie folgt:
        F10/Datei/Anzeigen.

   c) TURBO.EXE aktivieren und *F10/Gruppe/Eröffnen (Starten).*

   d) ANFANG1.PAS aktivieren und *F10/Gruppe/drucken...*

   e) PAS-Dateien mit der Leertaste im Dateiübersichts-Fenster aktivieren, mit *F10/Gruppe/Zuordnen...* das *Zuordnen...*-Fenster holen und darin dann WS.COM eintragen.

   f) FRAGEN aktivieren, *F10/Gruppe/Verschieben...* eingeben und in die *Zu*-Zeile als Zielverzeichnis C:\HILFE\STAPEL eintragen.

   g) README aktivieren, *F10/Gruppe/Kopieren...* eingeben und in die *Zu*-Zeile A:\ eintragen ("\" für das Stammverzeichnis).

   h) Die Dateien TINST.EXE, TOUCH.COM und TPMAP.EXE mit der Leertaste aktivieren, *F10/Gruppe/Kopieren...* eingeben und in die *Zu*-Zeile C:\ eintragen.

   i) Alle COM-Dateien mit der Leertaste aktivieren, *F10/Gruppe/Kopieren...* eingeben und in die *Zu*-Zeile B: eintragen.

   j) Die Dateien README.COM und README mittels Leertaste aktivieren, F10/Gruppe/Löschen... anwählen und zum Löschen jeweils den Punkt 2 annehmen.

   k) Die Datei TURBO.EXE aktivieren, *F10/Gruppe/Umbenennen...* eintippen und als "Neuer Name" TP.EXE im Fenster angeben.

   l) Datei BINOBJ.EXE aktivieren, *F10/Gruppe/Attribut ändern...* anwählen, Wahlpunkt 1 angeben und die mit -> gesetzten Attribute über die Leertaste zurücknehmen.

   m) Im Verzeichnisstruktur-Fenster das Verzeichnis C:\SPRACHE\TURBOP aktivieren, *F10/Gruppe/Verzeichnis erstellen...* wählen und PRIVAT eingeben. PRIVAT wird als neues Unterverzeichnis zu TURBOP eingetragen. Mit DIENST entsprechend verfahren.

   n) Im Verzeichnisstruktur-Fenster des Verzeichnis C:\SPRACHE\TURBOP aktivieren, im Dateiübersichts-Fenster die Datei GREP.COM aktivieren, *F10/Gruppe/Kopieren...* wählen und ins *Zu*-Fenster C:\SPRACHE\TURBOP\PRIVAT\ eingeben.

   o) Zuerst die Datei GREP.COM aus dem Verzeichnis PRIVAT löschen (ein Verzeichnis kann nur entfernt werden, wenn es leer ist). Im Verzeichnis-Fenster C:\SPRACHE\TURBOP\PRIVAT aktivieren, F10/Gruppe/Löschen... wählen und mit Return das aktive leere Verzeichnis PRIVAT löschen. Mit DIENST wieder entsprechend verfahren.

Aufgabe 3.3/2: Hexadezimale Darstellung.
   a) 65 als Ordnungszahl gemäß ASCII-Code für das Zeichen "e": Spalte 6 und Zeile 5 in der ASCII-Codetabelle.
   b) Ja: 20 als Leerstelle (die Punkte im rechten Fenster werden nur zur Orientierung eingefügt).
   c) Hex *646F733430* für *dos40*.
   d) Sechzehn Hex-Ziffern 0,1,2,3,4,5,6,7,8,9,A,B,C,D,E,F für 0,1,2, 3,4,5,6,7,8,9,10,11,12,13,14,15 (als Zeilen- bzw. Spaltennummern in der ASCII-Codetabelle ersichtlich).

Aufgabe 3.3/3: *Dateisystem/Zusatzauswahl/Sortierreihenfolge bei Anzeige..* wählen, oben den Dateiselektor von **.** auf **.TXT* ändern und rechts als Sortierkriterium *Datum* anstelle von *Name* einstellen.

Aufgabe 3.3/4: *Dateisystem/Zusatzauswahl/Weitere Angaben zu Dateien...* auswählen und im Fenster *Bestätigen bei Löschen* mit der Leertaste bzw. mit dem -> aktivieren.

Aufgabe 3.3/5: *Dateisystem/Zusatzauswahl/Statusinformationen anzeigen...* einstellen. Nun wird links im Fenster über die Datei informiert, die rechts im Dateiübersichts-Fenster gerade aktiviert ist. Man kann somit von Datei zu Datei "blättern".

Aufgabe 3.3/6: *Dateisystem/Anordnen/Dateiübersicht - zwei Verzeichnisse* auswählen. Mit der Tab-Taste ins obere Fenster gehen und Laufwerk A: einstellen. Mit Tab im unteren Fenster Laufwerk B: aktivieren.

Aufgabe 3.4/1: Menügruppe und Menüpunkte anlegen.
   a) Über die Befehlsfolge *Hauptgruppe/Gruppe/Hinzufügen* das *Hinzufügen...*-Fenster anfordern und eingeben:
     - Titel: Verschiedenes
     - Dateiname: VERSCH
     - Hilfetext: Verschiedene Dienste
     Abschließend die Menügruppe mit F2 abspeichern.
   b) Über die Befehlsfolge *Verschiedenes.../F10/Programm/Hinzufügen* als Titel des 1. Menüpunktes *Laufwerk + Verzeichnis* eingeben und mit F2 speichern (Befehlszeile und Hilfetext noch leer lassen). Dann mit den Menüpunkten *Dateiexistenz testen* und *Datei ausdrucken* entsprechend verfahren.

Aufgabe 3.4/2: Menüpunkt Laufwerk + Verzeichnis mit Befehlszeile:

```
echo Aktives Laufwerk : /# | echo Aktives Verzeichnis : /@ | pause
```

Aufgabe 3.4/3: Menüpunkt *Dateiexistenz testen* mit Befehlszeile:

```
dir [%1 / c"%1" /t"Eine Datei suchen" /i"Nennen Sie die Datei."
/p "Dateiname? " /m"e"] | pause
```

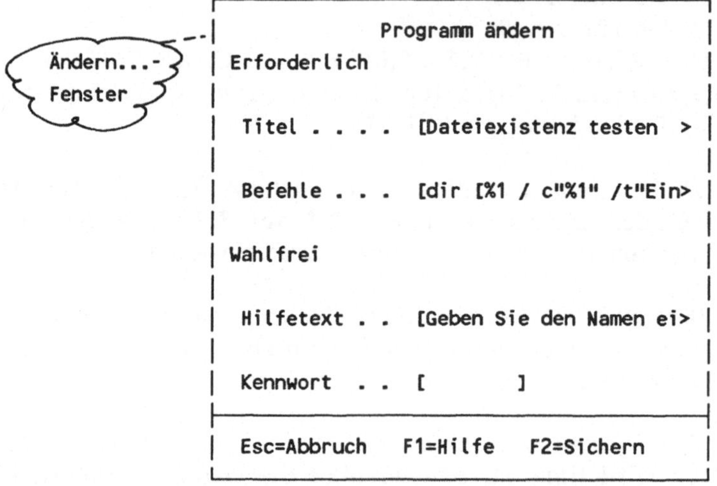

Aufgabe 3.4/4: Menüpunkt *Datei ausdrucken* mit folgender Befehlszeile:

```
print [/t"Eine Datei drucken" /i"Nennen Sie die Datei."
/p"Dateiname? " /d"A: " /r /m"e"] | pause
```

Hilfetext mit "&" für "Beginn einer neuen Zeile":

```
Geben Sie den Namen der Datei an,&die angezeigt werden soll.
```

Aufgabe 4.1/1: Starten von MS-DOS:
  a) Booten von Diskette oder Festplatte.
  b) Drei Dateien: PRO1, pro1 und pRo1 (Groß-/Kleinschreibung wird ignoriert), Pro 1 (Dateiname PRO) sowie PR01 (Null ungleich O).
  c) Aktives Laufwerk.
  d) Interne Befehle.
  e) A: als Standardlaufwerk.

Aufgabe 4.2/1: Interne Befehle von MS-DOS:
  a) DIR, ERASE, TYPE, RENAME, B: und COPY.
  b) Laufwerk B:, Dateiname TEST1 und Dateityp PAS.
  c) Wenn A: als aktives Laufwerk eingestellt ist.

Aufgabe 4.2/2: Auswirkung von Befehlen.
  a) Laufwerk B: aktivieren bzw. einstellen (B:),
  b) Inhaltsverzeichnis von B: (DIR B:),
  c) Alle Dateien, deren Name mit VERSUCH beginnt und die den Dateityp PRO aufweisen nebeneinander anzeigen (DIR VER-SUCH?.PRO/W).
  d) V1.PRG nach V1a.PRG kopieren (COPY V1.PRG V1a.PRG)
  e) Alle PRG-Dateien, die mit V1 beginnen, von A: nach B: kopieren (COPY A:V1*.PRG B:V1*.PRG)
  f) Alle TXT-Dateien in C: löschen (ERASE C:*.TXT)
  g) Den ASCII-Text der TXT-Datei ERKL in C: anzeigen (TYPE C:ERKL.TXT)
  h) Alle Dateien im aktiven Laufwerk nach C: kopieren (COPY *.* C:)
  i) Die Datei N3 in N4 umbenennen (RENAME N3 N4)

Aufgabe 4.2/3: Zuerst ist A: und dann C: als aktives Laufwerk einge-stellt.

Aufgabe 4.2/4: Befehlsangaben.
  a) COPY A:*.* B:
  b) COPY C:K*.* A:
  c) ERASE K???.BAK
  d) TYPE A:DD.PAS
  e) DIR B:*.PRG
  f) RENAME INF7.TXT INF7NEU.DOC

Aufgabe 4.3/1: Externe Befehle
  a) Laufwerk C: ist aktiv und enthält den FORMAT-Befehl.
  b) Umgekehrt: Kopiere von Quelldatei nach Zieldatei, Benenne um die Quelldatei in die Zieldatei, ...
  c) A:FORMAT B:/V

d) COPY A:*.* B: ist dem Befehl DISKCOPY A: B: vorzuzeigen, wenn:
1. Nur sehr wenige Dateien zu kopieren sind.
2. Die Dateien nach Laufwerk B *hinzu* zu kopieren sind.
3. Die Zieldiskette beim Kopieren durch die Dateien ohne Lücken zu beschreiben ist. DISKCOPY kopiert Spur für Spur; physisch auseinanderliegende Dateiteile werden ebenso übernommen, Lükken bleiben. COPY kopiert dateiweise.

Aufgabe 4.4/1: Verzeichnisbefehle.
a) Verzeichnis anlegen (MD), wechseln (CD) und - falls leer - löschen (RD).
b) MD HILFE
   MD TEXT
   MD TABELLE
   MD DATEI
   MD GRAFIK
   CD HILFE
   MD DOSBEF
   MD STAPEL
   MD UTIL
   CD\TEXT
   MD SYSTEM
   MD ANWEND
   MD\TABELLE\SYSTEM   Verzeichnis TEXT weiterhin aktiv
   MD\TABELLE\ANWEND
   CD\DATEI
   MD SYSTEM
   MD ANWEND
   CD ..   in die nächsthöhere Ebene wechseln
   CD GRAFIK
   MD SYSTEM
   MD ANWEND
   CD\TEXT\ANWEND
   MD PRIVAT
   MD DIENST

c) Wenn das Stammverzeichnis \ aktiv ist.
d) ERASE, da nur leere Verzeichnisse gelöscht werden können.
e) Maximalanzahl von Dateinamen bezieht sich auf das Eintragen im Verzeichnis, nicht aber auf dem Datenträger insgesamt.
f) Programm C.PRG im aktiven Verzeichnis, im aktiven Pfad von C:, im Stammverzeichnis von C: bzw. im Pfad C:\D.

Aufgabe 4.5/1: Spezielle Anpassungsdatei CONFIG.SYS.
  a) Die Standardeinstellungen (Voreinstellungen bzw. Defaults) werden durch die Befehlsangaben des Benutzers ersetzt.
  b) DEVICE=VDISK.SYS 256 128 64 in CONFIG.SYS schreiben, speichern und dann das System neu starten.

Aufgabe 4.5/2: Spezielle Anpassungsdatei AUTOEXEC.BAT.
  a) PROMPT PG (zuerst den Pfad und dann das Größer-zeichen).
  b) PATH C:\DATEI\SYSTEM;C:\TEXT\ANWEND\PRIVAT;C:\

Aufgabe 4.5/3: Umgekehrt ist korrekt: CONFIG.SYS wird vom System beim Booten gesucht und - falls vorhanden - ausgeführt. AUTOEXEC-.BAT muß vom Programmierer in einem Stapel oder durch Direkteingabe von AUTOEXEC bzw. AUTOEXEC.BAT aufgerufen werden.

Aufgabe 4.6/1: Stapelprogrammierung.
  a) Siehe Abschnitt 4.6.1.
  b) Über den EDLIN-Editor (mühsam), über eine Textverarbeitung bzw. über die Befehle *COPY CON Stapeldateiname.BAT* bzw. *TYPE VON > Stapeldateiname.BAT*.

Aufgabe 4.6/2: STAPEL1.BAT ruft das DBASE-System im Verzeichnis C:\DATEI\SYSTEM auf, um nach dem Verlassen von DBASE die Stapeldatei MENUE.BAT in C:\ aufzurufen.
STAPEL2.BAT kopiert das Word-Textverarbeitungssystem auf die RAM-Disk in D:, startet Word in D: und kopiert nach dem Verlassen von Word die Datei MW.INI (dort werden die aktiven Einstellungen abgelegt) im Verzeichnis C:\TEXT\SYSTEM ab. Als letzter Befehl ist in STAPEL2-.BAT der Stapeldateiname MENUE angegeben: MENUE.BAT wird aufgerufen. Damit wird ein Auswahlmenü bereitgestellt, in dem z.B. angegeben wird, daß durch Eingabe von STAPEL1 das Datenbanksystem dBASE aufzurufen ist.
STAPEL3.BAT ruft den DISKCOPY-Befehl auf.

Aufgabe 4.6/3: STAPEL4.BAT prüft, ob beim Aufruf der Batchdatei auch die erforderlichen Parameter eingegeben worden sind. Diese Prüfung sollte bei jedem Stapel mit Parametern vorgenommen werden.
STAPEL5.BAT kopiert zwischen den angegebenen Laufwerken.

Aufgabe 4.6/4: STAPEL6.BAT gibt über eine Schleife z.B. beim Aufruf mittels STAPEL6 PAS (Leerstelle trennt Dateiname STAPEL6 vom Parameter PAS) den ASCII-Text aller PAS-Dateien im aktiven Laufwerk Zeile für Zeile aus, wobei mit Strg-S gestoppt werden kann. STAPEL6.BAT dient somit zum Durchblättern der Diskette.

ASCII-Code: Zeichensatztabelle 850 "mehrsprachig"

Quelle: IBM Deutschland, 94x9601

ASCII-Code: Zeichensatztabelle 437 "USA"

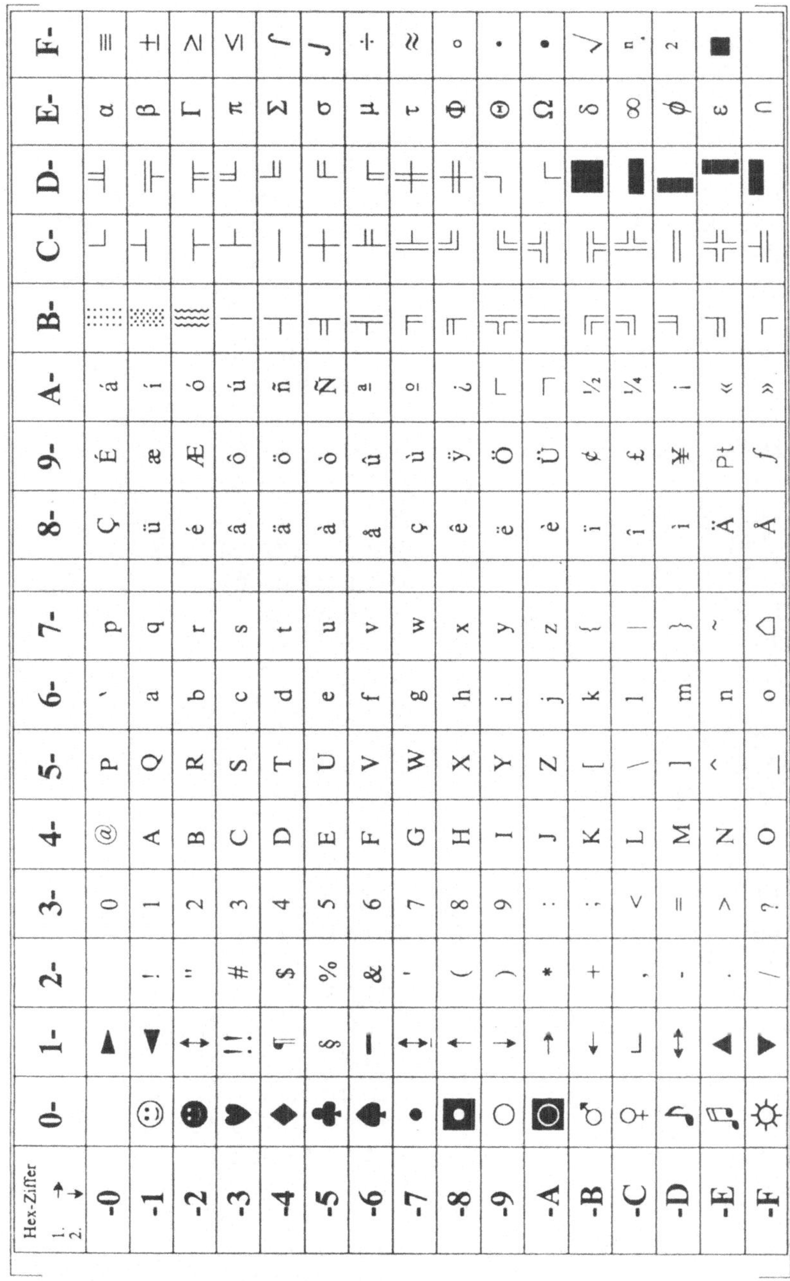

Quelle: IBM Deutschland, 94x9601

Sachwortverzeichnis

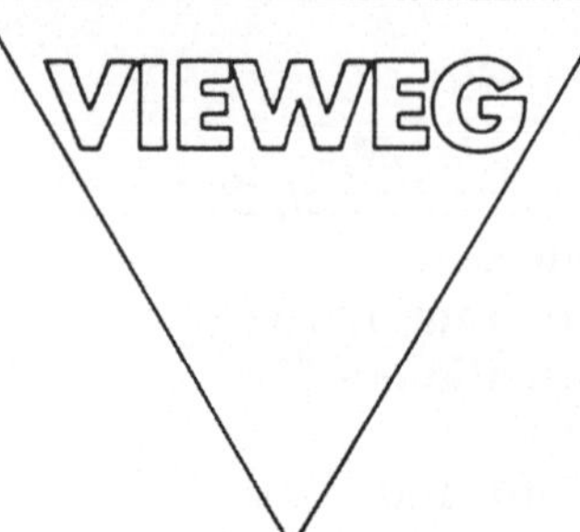

Ekkehard Kaier
Turbo Pascal Wegweiser 5.0 Kompaktkurs
1989. Ca. 220 Seiten. 16,2 x 22,9 cm. Kartoniert.
Inhalt: Grundlage der strukturierten Programmierung – Bedienung des Turbo Pascal Systems und Referenz – Kompaktkurs mit: Strukturen, Textverarbeitung, Stringverarbeitung, Tabellen, Zeiger – Programmentwicklung (Units) – Aufgaben mit Lösungen.

Dieser Kompaktkurs für die Programmiersprache Turbo Pascal 5.0 informiert umfassend über alle Anwendungsmöglichkeiten dieser modernen Programmiersprache. Das Buch ist das optimale Lehrbuch für alle Programmierer, die sich in Turbo Pascal 5.0 einarbeiten möchten. Die wesentlichen Kennzeichen dieses Kompaktkurses sind die komplette Referenz zu Pascal 5.0, Aufgaben mit Musterlösungen und die Behandlung statischer und dynamischer Strukturen. Damit ist dieses Buch ganz besonders geeignet für Lehrer, Seminar- und Schulungsleiter.

„Je kürzer ein Programmierkurs ist, um so ausführlicher müssen die Möglichkeiten zum Nachschlagen und Einüben sein." Entsprechend dieser Leitidee umfaßt das Wegweiser-Buch einen straffen Programmierkurs und einen ausführlichen Nachschlageteil.